더 좋은 나라, 이렇게 하면 어떨까?
한국 사회가 묻고, 임도빈이 답하다.

도서출판 윤성사 126

더 좋은 나라, 이렇게 하면 어떨까?
한국 사회가 묻고, 임도빈이 답하다.

초판 1쇄	2021년 10월 28일
2쇄	2022년 10월 14일

지 은 이	임도빈
펴 낸 이	정재훈
펴 낸 곳	도서출판 윤성사
주 소	서울특별시 서대문구 서소문로 27, 충정리시온 제지층 제비116호
전 화	대표번호_02)313-3814 / 영업부_02)313-3813 / 팩스_02)313-3812
전자우편	yspublish@daum.net
등 록	2017. 1. 23

ISBN 979-11-91503-36-4 (03350)

값 16,000원

ⓒ 임도빈, 2021

저자와의 협의에 따라 인지를 생략합니다.

이 책의 전부 또는 일부 내용을 재사용하려면 반드시 사전에 저작권자와 도서출판 윤성사의 동의를 받아야 합니다.

잘못 만들어진 책은 구입하신 서점에서 교환 가능합니다.

이 연구는 한국행정연구소 지원을 받아 수행되었음.

인간 人間
시간 時間
공간 空間

더 좋은 나라, 이렇게 하면 어떨까?

한국 사회가 묻고, 임도빈이 답하다.

국민소득 3만 불 시대가 되면 우리 모두 행복해질 줄 알았다. 요즘 절망과 분노가 도처에서 솟구치고 있으며, "왜 이리 사는 것이 어렵냐?"라는 사람들이 많다. 국가 전체 시스템이 마치 '오징어 게임'과 같이 죽기 아니면 살기로 디자인되어 있기 때문이다. 더 늦기 전에 정말 사람들이 인간답게 살 수 있도록 대한민국을 리셋해야 한다.
이 책은 인간·공간·시간이라는 새 패러다임에서 기성세대, MZ세대, Z세대가 어우러져 살 수 있는 개혁 아이디어를 담고 있다.

저자 **임도빈**

프롤로그

어렸을 적 보리밥에 고추장, 김치 정도의 겨우 끼니를 때우던 시절을 거친 소위 촌놈이 올림픽이 열리던 1988년 봄, 박사학위과정에 입학하기 위해 프랑스 파리에 도착했다. 임시로 파리학생종합기숙사(시떼, Cité)에 머무는 데, 카페에서 더듬대는 불어로 처음 주문해 본 피자를 입에 물었던 순간 시큼한 토마토소스 냄새에 토하고 말았다.

그 다음 날 장기거주하기 위해 여러 가지 준비를 하면서 겪는 것은 전쟁의 연속이었다. 모든 것이 한국에서 하던 것의 거꾸로인 것 같았다. 가장 속 터지는 것은 프랑스 사람들은 모두 느림보라는 점이다. 가게에 가서 무엇을 사려고 해도, 앞선 손님과 온갖 농담을 다하면서 시간을 낭비하니 짜증이 날 수 밖에 없었다. 9~6시 근무시간이더라도 항상 열려있는 곳이 별로 없었다. 미리 확인하지 않고 가면 허탕 치기 일 수였고, 그것도 대부분 전화로 예약(불어로 랑데부)을 하고 가지 않으면 받아주지 않는 경우가 많았다. 주말과 저녁시간이면 문 닫는 가게가 많고, 여름휴가는 5~6주씩 가는 사람이 흔하다. 우리나라 사람들은 '일하기 위해서' 쉰다면, 프랑스 사람들은 '놀기 위해서' 일한다는 표현이 어울렸다.

모든 것이 '빨리 빨리' 이뤄지고, 예약 없이 그냥 가도 처리되던 한국 사회를 생각하면 답답하기 짝이 없었다. 그 때 잠들기 전 천장에 대고 내가 분노에 차서 되새기던 말은 다음과 같다.

"이 놈의 나라가 30년 내에 망하지 않으면 장을 지진다."

그런데 30년이 지난 오늘날 프랑스는 망하지 않고 건재하다. 반면, 우리나라는 급성장을 거듭해 경제 규모나 수준은 프랑스와 거의 맞먹는 나라가 되었다. 이제는 우리나라가 앞선 분야가 제법 있다. 그렇다면 우리나라의 눈부신 발전의 원인을 무엇으로 봐야할 것인가?

더 좋은 나라, 이렇게 하면 어떨까?
한국 사회가 묻고, 임도빈이 답하다.

뒤죽박죽 모델인
대한민국

 그 원인은 모든 것이 상식으로 봐도 앞뒤가 맞지 않는 뒤죽박죽으로 추진해 온 모델 때문이다. 서구의 근대화는 시간적 선행요인(원인·정책변화), 후행하는 결과(정책효과)라는 과학적 합리성에 기초하여 이뤄졌다. 우리는 해방 이후 근대 학문을 숭상하여 받아들이면서도, 정작 실제 정책은 이를 무시하고 감행(?)했다고 해도 과언이 아니다. 서구의 시각에서 보면, 어느 정책을 시행하기 위해 먼저 해야 하는 선행조건이 있고, 기초가 되는 것이 있어야 하는데, 이를 무시하는 것이었다. 이렇게 이루어진 경제발전은 이런 비합리모델이 작동한 덕택이었다.
 이런 뒤죽박죽 모델은 이미 60년대부터 시작되었다. 상식으로 보면, 도로에 달릴 자동차가 존재해야 도로를 만든다. 일례로 현대자동차가 만든 한국최초의 소형 후륜구동 국산차 모델 포니는 1975년에 나왔다. 그런데 국산차를 만들기 전인 1968년 12월 21일 경부고속도로가 개통되었다. 더구나 고속도로를 만들 기술과 경험도 없는데도 정부가 밀어붙이기 식으로 공기를 단축하고, 전 세계에서도 보기 드물게 원가가 적게 들었다.
 오늘날 우리 경제를 지탱하는 한 축인 전자산업도 마찬가지로 뒤죽박죽 모델을 택했다. 부잣집에나 흑백TV가 있고 많은 사람들이 라디오를 듣던 시절에 컬러TV를 만들었다. 즉, 1974년에 아남전자는 마쓰시타 전기와 합작한 제품인 컬러TV를 '한국 내쇼날'이라는 상표로 2만 9,000여 대나 생산했다. 금성사와 삼성전자도 1977년 컬러TV 생산 사업을 시작하여 연간 11만 대나 수출하기 시작하였다. 이렇게 만들어진 컬러TV가 수출만 되다가 국내 시장에 처음 나온 것은 1980년 8월 2일이다. 그로부터 4개월 후인 12월에 우리나라에 컬러TV 방송이 시작되었다.

이후에도 마찬가지이다. 김포국제공항으로도 항공수요를 다 충족할 수 있었는데도 불구하고, 엄청나게 큰 규모의 인천국제공항을 건설한 것도 그 한 예이다. 1990년 6월 14일에 영종도로 부지가 확정되었다. 보통 건설자재운반 등 건축비를 줄이기 위해 다리부터 건설하는데, 다리가 완공도 되기 전에 배로 물자를 실어 나르면서 공사를 진행했다. 이렇게 무모할 정도의 대규모 공사를 하면서까지 2001년에 개통한 후, 세계 제1의 공항으로 평가받으면서 오늘날 우리 경제에 큰 효자노릇을 하고 있다. 토목, 건축 등 보이는 것뿐만 아니라 최근에 우리를 놀라게 하는 소위 K-pop 등도 속사정을 들여다보면, 거의 다 이런 뒤죽박죽 모델을 겪어온 것을 알 수 있다.

언제나
사람이 있었다.

분명히 서양이론에 따르면 과학적 논리순서대로 해야 효율적인데, 이렇게 뒤죽박죽 모델이 작동한 이유는 무엇일까? 그 답은 그 속에는 '사람'들이 있었다는 것이다. 뒤죽박죽으로 문제가 생길만한 요인을 잘 보완해주는, 융통성 있는 사람들이 있었기 때문이다. 특히, 국민의 세금으로 월급을 받는 정부의 엘리트 공무원들이 있었다. 이들은 밤새워서 다른 나라가 무엇을 하는지 조사하고, 우리는 어떻게 이를 따라갈까 고민하고, 민간을 독려하여 밀어 붙였다. 문제가 생기면, 즉시 시정하여 목표에 이르게 하는 순발력이 있었다. 이들은 법과 제도, 예산도 모두 융통성 있게 활용했다.

더욱 놀라운 것은 정부가 이런 변화에 앞서서 전 국가적 차원에서 미리미리 필요한 '사람'을 양성해 놓았다는 점이다. 전쟁 중이던 1952년 4월에 초등학교 의무교육을 위한 정부 시행령이 발효되었다. 그 결과 문맹률이 크게 낮아지고, 이들이 도시의 공장에 직장을 찾아 산업화의 주역이 되었다. 1977년 구미공업고등학교를 국립으로 전

더 좋은 나라, 이렇게 하면 어떨까?
한국 사회가 묻고, 임도빈이 답하다.

환하고, 당시로서는 매우 새로운 전자분야의 전문가를 양성하였다. 오늘날 반도체 메모리 분야에서 세계적 선도를 달리기 위한 사람의 양성이 이미 이때 선행된 것이다. 오늘날 아랍 등에 수출하는 원자력 발전소의 세계적 기술도 우연이 아니었다. 최초의 원자력 발전소인 고리 1호 발전소가 가동된 것이 1975년인데, 서울대에 원자력 공학과가 신설된 것이 1959년이었다. 비교적 최근 일로는 문화예술분야의 인재를 양성하기 위해 1991년 12월 30일 예술종합학교를 개교하였다. 산업화를 겨우 따라잡은 우리나라가 문화예술분야에서 세계를 주름잡기 위해서이다.

이 모두 정부가 미래의 인력수요를 생각하여 미리 인적자원을 양성한 것이다. 아직 그 분야 산업이 꽃을 피우지 않았기 때문에 졸업해도 전망이 밝지 않았을 당시에 이미 사람들을 양성한 것이다. 이들이 자신들의 실력을 발휘할 기회가 되자, 비록 겉으로 보기에는 뒤죽박죽 같이 보이겠지만, '일단 일을 벌려보고, 문제점을 보완'하는 식의 융통성을 갖는 한국 모델을 만든 것이다.

앞으로
30년이 문제다.

이제 앞으로 30년이 문제이다. 사회도, 정부도, 과거보다 촘촘히 제도화되어 몇몇 개인들이 융통성을 발휘하기는 불가능할 정도로 변화되었다. 이제 대한민국도 선진국이 될 것이다. 다시 말하면, 뒤죽박죽 모델은 이제 더 이상 작동할 수 없다. 정부의 일도 중요한 일일수록 거칠 단계가 너무 많아 준비만 1년 이상, 수년이 걸리는 경우도 많아졌다. 대통령이 어떤 주요 정책을 추진하려고 해도 실제 집행을 시작하기까지 평균 2년 정도 걸린다. 관료들은 법규의 세세한 부분까지 지키려고 고심하고 있다. 과학적 합리성을 따르는 절차와 방법이 촘촘하게 들어서고, 민주주의가 발달함에 따라 민주적 절차와 합의과정을 거쳐야 하는 경우가 많아진 것이다. 이렇게 되면 과거에 비하여, 혁신이 힘들고 융통성이 부족하고, 발전도 힘들어진다는 것을 의미한다.

뒤죽박죽 모델에서는 '사람들'이 답이었다. 그런데, 이제 사람들의 사고방식과 행동도 변하였다. 인구의 구성과 질도 달라지고 있고, 앞으로는 더욱 위협적으로 바뀔 수도 있다. 지금 제대로 대책을 마련하지 않으면 우리가 30년 안에 나라가 망할지도 모른다. 그 전조현상으로 요즘 우리나라에서 일어나는 일들은 희망이나 기쁨을 주기보다는 우리에게 혼란을 주는 것이 압도적으로 많다.

이 책의 구상은 "지금 우리 대한민국이라는 원양어선은 어디로 가고 있는가?"라는 근본적 질문에서 시작되었다. 각 분야의 전문가들이 많으셔 이런 저런 진단과 처방을 내리지만, 나에게 와 닿는 것이 없었다. 이 책에서 나의 관점은 선장과 선원 등 배 안의 사람들에게 초점을 맞춘다. 선원들이 급격히 늙어가고 체력이 쇠퇴해지는 반면, 젊은 선원의 충원이 되지 않고 있다. 지금은 선원들끼리 분업과 협조를 하는 것보다 서로 자기만 옳다고 싸우기 바쁜 모양새다. 심지어 한 배에 탄 공동운명체라는 의식조차 희미해지는 선원들이 많아지고 있다.

이에 "어떻게 하면 선원들이 마음을 합하여 잘 항해하도록 할 수 있을까?"라는 처방을 내리려고 노력하였다. 함장과 갑판장 등 지휘부(정부)가 어떻게 바뀌어야 하는지 고민하였다. 지휘부뿐만 아니라 일반 선원들을 어떻게 공간에 배치하고 어떻게 시간을 보내게 해야 모두 행복하면서 동시에 대한민국이 순항을 할 수 있을지 생각해 보았다. 즉, 평생 행정학을 공부해 온 것을 한국 사회에 어떻게 적용할 수 있을지 고민한 결과들이다. 미래의 위협요인을 넘어서기 위해 정부 시스템과 한국 사회가 어떻게 바뀌어야 하는지 고민한 결과물이다. 과거와는 다른 시각에서 누적되어온 문제를 해결하는 개혁방안을 각 분야별로 모색하자는 것이다.

더 좋은 나라, 이렇게 하면 어떨까?
한국 사회가 묻고, 임도빈이 답하다.

   이 책의 내용이 골방에 틀어 박혀서 혼자 고민한 결과라기보다는 여러 기회에 다양한 사람을 만나고 의견을 나눈 결과라고 할 수 있다. 강의나 학생지도를 통해서 얻은 것도 많이 있기에 모두에게 감사드리고 싶다. 끝으로 정리가 안 된 초고를 읽고 수정하는데 도움을 준 김 필, 정윤진 박사 그리고 김다니 예비박사에게 고마움을 표하고 싶다.

2021.09.10.
관악산을 바라보며
저자 씀

목차

프롤로그   P.4

01. 한국 사회! 어디로 가는가?   P.17

슈퍼 부자와 헬 조선으로 분열하는 한국 사회   p.19
과거가 아닌 미래를 위한 신(新)공정성 확립   p.23
소확행과 워라블(Work and Life Blend)의 MZ세대   p.28
벼랑 끝 인구와 너무 빨리 늙어가는 대한민국   p.31
마음 건강 악화로 인적자원도 손해   p.35
한국 속의 다양한 세계인   p.36
외교 최전선을 맡은 세계 속의 한국인   p.42
물러나는 인간, 등장하는 기계와 동물   p.46
사람, 시간, 공간 그리고 VUCA의 결합   p.50

02. 한국의 공간 개혁! 이렇게 하면 어떨까?   P.57

좁은 땅, 빽빽한 공간 문제를 해결하자   p.59
그린벨트보다 녹지총량제를 도입하자   p.61
산림녹화에서 친환경 생활로 전환하자   p.62
자연공간으로 사람과 문화를 품자   p.63
색깔, 소리, 냄새로 도시의 오감을 살리자   p.66
나가면 다 사진 찍고 싶은 도시를 만들자   p.69
나만의 공간에서 모두의 공간으로 바꾸자   p.71
자동차 중심에서 사람 중심으로 바꾸자   p.73
집단 기억, 역사의 중요성을 강조하자   p.75
시간이 멈춘 살아있는 새만금을 주목하자   p.77

03. 한국의 정치 개혁! 이렇게 하면 어떨까? P.81

    정치 과열 대신 정치인을 양성하자   p.83
    정치인 공금지출을 투명화 하자   p.85
    과반수 이상 득표자만을 당선시키자   p.88
    높으신 분을 탈바꿈하자   p.91
    우편 투표를 넘어 재외동포 선거구를 획정하자   p.93
    섬김의 리더를 본받자   p.94
        비전과 가치관을 지녔던 우당 이회영 선생   p.95
        자신에게 충실했던 장영희 교수   p.97
        말보다는 행동을 했던 이종욱 박사   p.99
        진실한 마음으로 봉사한 이태석 신부   p.101
        일상생활 속의 리더인 나태주 시인   p.103

04. 한국의 디지털 개혁! 이렇게 하면 어떨까? P.105

    민원창구와 백오피스를 바꾸자   p.107
    인공지능이 미래 한국 사회를 바꾼다   p.113
        인공지능과 인간성 보존 위원회   p.119
        인공지능 담당 수석   p.119
        인공지능 인간성 영향 평가제   p.119
        국민시간부   p.120
        행정안전부·법무부   p.120
        문화체육관광부·교육부   p.120
        국민권익위원회   p.121
        특허청   p.121

적극 국가로의 회귀를 조심하자   p.122

인공지능이 인간을 괴롭히지 않게 하자   p.124

05. 한국의 재정 개혁! 이렇게 하면 어떨까?   P.127

정부 돈을 어떻게 써야할지 깊이 고민하자   p.129

장기적 관점의 국가재정운용계획을 강화하자   p.130

예산 편성의 분권화를 이루자   p.132

통치예산 10%를 인정하자   p.135

회의비와 영수증 붙이기도 없애자   p.138

디지털 기술로 돈의 흐름을 깨끗이 하자   p.142

주요 정책마다 책임 예산집행관을 두자   p.144

06. 한국의 인적자원 개혁! 이렇게 하면 어떨까?   P.147

정무직과 경력직 인적자원을 관리하자   p.149

정무직 인재양성 시스템을 갖추자   p.151

직업공무원의 정치적 중립성을 강화하자   p.153

정무직 인사검증을 합리화하자   p.154

국가인재위원회를 설치하자   p.156

폭넓게 인재풀을 관리하자   p.159

고위공직자 임용계획을 세우자   p.160

고위공무원단을 폐지하자   p.163

5급 공채와 민간경력채용제도를 개혁하자   p.164

PSAT를 폐지하자   p.167

청년의 삶을 고려한 공직선발제도를 고민하자   p.170

대학교육을 정상화 시킬 자연적 선발체제로 전환하자 　　　p.173
조직을 피라미드에서 모래시계로 바꾸자 　　　p.178
공직 계급을 세분화하자 　　　p.181
공무원, 시험이 아닌 교육제도로 선발하자 　　　p.182
등급과 보직을 분리하자 　　　p.184
공무원 직렬을 복수화하자 　　　p.186
예비인력군을 활용하자 　　　p.187

07. 한국의 지방 개혁! 이렇게 하면 어떨까? 　　　P.191

지역 불균형과 지방자치는 다르다 　　　p.193
주민을 위한 지방자치로 생각하자 　　　p.197
주민등록지를 두 개로 허용하자 　　　p.200
지방자치단체장과 지방의회 관계를 재편하자 　　　p.204
지방자치구역을 생활자치 단위로 세분화하자 　　　p.205
특별지방행정기관 문제를 해결하자 　　　p.208
국가행정지역청을 설치하자 　　　p.211

08. 한국의 정책 개혁! 이렇게 하면 어떨까? 　　　P.217

정부는 없애지 말고 영리하게 만들자 　　　p.219
정부신뢰를 정부 경쟁력만큼 높이자 　　　p.223
각 분야 혁신으로 정부 경쟁력을 갖추자 　　　p.226
포퓰리즘과 폴리페서를 경계하자 　　　p.230
정책조정 전문학술단을 구축하자 　　　p.232
정책혁신랩으로 부작용을 예방하자 　　　p.235

규제개혁위원회를 개혁하자 p.239
국회의 규제입법을 줄이자 p.241

09. 한국의 공공부문 개혁! 이렇게 하면 어떨까? P.245

정체된 정부 조직을 바꾸자 p.247
청와대 조직을 반으로 줄이자 p.253
실세 국무총리를 만들자 p.255
부처 간 권력 균등을 추구하자 p.256
미래 변화에 맞게 공무원 정원을 고민하자 p.259
우후죽순 생겨나는 그림자 정부를 감시하자 p.261
공공부문 전체를 제대로 관리하자 p.263
국책연구원의 고급두뇌 낭비를 막자 p.266

10. 한국의 중앙 정부 조직 개편! 이렇게 하면 어떨까? P.271

새로운 정부 부처를 제안한다 p.273
   국제관계부 p.274
   국립망향의 동산관리원 p.275
   경제 및 복지부 p.276
   공공보건 및 건강부 p.277
   건설토목 및 환경보호부 p.277
   정부 혁신과 데이터부 p.278
   우정사업청 p.279
   무역, 산업 및 노동부 p.279
   공정거래청 p.280

중소기업에너지부	p.280
재정금융부	p.281
사법 및 국민안전부	p.282
내무, 주택 및 사회통합부	p.283
보훈청	p.283
이민청	p.283
자치균형발전청	p.284
경찰청	p.284
농업임업수산식품부	p.285
산림청	p.286
항공해양육상 교통부	p.286
수상안전청	p.286
문화예술부	p.287
국방부	p.287
국민생활시간부	p.287
인적자원부	p.289
대학청	p.289
국가과학기술위원회	p.290
국가인재위원회	p.290
총리산하에 두는 처	p.290
신설 대통령 직속 위원회를 제안한다	p.291

에필로그   p.294

01
한국 사회!
어디로 가는가?

● **더 좋은 나라, 이렇게 하면 어떨까?**
한국 사회가 묻고, 임도빈이 답하다.

슈퍼 부자와 헬 조선으로 분열하는 한국 사회

2021년 한국은 문화, 경제, 코로나19 위기 대처 등 여러 분야에서 세계적으로 유명세를 치르고 있는 국가 중 하나이다. 가수 방탄소년단(BTS)에 열광하는 한국인, COVID-19 위기에 대처하는 한국인들의 시민의식에 외국에서는 찬사를 보내고 있다. 2020년 한국경제 규모(GDP 기준)는 세계 9위였으며, 무역 규모 역시 9위를 기록하였다. 세계 10위권 국가에 올라서기까지 한국은 경제발전에서 최초라는 수식어가 함께했다.

세계에서 가장 가난한 나라에서 반세기 만에 원조 공여국이 된 첫 번째 국가로 기록되었다. 1997년 경제위기 때 지원받은 IMF 구제 금융을 3년이나 앞당겨 상환하는 저력을 보여주었다. 얼마 전 2021년 7월 2일 대한민국은 공식적으로 선진국 그룹으로 인정받았다. 스위스 제네바 유엔본부에서 열린 제68차 유엔무역개발회의(United Nations Conference on Trade and Developmentt: UNCTAD)에서 한국의 지위가 그룹 A(아프리카, 아시아 개발도상국)에서 미국, 영국, 프랑스 등이 포함된 선진국 그룹 B로 변경되었다. 1964

년 UNCTAD가 설립된 지 57년 만에 선진국 그룹으로 옮긴 첫 번째 국가가 되었다.

세계에서 보기 드문 속도의 눈부신 양적인 성장을 이룩하였으나 진정한 선진국으로 거듭나기 위해서는 넘어야 할 과제들이 산적해 있다. 특히, 경제성장에 집중하는 동안 의도적 또는 의도치 않게 소외되는 집단이 발생하였고, 이익 간 충돌 등으로 다양한 갈등이 사회 곳곳에 나타났다. 성장을 위해 희생이 따를 수밖에 없다는 과거의 논리는 더 이상 정당화되지 않는 단계에 이르렀다. 갈등은 해결되지 못한 채 시간이 지나면서 오히려 공고히 되는 모양새이다. 한국의 경제성장과 문화적 영향력 등에 대해서는 자랑스러워하지만, 그 와는 별개로 한국을 '헬(Hell)조선'이라 표현하는 원인도 한국 사회 내부에 존재하는 갈등에서 비롯된 것이다.

'대한민국'이란 단어가 벅찬 가슴으로 다가온 경험이 얼마나 될까? '분열', '갈등' 때문에 벼랑 끝에 있는 것이 오늘날 한국 사회의 현실이다. 세대 간 분열, 경제적 지위의 분열, 성별 분열, 종교 간 분열, 직업 간 분열, 수많은 기준과 분야에서 분열되고 있는 대한민국이다.

결국, 문제의 핵심은 경제성장의 열매가 특정 집단이나 세대에 집중되고, 이 집중된 것을 계속 유지하고, 세습으로 이어져 사회가 동맥경화에 걸렸다는 데 있다. 경제적 불평등이 정치사회적 불평등으로까지 이어졌다. 올바른 정치의 부재와 정치에 대한 넘치는 관심 때문에 자원 배분에 대한 갈등만이 심화된 지 오래다. 이렇게 승자 그룹과 패자 그룹 간의 분노가 증폭되는 일이 계속된다면 소위 네덜란드 병인 '자원의 저주'가 일어날 수도 있다. 이는 상속할 재산을 많이 가진 부모를 둔 자녀들은 아무것도 물려줄 것이 없는 자녀들보다 노년기에 서로 싸우는 경우가 더 많다는 이치이다. 즉, 먹을 것이 많으면 그만큼 갈등도 커지는 것이다.

　빈부 격차가 심해지면서, 가진 자와 못 가진 자의 이분법은 이제는 더 이상 구분법이라고 할 수도 없다. 보통 사람들은 상상도 할 수 없는 초(超)부자(super rich)가 많이 생겨났다. 개인 소유의 비행기로 친지와 해외에서 파티를 할 정도로 세계에 내놔도 손색없는 부자가 있는가 하면, 하루 끼니를 걱정하는 사람들도 수없이 많다. 포브스 2021년 세계부자 통계를 보면 억만장자들은 지난해에 28명에서 44명으로 늘어났다. 세계 1,000등 안에 드는 우리나라 부자는 다음 10명이다(포브스, 2021).

　서정진 셀트리온그룹 회장 (142억 달러, 145위)
　김정주 NXC 대표 (133억 달러, 158위)
　김범수 카카오 의장 (93억 달러, 251위)
　이재용 삼성전자 부회장 (83억 달러, 297위)
　권혁빈 스마일게이트 홀딩스 의장 (67억 달러, 391위)
　정몽구 현대차 명예회장 (60억 달러, 451위)
　홍라희 삼성 리움 미술관장 (41억 달러, 705위)
　서경배 아모레퍼시픽그룹 회장 (41억 달러, 705위)
　정의선 현대차 회장 (38억 달러, 775위)
　최태원 SK 그룹 회장 (32억 달러, 956위)

　슈퍼리치가 얼마나 부자인지를 현실감 있게 이해하기 어렵다. 우리나라 평균임금(평균 4만 1,491달러; OECD, 2020)을 버는 사람이 그 수입을 한 푼도 쓰지 않고 저축을 한다면 약 34만 2,243년이 걸려야 서정진 회장의 부에 다

다를 것이다. 상상할 수 없는 액수이다.

부자가 하늘 높은 줄 모르고 위로 올라가는 사이, 밑으로도 가난한 사람도 많이 존재한다. 김대중 정부 이후 4대 보험을 도입하여 복지국가를 본격적으로 실현했지만 아직도 문제는 심각하다. 2019년 통계청이 발표한 기초생활보장 수급자는 총 188만 1,000명이다. 이는 인구의 3.6%에 해당한다. 우리 경제가 계속하여 성장해 온 점을 고려해 본다면, 적어도 이들 최하위층의 숫자는 줄어야 하지만 시간이 지날수록 증가하고 있다. 노인 가구, 장애인 가구, 모자 가구 등 유형별로도 증가 추세에 있다(e-나라지표, 2021).

더욱더 생각해 볼 것은 기초생활보장 수급자에 들어가지 못하지만 사각지대에 놓인 가난한 사람도 많다는 점이다. 많은 노숙자도 이에 포함되지 않을 것이다. 2019년 기준으로 불법 외국인 체류자도 약 39만 명으로 많이 있지만 이들이 정확하게 통계로 잡히지는 않는다(한국일보, 2020.01.20.). 최저생활비는 그야말로 '최저'인 수준을 보장해주는 것이니, 앞으로 이 숫자는 '0'으로 만들어야 할 것이다.

지금도 '생활고로 일가족의 극단적 선택'이라는 신문기사가 자주 나타나는 것을 보면 우리나라가 겉으로는 선진국 대열에 들어섰지만 속으로는 너무나 안타까운 현실을 안고 있음을 깨닫게 된다. 복지국가로서 많은 프로그램이 갖추어졌지만, 많은 사람이 이러한 혜택을 벗어나 있거나 복지프로그램만으로는 최소한의 인간다운 삶을 영위하기는 너무 빈약한 상태에 있는 것이 아닐까?

1인당 국민소득 400달러의 작고 가난한 나라에서 오늘날 볼 수 있는 선진국인 싱가포르를 건국하고 발전시킨 리콴유의 통찰력은 유명하다. 그는 한국의 문제는 단계적 발전이 아니라 '급속한 변화'에서 그 원인을 찾고 있다(리콴유, 2000).

"급속한 성장가도를 달리면서 역대 대통령들은 노동자들에 비해 기업가, 사업가, 기술자들에게 높은 보상을 주는 정책에 치중했고, 국내총생산(GDP)이 증가할수록 빈부격차가 늘어나는 정책을 택해 왔다."

20년 전에 쓴 책이지만 우리나라에 대한 상당히 통찰력이 있는 지적이다. 김대중 대통령 이후, 노무현, 이명박, 박근혜, 문재인 대통령이 집권하며, 물론 정권에 따라 그 정도와 접근법은 다르지만 이런 문제를 고치려고 노력해 왔다. 그렇지만 현실은 더욱 악화되었다. 리콴유가 당시의 시위가 과격함을 목격하고 충격 받았다고 하지만, 오늘날 갈등이 표출되는 양상과 정도도 그때와 근본적으로 바뀌지는 않았다.

특히, 부자들의 부의 축적이 개인의 노력이라기보다 부동산 투기, 주식 투자 등 자본이 스스로 그 덩치를 키우는 데에서 나왔다는 의혹이 일반 서민들에게 분노를 일으키게 하는 것이다. 노동으로 돈을 벌 수 없다는 인식이 팽배해짐에 따라 사회적 박탈감도 증가하였다. 가상화폐나 주식투자에 너도나도 열을 올리는 모습이 현 상황을 잘 반영해준다고 할 수 있다. 젊은 세대는 오히려 누구나 접근할 수 있고, 투자 방식과 위험 부담이 누구에게나 동일하다는 점을 더 공정하다고 인식한다(매일경제, 2021.05.28.). 프랑스의 경제학자 토마 피케티가 말한대로 '돈이 돈을 버는 속도(자본 수익률)'가 '노동으로 돈을 버는 속도(근로소득)'를 앞지른 사회가 되었다.

과거가 아닌 미래를 위한 신(新)공정성 확립

최근 한국 사회에서 가장 많이 사용된 단어 중의 하나가 공정성이라고 볼 수 있다. 그런데 사람마다 사용하는 공정(justice, fairness)의 의미는 개인만 놓고 보면 명확해 보이지만 각양각색임을 알 수 있다. 자기를 중심으로 볼 때, 자기가 가질 만하다고 생각하는 것은 다 갖는 것이 공정한 사회라고 말하는 사람도 적지 않다. 그것이 경제적 부, 대학진학, 어떤 지위든지 관계가 없다. '카이사의 것은 카이사의 것으로'라는 말로 대표되는 개념이다.

사회계층론 측면에서 볼 때, 못 가진 사람들의 입장에서 불공정의 원인이 무엇이고, 이를 어떻게 해소하는지 문제로 넘어가면 합의가 어려움을 금방 깨닫게 된다. 소외되었다고 보는 사람들이 보는 공정성은 더 근본적이고 중요한 개념으로 확장되고 심화된다. '기울어진 운동장 이론'에서 보듯이 과거의 것까지 모두 고쳐야 한다.

재벌개혁이 대표적인 예이다. 문어발식 사업영역 확장, 하청업체에 대한 갑질 등 일부 재벌들의 탐욕을 보면 분노를 참기가 어려워진다. 우리나라의 정부주도형 경제개발을 이룬 나라에서 재벌의 성장은 정부와의 관계를 벗어나서 생각하기 어렵다.

6·25이후 초토화된 우리나라에 사회기반시설을 만들고, 시장경제를 만드는데 정부 관료들은 밤을 새워 아이디어를 짜내고, 집행에 힘썼음을 인정해야 한다. 이러한 정부의 방향설정에 맞춰 재벌창업자들이 마치 무에서 유를 창출하듯이 온갖 노력을 통하여 사업 아이템을 생각하고, 자본을 조달하며, 시장을 개척해 왔다. 무역 위주의 경제구조를 만들어낸 것은 박정희 정부부터 시작되었고 관료들을 중심으로 국가적으로 중요한 경공업에서 시작하여 중화학공업, 정보화까지 정부가 미래를 향한 국가전략분야를 잘 선정하여 정부가 직접 선도하거나 민간을 활용하였다.

물론 이렇게 민·관 협력이 아름다운 측면만 있는 것은 아니다. 어느 순간부터인지 모르지만, 정치인들은 정치자금을 돈 많은 사람들로부터 뜯어내기 시작하였고, 반대로 재벌들은 유력한 정치인들에게 돈을 통하여 접근하여 그 대가로 특혜를 얻어내는 것이 일반화되었던 것이다. 이로써 임금이나 각종 노사관계에서 고용주 위주의 정책이 반영되었으며, 노동자들을 불리한 위치에 존재할 수밖에 없도록 하였다.

과거의 긍정적 측면과 부정적 측면을 어떻게 균형 있게 이해하느냐가 신(新)공정성이란 개념을 수립하는데 출발점이다. 부정적 측면을 강조하면 강조할수록 약자들은 물론이고 일반 국민에게 분노를 일으킬 소지가 크다. 진보 정권이 덮어져 왔던 진실들을 밝히고 바로 잡으려고 많은 노력을 해왔다. 아직 해결하지 못한 문제는 충분히 해결되도록 계속 노력해야 한다.

중요한 것은 이제는 과거보다는 미래를 바라보고 앞으로 나아가야 한다는 점이다. 공정성을 넘어 신공정성으로 한걸음 나아가야 할 것이다. 신공정성은 과거의 잘못된 것을 시정하기 위해서라도 공정한 분배 자체에 국한하거나 징벌적 태도보다는 앞으로 성장(progress)을 지향한다는 점에서 출발점이 다르다.

우리가 가지고 있었던 기존의 관점 변화가 가장 중요한 요건이다. 정책이 변화해야 하겠지만, 우리 국민들의 관점 변화가 동반되지 않으면 정책 변화의 효과를 느끼지 못하거나 오히려 분노를 더 불러일으킬 수도 있다.

첫 번째 필요한 관점의 변화는 '다른 사람에 대한 인정'이다. 인정할 것은 인정해야 하는데, 송두리째 부정하고 깎아내리는 풍조가 문제이다. 예컨대, 삼성과 같은 재벌이 남다른 노력으로 세계적 기업으로 성장한 능력은 인정해야 한다. 세계적으로 브랜드 가치를 높인 것도, 한국 경제에 기여한 부분도 인정해야 할 것이다. 그렇지만 능력이 없는 재벌의 후손이 단지 핏줄 때문에 기업의 최고경영자로 승계하는 것을 막는 등의 제도적 보완이 필요하다. 재벌을 비롯한 부자를 인정해야 하는 것과 마찬가지로 노동자들의 기여도 인정해야 한다. 노동계의 기여가 없었다면 오늘날 G7에 이른 한국 경제는 존재할 수 없었을 것이기 때문이다.

두 번째 필요한 관점의 변화는 과거보다는 '미래를 지향'하는 태도이다. 과거사를 다시 보면서 숨겨진 진실을 찾아내는 작업을 많이 해왔지만 아직 미흡한 점도 있을 것이다. 그러나 한편으로는 이런 작업들을 일단락 짓고, 남은 과제를 하되, 앞으로 어떻게 해야 할 것인지를 더 고민해야 할 것이다. 과거의 잘못이 앞으로 되풀이 되지 않도록 제도를 정비하는 것이 중요하다. 예컨대 과거보다는 코로나19로 벌어진 세계차원의 백신 공급 격차(디바이드), 정보화 혁명에 따른 정보 격차(디바이드) 등 미래의 공정성에 앞으로 더욱 관심을 기울여야 한다. 신공정성이라는 입장에서 본다면, 한국 사회의 발전을 위해 앞으로 더 해야 할 것이 무엇인가를 찾는 것이 중요하다.

세 번째 필요한 관점의 변화는 '인간성 회복'이다. 인간은 기계와 같이 효율적이고 합리적인 존재가 아니다. 산업화 시대에 효율성을 추구하다보니 피도 눈물도 없는 기계 같은 사람이 지배하는 사회가 되었다. 근대 사회는 제도적으로 서구의 경제적 인간(homo economicus)에 기초한 초합리성을 추구하도록 설계되어 있다. 예컨대, 성과주의 관리는 모든 사람이 서로 경쟁 대상으로 보도록 한다. 자칫하면 왜 경쟁을 해야 하는지도 모르고 경쟁하기도 한다. 인공지능의 발달과 스마트폰 시대에 사람들의 대면접촉이 적어지면서 인간성을 잃고 기계화될 가능성이 커진다. 이에 대응해 남을 배려하고, 양보하고, 심지어 자기희생을 함으로써 오히려 인간다운 사회를 만드는데 기여했다는 희열을 느낄 수 있도록 해야 할 것이다. 1등만 좋아하는 세상이 아닌 '사람다운 사람'이 존경받는 세상이 되어야 할 것이다.

인간성 회복을 위해서는 입시 위주의 암기식 교육이 인간다운 인간을 만들기 위한 인간 교육으로 전면적 방향 전환이 이뤄져야 할 것이다. 그 방법으로 음악, 미술, 체육 등이 중요한 수단이 될 수도 있다. 소수의 세계 최고 수준의 음악가, 미술가를 양성하는 것도 중요하지만, 오히려 모든 국민이 즐기게 하는 것이 더 좋다. 체코나 폴란드와 같은 나라는 모든 국민이 1악기를 다룰 줄 알고 음악을 생활화하는 문화가 있다. 체육도 올림픽 금메달리스트를 진천 올림픽 선수촌에서 기르는 것도 중요하지만, 많은 사람들이 매일 아침 생활 체육을 하도록 장려하는 것이 좋다.

앞으로 엘리트 문화예술보다 많은 사람들이 문화예술의 창작 활동도 하고, 그 창작물을 향유하도록 해야 한다. 학교에서 1인 1악기를 하도록 유도하면서 강제하지 말아야 할 것이다. 예컨대 음악을 싫어하는 사람들을 위해서 미술, 체육 등 다른 것을 할 수 있도록 1인 1예체능을 주선해야 할 것이다. 예술은 인간의 감정을 순화시키고 아름다움을 즐기도록 만들기 때문이다.

또한 인간성 회복은 개인과 공동체, 즉 한국 사회 전체와의 공존을 추구해야 한다. 즉, 개인화 된 개인의 단순총합만이 한국 사회가 아니고, 공동체가 지켜야 할 가치가 그 이상으로 있다는 것을 의미한다. 코로나19로 개인 간 접촉은 자제되고 있지만, 서로가 연결되어 있고 영향을 받는 공동체라는 점을 인식해야 할 것이다. 연결성의 가치는 개인의 경제성장도 중요하지만, 공동체가 생존에서 한걸음 더 나아가 발전함을 의미한다. 신공정성은 각종 제도의 설계와 개선에 기초적인 기준으로 삼아야 할 것이다. 마치 큰 공사에는 비용과 효과의 예비타당성을 분석하듯이, 신공정성이란 가치가 중요시되어야 할 것이다.

소확행과 워라블(Work and Life Blend)의 MZ세대

"요즘 젊은이들은 버릇이 없다"라는 문구는 고대 그리스 시대 기록에서도 찾아볼 수 있다. 동서고금을 막론하고 어느 사회든 세대 간 갈등은 존재한다. 구세대와 신세대 간의 이분법적 구분보다 최근 더 세분된 세대 간 갈등이 심해지고 있다.

경제경영학에서는 미국 시장 MZ세대의 행태특성에 주목한다. 1981년에서 1995년 사이에 태어난 사람(현재 26~40세)들을 밀레니얼(Millennial) 세대라고 하며, 1996년에서 2002년까지 태어난 사람(현재 19~25세)들은 Z세대(Gen Z)라고 한다. 미국 인구의 4분의 1에 해당하는 Z세대는 밀레니얼 세대와 사고방식, 소비행태, 생활방식 등에서 큰 차이를 보인다. "인생은 오직 한 번뿐 일단 저질러"라는 의미의 속어인 욜로(You Only Live Once: YOLO)는 이들의 삶의 방식을 대표하는 단어다.

우리나라는 2021년 4월 기준 MZ세대가 총인구의 36%를 차지하고 있다. 밀레니얼 세대는 22%, Z세대는 14%로 나타난다(조선일보, 2021.05.31.). MZ세대가 자라온 환경은 기성세대와는 완전히 다르며, 사고방식이나 행동양식에서 차이를 보인다. 예를 들면, 플렉스(flex)는 과시한다는 뜻의 Z세대 은어로 자신을 과시하기 위해 고급 명품 브랜드를 소비하는 행태를 가리킨다(동아일보, 2020.07.02.). 이러한 생활방식은 '할 수 있다(can do)'라는 구호 아래 가난을 벗어나기 위해 허리띠를 졸라매던 기성세대와는 큰 차이가 있다. MZ세대는 디지털 네이티브, 개인주의, 현재 지향성 3가지 특징으로 설명된다.

특히, MZ세대는 어린 시절부터 컴퓨터와 스마트폰 등 인터넷 환경에서 자라왔으며, 디지털 기기를 능숙하게 다루는 디지털 네이티브(digital native, 디지털 원주민)이다. 밀레니얼 세대는 아날로그 시대에서 태어나 컴퓨터, 인터넷, 스마트폰 등을 기술 발전에 따라 순차적으로 경험하였다면, Z세대는 글과 말을 배우기 전부터 스마트폰, 태블릿, PC 등을 접한 세대라는 점에서 차이가 있다. 대체로 이들은 사람 대 사람의 직접적인 만남보다 온라인을 통한 비대면 방식을 선호한다. 또한 기본적으로 혼자 있기를 좋아하며 다른 사람에게 간섭 받기 싫어한다.

극히 개인주의적인 세대라고 생각되지만, SNS로 연결되어 서로 실시간으로 정보나 일상을 교환한다. SNS를 통해 사회적 이슈에 대해 자신들의 의견을 피력한다. 즉, SNS로 필요할 때만 필요한 정도로 상호작용하는 자기들만의 방식으로 느슨하게 조직된 개인들의 집합이다. 온라인으로 서로 연결되어 있다는 점에서 완전 '비'사회적 존재라고 보기는 어렵다. 코로나19로 다른 세대들도 대면접촉이 금지되면서 사람들과 어울리기보다는 혼자 보내는 시간이 대부분을 차지하게 되었다. 대면접촉은 줄었으나 가상공간에서는 유사한 사람들끼리 상호작용이 많이 일어나고, 다른 사람의 사생활도 실시간으로 공유하는 가상적 사회집단이 생겨나고 있다.

그러나 다른 한편으로는 자신이 원하는 것을 온라인 가상공간에서 추구하기 위하여, 타인의 눈높이에 맞게 글을 올린다. 페이스북의 '좋아요'를 누르고 댓글을 적고 이러한 모습이 반복되면서 자신의 정체성도 바꾸고 있다. 즉, 나는 '내가 아닌 다른 사람에 의하여 만들어지는 것'이다.

MZ세대는 현재 자신의 행복을 중시하는 세대이다. 이들은 먼 미래보다는 현재 소소하지만 확고한 행복, 소위 '소확행'을 중시한다. 과도하게 회사에 충성하지 않으며, 업무수행을 위해 자신을 소진하기보다 워라밸(work-life balance; 일과 삶의 균형)을 선호한다. 최근 Z세대를 중심으로 워라블(work-life blend; 일과 삶의 조화)이 떠오르고 있다(포브스, 2019). 삶과 일의 균형이라는 말에는 균형을 맞추기 위해 어느 한쪽의 희생이 있어야 한다는 뜻이 내포되었으나 워라블은 삶과 일 어느 한쪽에 집중하기보다 동시에 충족시킨다는 의미이다. 예를 들면, 24시간 온라인으로 연결이 가능한 시대에 일은 언제 어디서든 할 수 있다는 점을 보여주는 것이다. 오늘 유독 집중이 잘 되어 12시간 동안 일했다면, 내일은 4시간 일을 하는 식으로 유연하게 일정을 잡는 것이다. 특히, 재택근무가 늘어나면서 워라블의 중요성은 증가하고 있다.

언제든 더 좋은 자리가 있다면 이직하는 것이 자연스러운 세대이다. 과거에는 평생직장이라는 인식이 자리 잡고 있었으나 IMF 구조조정 이후 평생직장이라는 개념은 많이 퇴색했다. 특히, 밀레니얼 세대들은 청소년 시기 부모의 명예퇴직, 실직을 목격한다. 이로서 회사에 대해 충성하고 승진에 목숨 걸기보다, 자신의 가치를 대우해주는 직장으로 이직하는 것이 자신의 능력이라 생각한다(서울특별시, 2021). 회사를 위해 충성하고 내 업무가 끝나더라도 상사가 자리를 지키고 있으면 야근을 당연시하였던 기성세대와 갈등으로 번지기도 한다. 일부 기업에서는 90년대 생인 Z세대 직원과 소통하기 위해 조직문화, 복지혜택 등을 개선하는 변화를 시도하고 있다.

MZ세대가 등장한 배경은 결국 일자리, 주택 등 경제적 요인과도 직결되어 있다. 이들은 대체로 물질적으로 풍족한 환경에서 성장하였으며, 부모의 바람대로 열심히 입시를 준비하고 70% 이상이 대학에 진학한 세대이다. 그러나 부모보다 못사는 최초의 세대이다. 저성장이 지속되면서 MZ세대는 노력과 상관없이 원하는 일자리를 찾지 못하고 사회에서도 자리를 인정받지 못하는 그야말로 주목받지 못하는 세대가 되었다. '개천에서 용난다'는 말은 더 이상 공감을 얻지 못한다.

취업하고 경제생활을 하더라도 집을 사는 것은 요원해지고, 가족을 꾸리기에도 부족한 MZ세대는 스스로 포기하는 것을 하나씩 늘릴 수밖에 없었다. 연애, 결혼, 출산을 포기하는 3포 세대에서 집 구매, 인간관계 등 포기하는 것이 증가하면서 N포 세대라고 불리고 있다. 이러한 연유로 MZ세대는 자신이 공정한 대우를 받지 못하는 것에 대해 민감하게 반응한다.

벼랑 끝 인구와 너무 빨리 늙어가는 대한민국

경제도 사람이 하는 일이다. 국가의 구성요소를 국토, 국민, 주권이라고 한다면, 국민이 있어야 국토도 지키고 주권도 지킨다. 그것도 우수한 인적자원이 있어야 한다. 자원이 비교적 풍부한 아프리카나 중동의 여러 나라에 심각한 경제난이 있는 것을 보면, 자원이 아니라 그 땅 위에 사는 사람들이 문제라는 점을 알 수 있다.

우리는 한반도라는 영토를 수천 년 지속적으로 점유한 행운을 가지고 있다. 우수한 인적자원으로 세계에서 보기 드문 성장을 했다. 땅 속에 묻힌 지하자원이나 땅 위에 있는 자연자원이 모두 우리의 생존을 유지하는데 턱없이 부족하고 지정학적 위치도 강대국에 쌓여 있어 눈치를 봐야 생존할 수 있는 우리나라는 오직 인적자원 하나만 풍부한 편이었다.

그러나 이제 풍부했던 인적자원에도 노란불이 들어왔다. 미래를 심각하게 위협하는 인구절벽이 다가오고 있다. 한국의 인구는 2021년 7월 현재 51,671,569명이다. 2015년 이후 5천 1백만 명에서 매년 근소한 차이만 있을 뿐 거의 변화가 없다. 1967년 이후 꾸준히 인구는 증가하고 있으나 그 증가율은 둔화되고 있다. 매년 2~3만 명씩 줄어 2030년에는 50만 명이 줄고 그 이후부터 현격히 줄어들 것으로 예측한 경우도 있다(조영태, 2021).

미래 인구가 얼마나 될 것인가를 예측하는 것은 쉽지 않다. 여러 가지 가정이 필요한데, 그것이 현실적인 것인지 여부는 논란이 있기 때문이다. 일단 세계 인구는 2021년부터 2100년까지 증가할 것으로 예측되고 있으나 한국 인구는 꾸준히 하락하여 2067년에는 4천만 명을 하회할 것으로 예상된다. 비록 2021년 현재 지구상에 존재하는 232개 국가 중 28위이어서 작은 국가는 아니지만 해가 갈수록 그 순위가 하락할 전망이다. 2020년대 한국 인구는 세계인구의 0.66%를 차지하고 있으나 2100년에 절반으로 줄어 0.3% 전후로 예측된다. 인구 규모라는 측면에서 한국이 차지하는 지구상의 위상이 반으로 줄어든다는 의미이다.

인구 감소의 가장 큰 원인은 출산율이 급격하게 저하된 탓이다. 1970년 출생아 수는 100만 명을 상회하였으나 2020년은 27만 2,400명에 불과했다. 우리나라의 인구는 합계출산율이 2020년 현재 0.84로 대체출산율 2.1보다 훨씬 낮은 세계 최하위 수준이다. 출산율이 낮아진 원인은 결혼 시기가 점차 늦어지고 있으며 가족과 자녀에 대한 가치관의 변화에 따른 것이다. 2019년 평균 초혼 연령은 남성 33.4세, 여성 30.6세로 나타난다. 이는 2009년과 비교하였을 때, 남성은 1.8세, 여성은 1.9세가 상승한 것이다. 기혼 여성이 생각하는 이상적인 자녀 수도 점차 줄어들고 있다. 더 큰 문제는 실제 출산율과 이상적으로 생각하는 자녀 수 역시 차이가 발생하고 있다(감사원, 2021).

젊은 세대들이 더 이상 결혼은 필수가 아닌 것으로 인식한다는 점도 인구 감소의 원인이다. 비혼의 증가가 뚜렷하게 나타나는 가운데 2020년 인구 1천 명당 혼인건수(조혼인율)는 4.2건으로 1980년 10.6건, 1996년 9.4건과 비교하면 절반 이하로 감소하였다(통계청, 2021). 이에 반해, 1인 가구는 꾸준히 증가하고 있다. 2020 통계청 인구주택 총조사에 따르면, 우리 국민 10명 중 3명은 1인세대이다.

이러한 변화는 남과 함께 하는 시간이 줄어든다는 뜻으로 삶의 양식이 개인화되는 것과 일맥상통한다. 자신의 개인적 이해관계보다 자신이 속한 조직이나 국가에 대한 봉사나 희생을 강조하는 전통적인 사고방식을 하는 사람은 급격히 줄어들고 있다. 특히, 대학입시경쟁 등 각종 경쟁에서 살아남아야 하는 젊은 시절을 보낸 사람들이 다른 사람을 경쟁 상대자 또는 이겨야 하는 대상으로 인식하는 경향이 커진 것이다. 한국 사회의 유대감이나 응집력이 그만큼 약화되고 있다.

출산율의 감소는 15~64세에 해당하는 생산 가능 연령대가 줄어들면서 국가경제에 치명적 영향을 미친다. 연령별 인구 변화를 살펴보면, 전체인구 중 생산연령 비율은 1960년 54.8%에서 꾸준히 증가하여 2017년 73.2%였다. 그러나 2017년을 정점으로 생산연령은 줄어들고 있다. 통계청 장래인구 추계에 따르면, 2050년 이후 50%를 하회할 것으로 예측된다. 유소년층(0~14세) 비율도 꾸준히 줄어 2030년 이후 10% 이하로 떨어져 생산연령 감소를 가속화시킨다. 이에 반해, 65세 이상 인구는 꾸준히 늘어 2050년 이후에는 인구의 40%를 상회할 것으로 나타나 문제가 더욱 심각해진다.

긍정적 차원에서 정부 정책에 힘입어 우리나라가 세계적 수준으로 의학이 발전하고 보건위생 환경이 놀랍게 향상된 결과라고 볼 수도 있다. 2019년 우리나라에서 태어난 사람의 평균 기대수명은 83.3년이며 남성의 경우 80.3년 여성은 86.3년으로 예상된다. 이는 OECD국가의 기대수명보다도 남자는 2.2년, 여자는 2.9년 높은 수치이다.

고령사회 문제는 비단 우리나라만의 문제가 아니라 선진국에서 대부분 겪는 문제다. 그러나 고령화 속도가 어떤 국가보다도 빠르다는 점에서 매우 심각한 문제이다. 한국은 이미 2017년 65세 인구가 14% 이상으로 고령사회에 진입하였다. 65세 인구가 20% 이상이면 초고령 사회로 분류되는데, 한국은 2025년 초고령 사회에 도달할 것으로 예상된다(통계청, 2020).

프랑스는 65세 인구가 7% 이상인 고령화 사회에서 고령사회로 진입하는 데 115년, 독일은 40년, 미국은 73년이 소요되었다. 고령화가 빠르게 진행되는 것으로 여겨졌던 일본의 경우 24년이 소요되었으나, 한국은 겨우 17년이 소요되어 어느 국가보다도 빠르게 진행되고 있다. 고령사회에서 초고령 사회로 도달까지 예상되는 소요 시간 역시 한국이 9년으로 가장 짧았으며, 일본 12년, 프랑스 39년, 독일 37년 등으로 나타나고 있다.

의학의 힘을 빌려 장수를 염원하는 인간의 소망을 실현시킨 개인의 수명 연장이 저출산과 결합하여 우리나라는 국가 전체인구가 거의 벼랑 끝에 있다고 할 만큼 위험하다는 점을 과거부터 수많은 전문가가 경고해 왔다. 즉, 개인 차원의 행복 증진이 국가 차원의 불행을 가져올 수도 있다는 경고이다.

고령화는 경제문제와 직결된다. 생산을 담당할 인구비율이 줄어들기 때문이다. 생산 가능 인구 100명이 부양할 고령인구수가 이를 나타내는 지표이다. 이 지표에 따르면, 1970년 5.7명이었던 것이 지속적으로 증가하여 2020년 21.7명이나 되었다. 이후 증가할 것으로 예상되며, 2040년 60.1명, 2067년 102.4명을 부양하는 상황에 이르게 된다. 이외에도 고령인구의 증가는 노인빈곤율이 증가하게 되어 사회적 부담이 가중된다(통계청, 2021). 즉, 생산 가능 인구 감소와 고령화는 복지정책의 과부하로 정부 운영에도 악영향을 끼칠 수밖에 없다.

마음 건강 악화로 인적자원도 손해

인구의 절대적 감소가 눈에 보이는 위협이라고 한다면, 보이지 않는 더 큰 위협요인이 존재한다는 점을 주목해야 한다. 인구의 질적인 측면에서 마음이 건강한 사람들이 줄어들고 있다. 더 정확히 말하면, 마음이 건강하지 않은 사람들이 급격히 많아지고 있다. 인간은 심리적으로 매우 복잡한 동물이기 때문에 일상생활에서도 마음이 매우 중요하다. 개인의 상태를 나타내는 마음은 사회적으로 형성되고, 변화되면서 그 사회의 질을 결정한다(김홍종, 2009).

단순히 병원신세를 져야하는 의학적 차원에서 봐도 한국은 그 문제가 심각하다. 우리 주위에서 정신질환을 앓고 있는 사람들이 많이 늘어나고 있다. 가벼운 우울증부터 무고한 사람을 살해까지 하는 조현병 환자도 점점 늘어나고 있다는 점에서 사회전체가 건강하지 못하다는 것을 의미한다.

보이지 않는 질병, 아직 치료단계에 들어가지 않는 경증환자나 치료를 회피하는 통계에 잡히지 않는 사람들까지 생각해야 한다. 보통 사람들은 정신치료를 받는다는 사실 자체를 부끄러워하기 때문에 정신과 의사를 찾는 것을 두려워한다. 이들은 결국 병이 심화되어 자해와 같은 행태가 생겨야 겨우 강제입원하고 통계에 잡힌다. 우리나라는 OECD 국가 중 우울증 유병률이 높고, 정신과 문턱이 높은 곳이기도 하다(연합뉴스, 2021.03.17.).

우리나라는 OECD 국가 중에서 자살률이 가장 높은 국가이다. 2019년 통계 기준 OECD 국가의 인구 10만 명당 자살 수는 평균 11명이었으며, 한국은 24.6명으로 나타나 2.2배 이상 높은 것으로 나타났다(OECD, 2021). 더 큰 문제는 10대, 20대, 30대의 사망 원인 중 1위가 자살이다. 10대는 인구

10만 명당 5.9명(37.5%), 20대는 19.2명(51%), 30대는 26.9명(39%)이 자살로 생을 마감하였다. 이 자살하는 사람들 자체도 우리가 정책을 만들 때 중요하지만, 가족·친지 중 자살을 경험한 사람들이 남은 인생동안 겪는 정신적 고통은 이루 말할 수 없이 크다. 이들은 '자살'이란 단어 자체를 입에 오르내리는 것을 극히 싫어한다(고선규, 2020). 그러나 현실은 이러한 사람에 더하여, 조현병 환자의 위협과 주변의 우울증 환자 등의 증가로 사회적 불안감이 올라갈 수밖에 없다. 인간의 일생 중 가장 건강한 신체를 가지고 자신의 삶을 살아야 할 세대가 가장 병든 세대가 되었다. 인구의 절대량이 감소하고, 질적인 측면(**즉, 노령화로 인한 역피라미드, 정신질환 증가 등**)의 저하는 우리나라가 전체의 인적자원(Human resources) 면에서 큰 문제에 직면하고 있다는 것을 의미한다.

한국 속의 다양한 세계인

◆

인구가 줄고 노동력은 부족하니 이민을 통해 미국을 우리나라가 닮아가야 하는 모델로 생각하는 사람들이 많다. 그러나 우리나라와 미국은 근본적 차이가 있음을 간과하고 있다. 미국은 건국부터 다민족국가로 구성된 나라이기 때문에 미국 사회만의 독특한 특성이 있다. 즉, 일부 백인우월주의는 뿌리 깊게 남아 있지만, 적어도 표면적으로는 다른 민족, 다른 문화, 다른 인종과 공존할 수 있도록 사회 곳곳에 제도적 장치를 만들었다. 특히, 초기의 유럽으로부터 이민자와 아프리카 노예를 비롯하여 아시아, 남아메리카, 러시아 등 다양한 민족이 모여서 만든 나라라는 독특성이 있다.

미국은 이처럼 다른 문화, 생각, 행동을 하는 사람들이 모여서 공동체를 이루었기 때문에 최소한의 협조와 복종을 얻어내기 위해, 특히 법치주의가 발달하였다. 민간 간 관계도 서로 확실하게 미리 계약하고, 이것이 만약 원하지 않는 방향으로 나아갔을 때 사법부를 통하여 해결하는 전통을 확립하고 있다.

이에 반해, 단일민족 국가로 출발한 우리나라에 외국인들이 이민 오는 현상은 단군 이래 처음 겪는 현상이다. 체계적인 이민정책을 마련하지 못했고, 정부 내에서 공무원들이 준비된 식견과 전문성을 갖추지 못한 상태에서 외국인에게 문호를 개방한 면도 있다. 외국인 유입에서 생기는 새로운 사회적 현상을 정부가 쫓아가기도 바빴다. 결과적으로 정부나 학계 모두가 시행착오를 겪으면서 배울 수밖에 없었다. 이제는 어느 정도 미국, 영국, 프랑스 등의 선진국에서 이미 겪었던 시행착오를 피해가기 위한 방도를 찾아서 적용하려고 노력하고 있다.

우리나라에서 이민을 받아들이기 시작한 것은 전문 인력 또는 기술 이민에서부터 먼저 시작된 것이 아니라, 주로 단순 노무직의 산업연수생과 고용허가제 외국인 근로자를 중심으로 시작되었다. 이민정책이 체계적으로 추진되지 않고, 그때마다 필요에 따라 이루어졌다는 점을 간단하게 살펴봐야 한다.

1994년부터 산업연수생이란 신분으로 주로 동남아 국가의 노동자들이 우리나라에 들어왔고, 당시 6개월만 비자가 유효했기 때문에 대부분이 6개월 후에는 불법체류자가 되었다. 1995년부터 산업연수생들에게 산재보험, 의료보험 가입이 이뤄지고, 2000년에는 이를 연수 취업제로 변경하였다. 그러나 2000년 이후 외국인 인력을 중심으로 갈등이 증폭되었으며, 이를 해결하는 하나의 방편으로 고용허가제를 도입하였다.

즉, 외국인 정책은 한국인의 임금이 올라가자 이를 감당하지 못하는 분야에 값싼 외국인 노동자가 대체 투입되는 경로를 겪어왔다. 우리나라에 유입된 외국인은 주로 단기거주 단순노무직의 외국 인력이 대다수를 차지하고 있으며, 미국·호주·캐나다 등 선진국처럼 전문 인력이나 우수 인재 유치는 아직 미흡한 실정이다.

2020년 기준으로 국내에 장기 거주하는 전체 등록외국인 수는 2,036,075명이며 이 중 외국어학원 강사(E2 12,621명)와 예술 흥행(E6 3,011명)을 제외한 전문 인력(E1, E3, E4, E5, E7)은 25,270명으로 전체 등록외국인의 고작 1.2%에 불과할 뿐이다. 단순노무직의 외국인(E9 비전문취업, E10 선원취업, H2 방문취업) 수는 409,039명으로 전체 등록외국인의 20%를 차지하고 있다. 즉, 단순노무직 외국인은 전문 인력 보다 약 16배 더 많거나, 전문 인력은 단순노무직 외국인의 6.1%에 불과하다(법무부, 2020).

외국인 노동자의 유입은 우리나라의 고령화 및 인구감소로 인한 산업 인력 부족을 메꿔줄 것으로 기대하였으나 임시방편일 뿐이다. 저숙련 저학력 외국인 노동자가 한국에서 정착하기는 녹록하지 않고 이들에 대한 처우도 사회적으로 문제가 되었다. 2009년 전에 이미 언론에 이들의 심각성이 여러 차례 보도되었고, 2020년에 경기도 포천에서 캄보디아 이주노동자가 추운 겨울 날씨에 비닐하우스에서 죽은 사망 사건이 있었다. 정부는 부랴부랴 수습하였지만, 이 역시 뒤늦은 대책이었다.

2000년 초반, 동남아 출신의 결혼이민자가 들어오면서 이민이 더욱 주목받기 시작했다. 특히, 농어촌을 중심으로 동남아 여성들이 결혼이민을 오는 경우가 증가하였다. 다문화라는 관점에서는 사회적 관심을 받았으나 정부의 제도는 제대로 준비가 되어 있지 않았다. 한국인 배우자가 자기 집이 없이 여관에서 살고 있더라도, 정신적 장애가 있더라도, 나이가 80세 이상의 고령일지라도, 경제적 능력이 없을지라도 동남아 출신의 젊은 결혼이민자를 초청하여 같이 사는데 정부로부터 제한을 받지 않았었다. 이런 상황에서 입국하여 함께 사는 결혼이민자들이 가정 내에서 차별과 폭행을 당하거나 심지어 사망하는 상황까지 발생하자 정부는 고삐를 죄기 시작했다.

농촌 현실, 결혼 시장, 산업현장의 실제가 진화하여 사회적 문제가 되고 정치적 압력이 되면, 제도가 비로소 마련되는 사후약방문식의 뒤죽박죽 모델이었다. 그런데, 프랑스 등 유럽국가가 이민자 가족 때문에 겪는 사회적 비용을 우리나라가 지불하지 않을 것이라고 장담하기 어렵다. 그럼에도 불구하고 이민은 우리나라가 처한 노동력 부족, 저출산 문제 등에 대한 문제를 해결하기 위한 대안이다. 외국인을 유입하는 것이 불가피한 상황이라면 제대로 준비된 상태에서 받아들일 체제를 갖춰야 한다.

우선, 단순노무직의 외국인은 국내 노동시장의 상황을 봐가면서 가능한 현재 수준을 유지하면서 국내 고령자, 여성인력, 청장년층을 활용하는 방안도 동시에 고민해야 할 것이다. 그 대신 전문외국인력은 현재 수준인 2만 명대 수준에서 20만 명대로 10배 이상 올릴 정책적 노력이 필요하다. 전문외국인력은 부양가족을 동반함으로써 국내에서 생산과 소비를 동시에 할 수 있고, 국내에서 우리 국민을 위한 투자나 일자리를 창출하는 역할을 할 수 있기 때문이다. 아울러 국적취득 방법으로 혈통주의보다는 출생지주의를 택하는 것도 신중히 고려해야 한다.

우수 외국인을 유입하는 방식으로 많은 국가에서 채택하고 있는 것은 외국인 유학생 유치이다. 유학생이 국내에서 졸업한 후 본국으로 출국시키지 않고 취업하여 정착하도록 하는 것이다. 이제 국내 대학에서 재학 중이거나 졸업한 외국인 유학생을 전략적으로 잘 활용했는지를 다시 원점에서 점검할 필요가 있다. 유학생이 국내 대학을 다닐 때도 학내에서는 각종 안내와 정보 제공이 한국어로만 진행되고 있어 아직 한국어 실력이 부족한 외국인 유학생에 대한 배려가 부족하다. 영어와 한국어를 동시에 활용해 대학이 진정으로 국제화될 필요가 있다.

정부나 대학이 유학생을 유치하는 데만 치중할 뿐 이들의 졸업 후 진로나 국내활용에 대한 관심은 미흡했다. 정부가 신남방과 신북방 정책을 기조로 내세우면서도 실제 국내 유학생은 중국인 학생들이 다수를 차지하고 있다. 신남방 정책에서 3P(People, Peace, Prosperity) 중 첫 번째는 사람(People)이다. 아세안 지역에서의 유학생이 많이 유학 올수록 국내대학의 경쟁력, 지역경제의 활성화, 아세안 국가와의 협력관계가 증진될 수 있다.

국내에 거주하는 출신 국가의 국적 분포도 어느 한쪽에 치우치지 않고 균형감을 유지해야 할 것이다. 어느 한쪽의 출신 국가에 쏠림 현상이 나타나면 미래에 정치적, 경제적, 사회적으로 예속될 우려도 완전히 배제하지 못한다. 외국인 유입은 일정한 장소에 보관하거나 폐기 처리할 수 있는 물건이 아니라 '사람'의 문제로서 국가를 구성하는 중요한 요소이기 때문이다.

외국인들이 많이 거주하는 밀집 지역이 전국적으로 많이 증가하고 있다. 과거 미군 부대나 공단을 중심으로 밀집 지역이 일부 형성되었지만 최근 대도시 저렴한 주택지에서 또는 고급주택지, 외국인 비즈니스 타운, 인구가 주는 농촌(군)을 중심으로 증가하고 있다. 시군구의 주민 수에서 외국인이 5% 이상인 지역은 2000년에는 0곳이었지만, 점차 늘어나 2019년에는 26곳이다. 7~10%에 달하는 지역도 11곳(서울시 영등포구·중구·금천구·구로구, 경기도 포천시·안산시·시흥시, 충청북도 음성군, 전라남도 영암군, 충청북도 진천군)이고, 이러한 외국인이 집중 거주하는 시군구는 점차적으로 늘어갈 것으로 예상된다. 우리나라는 외국인이 다수거주하는 서울 대림동 차이나타운이나 러시아, 몽골 거리와 같은 지역부터 먼저 다문화 사회가 본격적으로 진행될 것이다. 외국인이 그 지역에서 늘어나면서 이들의 사회서비스를 담당할 지방자치단체의 여건도 함께 성장해야 할 것이다.

우리나라가 미국과 같은 샐러드 형태의 다민족 사회가 되기는 어려울 것이다. 이미 국민 절대 다수를 이루는 한민족이 존재하고 있기 때문에 그렇다. 이것은 프랑스, 벨기에, 독일 등 유럽국가를 보면 알 수 있다. 이제 어떻게 하면 이들이 한국 사회와 완전히 동화될 수 있는 용광로로 만들 것인가를 고민해야 한다. 그렇다고 한국 사회는 변하지 않고, 이들만 한국인으로 동화시키는 일방적 용광로를 생각하면 안 될 것이다. 전통적인 한민족 사회도 다문화로 변화되어야 한다. 이를 위해서 다문화 가정에 대한 한국어 교육을 비롯한 여러 가지 제도를 완비해야 한다. 유치원부터 모든 교육 현장에 다문화 교육이 이뤄지도록 해야 한다.

프랑스는 제2차 세계대전 이후 소위 영광의 30년, 경제발전 시기에 노동력이 부족하여 장기적 계획 없이 외국인 이민을 받아들였다. 2015년 11월 파리 근교 축구장을 비롯한 7개 지역에서 동시다발로 일어난 무차별적인 테러로 수백 명이 죽는 등 큰 혼란을 겪었고, 당시 올랑드 대통령은 국가비상사태를 선포하기에 이른다. 이후 여러 테러가 생기는데, 이것은 프랑스 이민 1세대가 아니라 프랑스 영토 내 가정에서 태어난 이민 2세라는 점에서 충격이었다. 프랑스는 나와 다름을 널리 포용하는 개념인 톨레랑스(tolerance) 정신이 있고, 이들 이민자들을 프랑스 사회에 동화시키는 제도가 마련되었지만 사회불안이 일어나고 있다는 점을 타산지석으로 삼아야 한다.

국민들은 이민자에 대해 긍정적인 효과보다 부정적인 사건을 강조하는

'인지적 편향'의 경향이 있다. 사람들이 이익을 보는 것보다 손실을 회피하는 쪽을 선호하는 경향이 있다는 것과 유사하다(마우로 F. 기옌, 2020). 마찬가지로 우리나라에서 인구도 줄고 고령화되어 감으로 점차 이민자가 필요하다는 점을 국민 다수가 논리적으로 수긍할지라도 이민자 유입으로 강력 범죄, 일자리 잠식, 슬럼 지역의 증가 등 부정적 여론이 형성되고 있다. 이에 정부나 국회에서는 이민자 유입정책에 대해 멈칫할 수밖에 없다. 국민이 이민자 유입으로 불안감을 느끼지 않도록 섬세하고 미래를 예측하는 계획적인 이민정책이 필요할 것이다.

외교 최전선을 맡은 세계 속의 한국인

세계화가 진행되면서 우리나라 영토 이외에 거주하는 재외국민이 점점 많아지고 있다. 2018년 말 현재 전 세계에 있는 우리나라 재외동포수는 7,493,587명이다. 이들은 외국 국적 동포(시민권자) 4,806,473명, 재외국민 2,687,114명으로 구성되어 있다(외교부, 2020). 적어도 약 2백 50만 명 정도가 외국에 여러 목적으로 거주하고 있다. 우리나라의 수출 위주의 경제 특성상 이 숫자는 더욱 많아져야 한다.

미국의 로스엔젤레스, 애틀란타, 중국 베이징의 왕징과 같이 '한인타운'이 크게 형성되어 유명식당, 커피숍 등을 보면 마치 한국의 거리를 연상시킨다. 일정 규모 이상의 한인타운이 있는 곳은 한인회가 구성되어 각종 활동을 한다. 여기에는 이미 그 나라 국적을 취득한 사람들도 포함된다.

따라서 외국에 살고 있는 이들 재외동포들을 국내외의 지지 세력으로 삼는 정책이 필요하다. 예를 들면, 2012년 미국 보고서에 따르면 미국 내 한인의 경제력은 국가 단위로 전환할 때 전 세계 65위로 평가되었다(이진영·박 우, 2013). 전 세계에 퍼져 있는 한인조직과 경제력을 활용한다면 국토의 크기는 작지만 저력은 강한 나라가 될 수 있다. 우리나라 국민이 외국에 살고 있는 동포들을 잘 활용해야 한다는 의식이 생긴다면 마치 이웃하는 국가들 몇 개가 우리나라를 전적으로 도와주는 셈이 될 것이다.

프랑스는 구 식민영토를 아직도 자국의 영토로 가지고 있다. 오세아니아 지역의 누벨칼레도니아까지 프랑스 영토가 있어서 이곳을 대표하는 지역구 국회의원을 선출한다. 이에 더하여 다른 나라에 장기간 거주하는 재외국민에게도 참정권을 부여하고, 그들을 대표하는 지역구 국회의원을 선출하는 노력을 하였다. 예컨대, 577석의 하원의석 중, 11명의 재외국민을 대표하는 해외지역구에서 선출된 국회의원이 있다. 이들 11명중에는 우리나라에 사는 프랑스인이 2019년 5,980명, 2020년 3,835명이며 이들을 대표하는 국회의원이 한 명 있다. 물론 우리나라에 사는 프랑스 국적의 선거인이 적기 때문에 한중일을 포함한 동남아를 거의 포괄하는 지역구를 갖고 활동하고 있다.

현재 우리나라 해외이주법에 따라 외국에서 90일을 넘어 장기 거주하는 한국인은 우리나라의 대사관(총영사관)에 '재외국민등록'을 의무적으로 해야 한다. 재외국민에 일단 등록되면 우리나라 재외공관에서 주로 사건, 사고, 재난 발생시 문자메시지 등을 통해 안내하고 있지만, 우리 국민들은 외국에서 넓은 지역에 걸쳐 살고 학업과 현업에 바빠 서로 간에 공동체 의식을 쌓기가 쉽지 않다.

이제 우리나라 인구 감소와 인구의 질 저하문제를 일부 해결하기 위한 방편으로 재외국민을 체계적으로 관리할 정책이 필요하다. 우리 정부와 재외공관에서 메타버스와 같은 사이버공간을 형성하고, 이곳에서 재외국민등록을 하고, 다양한 한국 정보 안내와 서비스를 제공한다면 소속감과 공동체 의식이 생길 수 있다. 물리적 공간이든 사이버 공간이든 사람은 공간에서 활동할 때 소속감이 형성될 수 있기 때문이다. 재외국민이 외국에서 국내 상황에 관심을 가지거나 재외국민들 간에 교류하는 우리나라의 국내적 시각을 외부로 확대할 수 있는 계기로 작용할 것이다.

나아가서 우리 사회도 다른 민족이나 문화의 장점을 받아들여 더 좋은 사회를 이끌어내는 일반 국민이 중심이 되는 '아래로부터의 세계화'가 이뤄져야 한다. 우리 국민들이 한반도만을 생각하는 우물 안 개구리의 사고를 벗어나 국제문제에 더욱 관심을 가져야 할 것이다.

우리나라 정책이 일반 국민들 중에 평소 특정 국가에 대해 관심을 가지고 외국인 친구를 사귀고 교류하는 사람이 많아지도록 하는 방향으로 추진되어야 한다. 그렇게 하려면 현재 대학생에게 한정적으로 실시하고 있는 교환학생제도를 초중고로 확대할 필요가 있다. 일종의 언어교류로서 어렸을 때 여러 개의 언어를 배울 수 있는 잠재력이 있다는 점을 잘 활용해야 할 것이다.

전 국민이 민간외교관이 되어야 한다. 이것은 세계 최고의 교육수준을 자랑하는 우리 국민이 국제적 문제에 관심을 가지고 교양을 쌓으면 가능한 일이다. 외국에 대한 암기식 지식의 축적뿐만이 아니라 해외에 지속적인 네트워크를 가지고 끈끈한 인간관계를 맺는 태도가 필요하다. 한국 영화, 아이돌, 드라마 등 소위 K-대중문화가 인기를 끌고 있는 현시점은 세계인들과 교류할 수 있는 절호의 기회라 할 수 있다.

필자가 프랑스에 거주할 때인 30년 전 이미 프랑스 사람들의 수준이 상당히 국제화되었음을 보고 놀란 적이 많았다. 당시 한국은 지구본 어디에 있는지도 잘 모르던 때였는데, 길거리에서 만나는 프랑스 사람들은 한국에 대해서 관심을 많이 표명했던 것이 기억난다. 한국인이라고 하면, 남한이냐 북한이냐, 김일성을 아느냐 정도의 질문으로 시작하는 그 사람들이 열린 마음으로 한국에 큰 관심을 가져주는 것이 인상 깊었다. 그 중 몇 명은 자기 집에 초대해서 식사도 하고, 가족 없이 외국인으로서 쓸쓸한 처지를 생각해서 명절에 자기 가족 모임에 초대하는 등 친절을 베풀었고 지금도 연락하는 사람들이 있다. 이런 국민적 자질이 바로 그 나라의 민간외교력을 나타내는 것이다.

과거와 같이 어느 한 나라에서 출생하여 외국에 한 번도 발을 밟지 못하고 생애를 마치는 사람이 많은 시대는 지났다. 30년 전에 해외여행이 너무나 희귀해서 친지의 출국이나 입국을 위해 공항을 찾아오는 사람들 때문에 출입국장이 붐비는 경우를 많이 볼 수 있었지만 이제는 많이 변했다.

2018~2019년 문화관광부의 국민여행 조사 자료에 따르면 국민의 약 23%가 해외여행을 경험한 것으로 나온다(국가통계포털, 2020). 이 수치는 코로나19 문제가 있기 전인 2018년의 현황으로, 중복 출국자들을 고려하지 않은 것이다. 이들 중 여행, 가족, 업무 등 사유에 따라 여행 횟수를 보면 약 10% 정도의 인구가 해외여행을 하고 나머지 80~90%는 여행을 하지 않는 것으로 추정할 수 있다. 우리나라의 세계화 수준을 높이기 위해서는 이런 수치를 한층 높여야 한다.

해외 호텔방에서 라면을 끓여 먹어서 눈살을 찌푸리게 하거나 단체 관광으로 싹쓸이 관광을 하기 보다는 그 나라의 역사를 깊이 이해하고 존중하는 식으로 개인의 국제화 수준을 높여야 한다. 즉, 우리나라 인구의 질을 높이는 것은 개인의 문화적 품격을 높이는 것으로 가능하다. 국가의 품격을 가지고 대한민국의 위대함을 몸소 보여주고, 국내에서도 외국인에게 한국의 문화를 잘 전수하고 외국문화를 개방적으로 받아들이는 민간외교관이 되어야 한다.

물러나는 인간, 등장하는 기계와 동물

'인간적인 너무나 인간적인 것'이 우리 사회를 유지하는 기본이 되어야 한다. 기계나 동물이 아닌 사람다움이 넘치는 인간사회가 행복한 사회이다. 그러나 정부가 과거의 한국 사회가 계속되리라고 가정하고 정책을 수립하기에는 우리 사회가 너무나 달라지고 있다.

첫째, '국민 개인을 요람에서 무덤까지 담당해야 한다'는 행정은 지금과는 다른 차원에서 행정 서비스 제공을 계획해야 할 것이다. 인구 구조의 양극화, MZ세대로 불리는 젊은 세대의 아우성, 평생을 열심히 일했고 아직도 육체적 연령이 어느 정도 유지되고 있는 고령층들이 서로 다른 삶의 현장에 있다.

오늘날 젊은 층이 노년이 되는 미래에 이런 문제는 더 심화될 것이며 급격히 달라질 것이다. 이를 시간자원이라는 측면에서 개인 삶의 변화를 보면 더 분명하다. 이제 평균 기대수명이 90살을 향해가고 있다는 점을 고려한다면 대략 일생의 사이클을 3개로 구분할 수 있을 것이다. 처음 약 30년은 신체적, 정신적으로 성장하고 교육 받으면서 미래를 '준비하는 시기'이고, 그 다음 약 30년은 사회 구성원으로서 '주요활동을 하는 시기'이며, 나머지 약 30년은 '은퇴 후 삶'이 될 것이다.

비혼, 졸혼, 동거 등 결혼형태나 가족형태도 다양화될 것이다. 직업의 의미, 직업을 바꾸는 것, 직장을 바꾸는 것도 과거와 다른 형태로 변하고 있다. 특히 정년퇴임 후에도 건강하게 삶을 유지하는 기간도 늘어났다는 점은 주목해야 한다. 실제 30년 단위의 3개를 어떻게 채워야 하는지는 개인 문제기는 하지만, 그 제약조건은 세대에 따라 다를 것이다. 지금까지 우리에게 익숙한 '60 평생'이라는 삶이 아닌 다른 삶으로 바뀐다는 것을 의미한다.

둘째, AI의 발달을 중심으로 일어나는 산업과 생활의 변화이다. 산업 고용 구조의 변화는 보통 사람들이 누리던 평생 직장의 개념을 많이 바꾸고 있다. 가장 중요한 변화는 AI와 자동화로 연결되는 4차 산업혁명 시대에 전통적 일자리를 기계가 대신할 것이라는 것이다. 2차 산업의 노동자를 대체하는 공장 자동화는 이미 시작되었고, 농업, 어업, 임업 등 1차 산업도 변화가 시작되었고, 3차 산업도 급격한 변화가 오기 때문에 고용구조에 큰 변화가 올 것이다.

AI는 고용형태 등 경제생활에 급격한 변화를 초래할 것이다. 특히 한 직장에 30년 종사한 후 정년퇴직하는 경우가 현저히 줄어들 것이다. 오늘날의 계약직과 같이 몇 년간 일하고, 쉬다가 다른 일을 하는 단기 계약직으로 일하는 사람이 드물지 않게 될 것이다.

일자리 변화와 더불어 기업 형태나 조직 형태도 바뀔 것이다. 더 구체적으로 인공지능과 빅데이터로 대표되는 정보통신기술의 발달은 시장에서 거래하는 형태나 기업의 구조도 달라질 것이다. 전통적으로 기업이 완전히 사라지지는 않겠지만, 이제 모든 것을 관리하는 개별 기업이나 기업이 아닌, 플랫폼 사회가 도래하고 있다. 구글, 네이버 등 이미 플랫폼 사회를 우리는 경험하고 있다. 그러나 플랫폼이란 개념은 확정적이지 않고 다음과 같이 세 가지 의미로 쓰인다(이재열, 2021).

① 사람들 간의 상호작용 방법을 관리하고, 이를 데이터로 축적하며, 네트워킹의 실제 효과를 높이는 디지털 인프라
② 사람, 조직, 자원 3자 간의 상호작용을 통해 새 가치를 만들어내고 교환해 내는 새로운 사업모델
③ 미시적인 플랫폼에서 전 지구적 차원까지 이르는 다양한 차원에서 서로 연결되는 정치사회적 생태시스템

이들의 공통점은 과거의 면대면 사회에서 완전히 탈피하여 인간 간 상호 작용을 네트워크를 통해 이뤄지고, 이 자체로서 가치가 창출된다.

셋째, 한편으로는 마치 거동이 불편한 사람이 로봇의 도움을 받아 뛰어다 닐 수 있는 증강현실이 삶의 곳곳에 스며들 것이다. 다른 한편으로 실물세계 에서 겪어보지 못하는 것들을 가상현실에서 만족감을 얻을 것이다. 증강현실 은 국방, 스포츠, 의학 등에서 인간의 한계를 뛰어넘는 활동을 가능하도록 도 와주며, 교통사고로 직립보행이 안 되는 장애인이 입는 로봇을 입고 걸을 수 있을 것이다.

대표적으로 메타버스(Metaverse)가 새로운 삶의 형태로 보완 또는 대체할 것이다. 메타버스는 현실세계와는 다른 차원에서 여행, 각종 행사, 게임, 여 가 등 우리의 일상 생활을 완전히 바꿔놓을지도 모른다. 장차 메타버스에서 사용할 수 있는 콘텐츠가 중요한 산업이 되고, 사람들은 이를 소비하는데 중 요할 활동을 할 수도 있다.

넷째, 반려 동물수가 인구수보다 많은 날이 올 것이다. 우리나라 국민 약 1,500만 명이 반려동물과 함께 생활하고 있는 것으로 추산되는데 적어도 절 반 이상의 인구가 반려동물을 소유할 것이다. 장기적으로는 5천만 마리 이상 의 반려동물이 한반도에 공존할 것을 생각해 이를 대비해야 할 것이다. 반려 동물의 종류도 다양해 주택가나 직장도 반려동물 친화적으로 달라질 것이다. 매일 아침 일정 시간에 산책을 하는 사람이 매일 마주치는 사람과 얘기할 확 률은 반려동물이 동반한 경우에 훨씬 높아진다.

한국인들의 반려동물에 관한 애정은 매우 남다르다. 반려동물을 자식같 이 생각하고, 인간과 동등하게 생각한다. 반려견이 사고로 죽자, '솔직히 자 기 어머니가 돌아가셨을 때보다 더 슬펐다'는 사람도 있다. 앞으로 반려동물

관련 사업이 성공할 가능성이 높다. 이미 반려동물과 같이 콘도에 묶으면서 식사와 활동을 같이 하는 고급리조트인 소노펫리조트가 대명리조트 홍천에 문을 열었다(소노펫리조트, 2020). 이와 같이 관련 산업이 고급화되고 화장장, 묘지, 미용실, 호텔, 동물병원 등 반려동물관련 산업이 번창할 것이다. 동물이 가족과 같이 공존하는 생활패턴으로 바뀌면서 장단점이 모두 나타날 것이며, 정부가 적절한 정책으로 대비할 필요가 있다.

반려동물이 인간 생활을 이렇게 변화시키는데 정부가 가만히 있으면 안 된다. 동물중심이 아닌 인간이 어울려 살기 위해서 사회적 약속이 필요하다. 모든 사람이 동물을 좋아하는 것은 아니며 자신의 반려동물을 다른 사람도 좋아해 주기를 바라면 안 된다. '우리 개는 안 물어요'와 같은 무책임한 태도는 지양해야 한다.

여러 국가에서는 자격을 갖춘 사람에게만 반려견을 키울 수 있도록 하고 있는 점도 주목할 필요가 있다. 예컨대 독일에서는 반려견을 체계적으로 관리하기 위해 사람과 마찬가지로 세금과 의료보험 등을 의무화하고 있다. 유기견 입양을 공공보호소를 통해서만 가능하다(국민일보, 2021.02.07.). 새끼가 자라면서 인간과 같이 공존할 수 있는 각종 훈련을 받아야 하고, 그 결과를 증명할 시험을 치르고 합격한 강아지만이 인간과 같이 살 수 있다. 개물림 사고 등과 같은 안전사고에 대비하여 견주는 책임보험에 가입하도록 하고 있다. 독일 정부는 하루 한 시간 이상 반려견을 산책시켜야 하는 것을 법제화했고, 반려견의 복지에 대해서도 존중하고 있다. 결국, 아무리 사랑스러운 반려동물이라고 하더라도 동물은 동물이고, 사람은 사람이라는 철학이 깔려 있다.

이상을 종합하면, 우리나라에 인구가 줄면서 수명은 늘어나는데 비하여,

AI, 메타버스, 반려동물 등으로 인간다운 삶을 영위하기보다 '인공적인 것이 가미되거나 거꾸로 이에 지배되는' 삶을 누리는 사람들로 구성되는 나라가 될 위험성이 크다. 극단적 예로서 '나는 자연인이다'라는 프로그램에 나오는 전통적이고 목가적인 인간생활은 우리 주변에서 그 비중이 현저히 낮아질 것이다. 결과적으로 일상에서 인공적인 것의 비중이 높아지고, 삶의 주체로서 인간이 누리던 자연적인 것의 비중이 줄어드는 '비인간화'가 진행될 것이다. 이러한 현상을 인간성의 주변화(marginalization of humanity)라고 명명할 수 있을 것이다.

결국, 가장 중요한 것은 인간성을 유지하고 회복하는 것이다. 온갖 인공적인 것의 도움을 받은 결과, 사람들이 늘어나는 여유시간을 어떻게 보내도록 하는지가 국가 정책과제로 다루어져야 한다. 과거에는 일단 먹고 살만한 경제적 여건을 만들어 주는 것이 정부의 일이었다면, 미래 사회에서는 AI와 로봇으로 산업생태계가 달라지고 고용구조가 달라질 것이기 때문에 과연 인간적인 삶을 실현시킬 수 있는 것이 무엇인가라는 관점에서 정부의 정책이 달라져야 할 것이다. 즉, 국민 각자가 인간적인 일이라고 보람을 느낄 만한 일을 하고, 시간을 보낼 수 있는 여건을 만들어 주는 것이 정부의 중요한 기능이 될 것이다.

사람, 시간, 공간 그리고 VUCA의 결합

한국 사회가 직면할 문제의 특성에 따라 정부가 대응하는 방법도 달라져야 한다. 과거 근대화 과정은 과학적으로 엄격한 방법론을 적용하여 원인과 결과 관계를 규명할 수 있다는 믿음에 기초하고 있었다. 문제가 생기면, 과학의 힘을 빌려 그 원인을 규명하고 이를 해결하는 방식 또는 앞으로 일어날 일에 대비하는 것이었다.

앞으로 대한민국이 처한 환경은 현저히 변화될 것으로 보인다. 자연재해도 그렇지만 인적 재난도 점점 다루기 어려워지고 있다. 한국 사회에서 사람들끼리 부대끼며 일어나는 일도 통제가 어려워지고 있다. 환언하면, 우리 사회의 미래는 불안정하고(volatile), 예측불가능하고(uncertain), 복잡하고(complex), 애매모호(ambiguous)할 것이다. 국제정치나 경영 분야에서 얘기하는 VUCA(Volatile, Uncertain, Complex, Ambiguous: 뷰카)가 현실로 더욱 강하게 다가올 것이다(Bennett, N. and Lemoine, J., 2014). 국민들이 non-VUCA 상황을 당연히 원하는 만큼 이에 대응해 정부가 해결 곤란한 것들이 많아진다는 의미다. 만약 제대로 해결하지 못하면 정부 신뢰가 더 떨어지고 우리 사회에는 분열과 불안이 확산될 가능성이 커진다.

문제의 해결책이 없다

무엇이 문제인지 모른다  새로운 대안이 있다

해결책을 실현시키기 어렵다.

문제와 해결책의 유형

VUCA 시대에 정부가 해결해야 하는 사회문제는 네 가지 유형이 있다.

첫째, 무엇이 문제인지 모르는 경우이다. 인체로 말한다면 아무 증상이 없거나 무엇인가 이상한 것을 느끼기는 하지만, 무엇이 문제인지 정확히 알 수 없는 경우다. 우리도 인식하지 못하는 사이에 병은 더 커지는 것이다. 이

것은 문제가 커져서 피해를 입었을 때 비로소 인식한다는 점에서 위험한 유형이다. 그럼에도 불구하고, 사후에 잘 해결하는 능력이 필요하다.

둘째, 문제는 무엇인지 아는데, 확실한 해결책이 없는 것도 많다. 후쿠시마 원자력 발전소 문제에서 볼 수 있듯이, 원자로에 문제가 생겼을 때 연소를 중지하거나 원자력폐기물을 중성화시킬 수 있는 기술이 아직 발견되지 못하였다. 문제는 있는데, 미래에 이 문제를 해결할 기술이 개발될 것이라는 낙관주의에 가정하여 원자력 발전소를 가동하는 것이다.

셋째, 문제가 무엇인지도 알고, 적절한 해결책도 알고 있는데 실제 그것을 해결할 수 있는 정책의 실행이 어려운 경우도 많다. 인구문제가 대표적으로 역대 정권에서 출산율 저하, 고령화 문제를 인식하고 산발적인 정책을 추진했다. MZ세대로 대변되는 젊은 세대들이 겪는 3포 현상이 이와 연결되어 있다는 문제점은 알고 있고, 그들에게 적절한 일자리를 제공하고 주택을 제공하는 등 미래에 대한 공포를 없애면 된다는 해결책도 어느 정도 알고 있다. 그러나 이런 정책을 실현하기 위해서는 엄청난 돈이 들고 다른 여건의 변화도 필요하다. 여러 해결책이 거론되지만, 그를 실현시키기 곤란하다. 즉, 해결책은 있는데, 그것을 실현시킬 수 있는 방법이 없는 것이다.

넷째, 여러 가지 문제들이 해결되지 못하고 표류하고 있는데, 우연이든 인위적 노력에 의하든 새로운 문제 해결책이 나오는 유형이다. 즉, 현재 전혀 주목을 받지 못하는 분야에서 해결책이 나오고, 그에 따른 새로운 문제점도 부각되는 경우다. 이산화탄소 배출이 환경을 교란한다고 하여, 태양광발전·풍력발전 등 많은 해결책이 과학적 근거에서 거론되었지만 적절한 양의 에너지 공급을 위해서 역부족이었다. 예컨대 수소연료는 전혀 다른 차원의 해결책이 될 수도 있다는 점에서 이런 유형의 문제라고도 할 수 있을 것이다. 안전성 확보와 수소 생산 효율성을 높이는 방법은 여전히 과학기술이 앞으로 더 해결해야 할 문제이다.

이러한 VUCA 시대를 맞이하여 우리가 문제를 보는 시각을 달리해야 한다. 이 책은 사람, 시간, 공간이라는 세 차원의 패러다임으로 접근할 것을 제안한다. 기존에 있었던 많은 정책문제 접근 시각은 원인 → 결과와 같은 변수 중심적인 사고였다. 시간, 사람, 공간과 같은 주요 변수는 기껏해야 통제변수로 취급하는 정도였다. 많은 과학모델에서는 이를 누락하거나 경시하는 경우가 많았다.

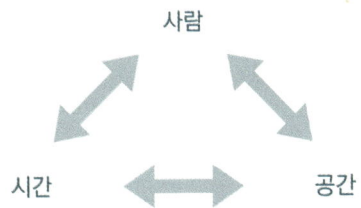

문제해결을 위한 분석시각

사람, 시간, 공간은 모두 중요하지만, 서로 영향을 주거나 제약하는 관계다. 이중에서 사람을 행복하게 하는 나라가 좋은 나라이기 때문에 사람은 가장 중요한 주체이다. 그런데 모든 사람은 공간의 제약에서 어떤 시간의 제약 속에서 사고나 활동을 한다. 사회과학을 지배한 행태주의는 사람을 평균적 동물과 같은 존재로 상정하고 인과관계를 밝히려 한다. 즉, 어떤 경우에 어떻게 반응을 보이는지 법칙을 만들려고 많은 연구를 해왔다. 그러나 인문사회과학 분야에서 모든 사람에게 적용될 일반법칙은 아직도 별로 발견되지 못하였다. 사람이 그만큼 복잡한 존재라는 것을 의미한다.

행태주의는 사람의 주관적 세계, 즉 마음이 매우 중요하다는 생각을 경시하였다. 우리는 인간은 물질세계를 경시하지는 않지만, 정신세계나 감정의 세계가 중요함을 강조한다. 동일한 조건이나 환경에서도 어떤 사람은 행복한데 어떤 사람은 아닐 수 있다. 이것이 동일한 사람인데도 언제(시간), 어디(공간)냐에 따라서 달라짐도 알고 있다. 시간과 공간이 주어진 제약조건이기도 하지만, 거꾸로 문제를 변화시키거나 극복하는 수단이 되기도 한다.

시간과 공간은 서로 분리된 경우도 있고, 서로 밀접히 연관된 경우도 있다. 출생부터 죽을때까지 삶을 유지한다는 점에서 우리는 시간의 제약 속에 살 수 밖에 없지만, 순간마다 어떤 생각을 가지고 활동하면서 보내는지는 개인의 선택이다. 한반도라는 공간에 존재하는 우리는 미국, 러시아, 캐나다, 중국 등 국토가 넓은 나라에 비하여 큰 제약이 있음에 분명하다. 그러나 도시를 건설하고, 전 세계가 부러워할 정도의 공공교통체계를 만들었다는 점에서 공간을 정복한 면도 있다.

한국은 후진국에서 출발하여 선진국을 따라잡는 추격 경제모델에서 이제 세계 1위인 분야가 가장 많을 정도로 창의적으로 세계를 선도하는 국가가 되어야 한다. 정부가 이를 해결할 때는 사람을 중심에 놓고, 공간변수와 시간변수를 고려하여 정책을 추진해야 한다.

VUCA 상황에서 새로운 해결책을 찾는 것은 각 분야의 연구자들의 몫이다. 특히, 과학기술의 발달은 많은 문제를 새롭게 접근할 수 있는 가능성을 연다. 선도경제로 가기 위해서는 남이 가지 않은 길을 개척하는 사람들이 중요하다. 과학기술의 발달을 주도해야 하고, 이를 바탕으로 전 세계적으로 다른 나라를 이끌어야 할 것이다.

과학기술분야는 매우 넓기에 이를 다루는 연구개발정책은 정부가 혼자

다 할 수 없다. 그러나 방향 설정은 매우 중요한 정부의 기능이다. 과학자들은 모두 자신이 연구하는 분야가 중요하다고 앞 다투어 주장할 것이고, 정부는 한정된 자원을 가지고 어느 것을 선택하여 지원해야 하기 때문이다. 그러나 과학기술의 범위가 워낙 넓기 때문에 국가가 전략적으로 어느 분야를 중점으로 할 것인지를 결정하는 것은 매우 어렵다. 그렇지만 일정한 방향을 설정하는 것은 불가피하다.

방향의 설정은 사람 중심이란 가장 근본적 목적을 중앙에 놓고, 공간과 시간의 차원을 추가하여 이뤄져야 한다. 이미 국가적으로 설정된 바이오, 전자, 친환경 등 여러 분야가 있지만, 앞으로 특히 주목할 분야는 다음과 같다.

첫째, 인간중심으로 의생명공학이다. 짧은 시간에 세계적 수준으로 올라온 의학을 더욱 발전시키는 것을 국가 전략으로 하는 것이 필요하다. 암의 정복에 앞장 설 뿐만 아니라, 코로나19로 이뤄진 감염병 위험으로부터 인간의 보호를 의술로 해결하는 것이 K-의학 발전을 이루는 길이다. MZ세대를 위한 정신건강 부문도 종합적 의학이 개발할 분야이다. 즉, 인간의 마음을 다루는 정신과 분야의 발달도 매우 중요한 국가적 과제이다. 개인의 생리적 차원뿐만 아니라, 교육학이나 사회병리학 등 다른 차원에서 종합적 접근을 해야 한다.

둘째, 공간적으로 우주개발 문제이다. 영토 위의 공간인 영공도 있지만, 이를 벗어나 더 높은 공간인 우주에 대한 국가적 관심이 필요하다. 지구환경에 지대한 영향을 미치는 지질연대인 인류세(人類世, Anthropocene) 또는 인신세(人新世)에 살고 있는 이 시점에서 만약 지구의 생활여건이 극도로 나빠질 경우를 대비해서 우주에 관심을 가질 필요가 있다. 공간의 개척에는 우주를 빨리 접근할 수 있는 우주선이라는 시간의 정복이 필요하다. 유럽의 보이저

(Voyageur), 나사의 화성탐사선 등 지구 밖 우주에 관심을 가지고 천문학적인 돈을 지불하고 있음을 참고할 필요가 있다.

아울러 우주개발과 마찬가지의 차원으로 해양개발의 문제에도 관심을 가져야 한다. 우리나라는 삼면이 바다이므로 배타적 경제수역은 물론이고 다른 나라의 영향권에 들어가지 않는 태평양 심해 등에도 관심을 가질 필요가 있다.

셋째, 안전하고 품질 높은 먹거리 산업도 인류 공영을 위해 매우 중요한 분야이다. 유전자 변형이 없는 자연식품, 친환경적 식품은 물론, 방사선이나 다른 오염물질로부터 안전한 식품 재료를 가지고, 세계인의 입맛을 사로잡는 식품 산업의 발전은 중요하다. 단순하게 음식을 먹는 행동으로 끝나는 것이 아니라 문화예술과 접목하여 인간 삶의 풍요로움과 아름다움을 만끽하도록 하는 융합적 접근을 해야 한다.

넷째, 연구개발이 자연과학, 공학 분야에 국한되면 안 된다. 과학기술은 기본적으로는 인간을 행복하게 하는데 목적이 있다. 기술문명의 발달은 인문사회예술 분야의 발전과 공존해야 한다. 인문사회계의 연구가 앞으로 사회가 인간답고 행복하게 만드는데 답을 찾아야 하는 것이다. 그렇지 않으면 기술결정론적 사고로 빠지는 위험을 겪을 수밖에 없다.

02
한국의 공간 개혁!
이렇게 하면 어떨까?

● **더 좋은 나라, 이렇게 하면 어떨까?**
한국 사회가 묻고, 임도빈이 답하다.

좁은 땅, 빽빽한 공간 문제를 해결하자

서양에서 온 건축과 토목기술은 근대화의 상징이다. 그런데 공간은 단순히 건축하는 사람들이 구조물을 만드는 기술적 측면만 있는 것이 아니다. 그 속에 사는 인간의 사고를 지배, 행동을 유도, 제약한다는 점을 간과할 수 없다.

한국의 전통문화는 자연공간과의 조화를 강조해 왔다. 배산임수와 같은 개념으로 집을 짓는 지혜와 철학이 있었다. 조상들이 자연적이고 인간적인 삶을 살 수 있는 공간구성을 택한 것이다. 이로부터 자연주의적 사고방식과 행동도 형성되었다.

그러나 서구의 문명이 들어오면서 대규모 토목공사와 큰 건물이 들어서기 시작하였다. 조금이라도 교통문제를 완화하기 위해 도로를 만들고, 다리를 만들고, 지하도를 만들고, 터널을 뚫었다. 인간이 자연을 대규모로 파괴한 것을 발전이라고 믿었다. 국토개발을 중시했던 정권 시절, 토목공사로 사회간접자본을 만들고, 높은 빌딩을 가진 도시를 만들 때 우리는 기존 자연과 전통문화와 조화를 생각하지 못하고, 당장 짓고자하는 시설물이나 건물의 효율성, 즉 빨리 짓는 것만을 생각했었다. 건물을 지을 때, 더 넓고, 더 크고, 더 높게, 활용도를 높이려고 하였을 뿐, 다른 자연물, 인공물과 관계, 모양, 색깔 등에는 별로 관심이 없었다. 이는 오늘날까지 대체로 우리나라 건축물의 외관을 결정하는 요소였다. 그 결과는 난개발로 나타났고 기능도 기능이지만 일단 보기 흉한 것이 많다.

대한민국이 업그레이드하기 위해서는 공간의 사용에 대해서 전면적·근본적으로 재검토해야 할 것이다. 프랑스나 독일 등 유럽을 여행해 본 사람들은 도시뿐만 아니라 지방까지 차 창가에 스쳐지나가는 풍경이 매우 아름답다는 것을 느낄 수 있었을 것이다. 한 폭의 그림과 같아서 여기저기 사진을 찍는 한국 여행자들이 숱하다. 도시는 도시대로, 농촌은 농촌대로, 아름다움을 자랑한다. 파리, 런던, 베를린, 로마, 스톡홀름 등 우리에게 알려진 도시뿐만 아니라, 노르웨이 올레순(Ålesund), 독일의 구타흐(gutach), 프랑스의 꼬르드 쉬르 시엘(Cordes-sur-Ciel) 등 유럽 곳곳에 아름다움과 조화를 느낄 수 있는 도시나 마을들이 즐비하다.

좁은 국토에 5천만 명이 살아야 하는 우리나라는 도시화를 불가피한 현상이라고 생각하는 사람도 있다. 꼭 그렇지 않다. 인구 규모가 우리나라의 약 절반이면서 국토면적도 절반도 안 되는 네덜란드는 인구 밀도면에서 우리와 유사하다. 그러나 암스테르담을 비롯한 어느 도시를 가도 우리나라같이 인구가 밀집되어 산다는 느낌을 주는 곳은 없다.

그 차이는 평지가 얼마나 많은지 여부에 달려있다. 네덜란드는 국토가 3분의 1은 해수면 아래에 있기에 인간이 살 수 있는 평지가 많다. 우리는 국토의 약 60% 이상이 산지이고, 도시에 모여서 사는 것을 좋아하는 도시선호 문화 때문에 서울뿐만 아니라 지방에도 여기저기 고층건물이 우뚝 서 있는 도시가 즐비하게 되었다.

여기에 사람들의 독특한 사고방식이 더해진다. 우리나라 사람들은 "말은 나면 제주도로 보내고, 사람은 나면 서울로 보내라"는 속담과 같이 독특한 경쟁의식을 가지고 있다. 이 경쟁의식이 눈부신 경제성장을 이뤄낸 근대화의 심리적 동인이었다. 1960년대 우리나라 국민 중 도시지역에 사는 사람의 비중(즉, 도시화율)이 5% 정도였는데, 최근에는 91% 정도나 되었다.

우리나라가 겪은 근대화란 곧 도시화라고 해도 과언이 아니다. 일정한 공간에 사람들이 모여 사는 현상이 심화되어 인구밀도가 높아지면 많은 부수적 문제를 야기한다. 다리를 놓든, 건물을 짓든, 인간이 인위적으로 자연적 공간을 바꾸면서 자연을 파괴한다.

그렇다고 파괴를 전혀 하지 않고 자연과 조화롭게 산다는 것은 구석기 시대로 돌아가자는 얘기와 같다. 따라서 이제부터라도 신중하게 공간을 개발해야 할 것이다. 톨스토이가 예술론에서 아름다움을 논할 때, 인공미가 아닌 자연미의 가치를 강조한 바 있다. 예술의 목적은 자연 속에 흩어져 있는 미를 찾아내는 것이며, 여기서 통일성을 찾아내는 것이 예술적 천재라고 본다(톨스토이, 1998). 자연미가 인간을 인간답게 만들고, 싫증나지 않게 오래 지속되도록 한다.

그린벨트보다 녹지총량제를 도입하자

우선, 서울을 비롯한 대도시는 녹지총량제를 실시해야 한다. 그린벨트 제도를 유지하여 어느 정도 효과는 있었지만 충분치 않았다. 그런데 이제부터라도 녹지의 총량을 줄이는 개발은 하지 않는 것을 원칙으로 한다면 달라질 것이다. 낡은 건물을 재건축할 경우, 고도와 건평이 넓어질수록, 그만큼 자연녹지·도시림·공원 등을 확보하여 녹지의 절대량을 늘려야 할 것이다. 특히, 서울시는 자투리 땅을 기회 있을 때마다 매입하여, 녹지로 전환하는 정책을 추진해야 한다.

주거공간이 더 필요해지는 문제는 어떻게 해결할 것인가? 친환경의 원칙 아래, 지상의 층수를 높이는 방법과 지하 공간을 활용하는 방법이 있다. 예컨대 좁은 도심에 위치해 있으면서, 폭주하는 환자를 효율적으로 처리하도록 만들어진 서울대학교 병원의 '대한외래'라는 지하 공간 활용사례를 참조할 필요가 있다. 대한외래는 지하 1층부터 지하 6층까지 입원 병동과 분리된 독립 외래진료 공간을 구축해 놓은 병동이다. 주차공간은 물론이고, 다양한 편의시설, 휴식공간, 전시 및 문화예술 이벤트를 함께 하고 있다.

산림녹화에서 친환경 생활로 전환하자

비도시 산림지역은 전혀 반대의 상황에 있다. 과거부터 추진해왔던 산림녹화로 나무가 많아졌지만 등산 이외에는 활용되지 않는 산지가 너무 많다. 이를 인간이 거주하는 공간으로 만드는 정책을 추진해야 할 것이다. 현재까지 산림은 자연환경보존의 개념이 강하여 휴양림 정도 개발에 그치고, 사람들이 건물을 짓고 사는 개념은 약하다. 그러나 대부분 국토가 알프스라는 큰 산지인 스위스 등 산지가 많은 나라에 가보면, 산이 인간생활의 중심지가 될 수 있음을 느낄 수 있다.

국토의 70%가 산지인 우리나라에서 산에 친환경적이고 소규모 주택형태의 거주를 적극적으로 허용하는 방법을 생각해야 한다. 일주일에 '도시에서

3일, 지방에서 4일'과 같은 생활패턴이 가능하도록 하면, 이런 주택의 활용도가 높아질 것이다. 현재 교통이 편리하고 경치가 좋은 곳에 전원주택단지가 들어서고 있는데, 개발정도는 대도시와 교통거리에 비례하는 경향이 있다. 이와는 다른 차원의 주택이 필요할 것이다.

이러한 개념의 친환경적 산촌은 강원도 지역과 경상남북도, 충청북도 등을 중심으로 한반도 곳곳에 개발될 수 있을 것이다. 자연파괴를 최소화한다는 원칙으로 사람들이 살 수 있는 공간을 만드는 것이다. 자동차 등 모터가 달린 운송수단이 다닐 수 있는 도로 건설은 최소한으로 하고, 사람이나 자전거, 마차를 타고 다닐 수 있는 임도(林道), 말이 달릴 수 있는 마도(馬道)만을 허용하는 것이다. 말은 그동안 말산업 육성책을 중심으로 스포츠로 활용되었다면, 이제 이런 자연을 일상생활로 누리는 지역에서 비교적 효율적인 이동수단이면서 동시에 체육활동으로 이용될 수 있다. '나는 자연인이다'라는 프로그램에 나오는 것과 같이 진정으로 자연과 함께 사는 거주형태를 마련하자는 아이디어이다. 자연훼손도 최소화하고, 인간다운 생활의 기회를 극대화하자는 것이다.

자연공간으로 사람과 문화를 품자

수난의 땅 용산의 미군기지 부지를 114년 만에 용산공원으로 시민들에게 되돌려 준다는 소식은 매우 기쁘다. 거의 200만 평에 달하는 넓은 부지를 서울 한복판에 가진다는 자체가 과밀한 서울을 업그레이드할 수 있는 기회이다. 미군이 주둔하면서 토지오염 등 환경을 오염시킨 문제가 있는 바, 오염된 토양의 근본적 해결이 환경문제를 생각하는 정책의 기본일 것이다.

2009년에 문화재청이 실시한 조사 결과, 용산공원 부지 내에는 약 1,200동의 건물이 있으며, 그 중 80여 동이 보존 및 재활용 가치가 있는 것으로 나타났다. 이렇게 보존가치가 있는 건물은 보강해 다른 용도로 잘 활용할 수도 있다. 설계공모에서 당선된 '네덜란드 West 8'과 한국의 이로재가 주축이 된 컨소시엄의 '미래를 지향하는 치유의 공원(Healing: The Future Park)'에 의하면, 공원의 대부분인 98%는 생태·녹지 공간으로 조성된다는 점에서 바람직한 방향이다. 이를 계기로 남산-용산공원-한강을 잇는 녹지축이 조성되는데, 북한산에서 관악산으로 이어지는 서울 남북 녹지축에 용산공원이 중심을 차지한다. 이를 계기로 야생동물의 서식처 환경 개선도 이뤄질 것이며, 건천으로 방치되어 있던 '만초천'을 복원하는 것도 포함되어 있다고 한다.

자연환경 복원과 보존이라는 방향은 잘 정해졌지만, 여러 가지 이유로 개발의 유혹이 있을 것이다. 정치적으로 가장 뜨거운 감자인 주택문제를 해결하기 위해, 아파트 건설 등 난개발의 위험이 존재한다. 그러나 인기영합주의가 아닌 장기적 안목에서 지켜야 할 하나의 철칙일 것이다.

나아가서 공원화된 자연녹지도 그 자체로 보존만을 하는 절대녹지가 아니고, 그 녹지를 모든 국민들이 즐기고 휴식할 수 있도록 하는 것이 더 중요하다. 따라서 역사, 과학, 문화, 예술을 함께 즐기며, 다음 세대를 교육하는 공간으로 만드는 것이 필요하다.

자연보존을 하면서 동시에 사람들이 많이 머무는 곳으로 만드는 것은 여러 가지 아이디어가 필요하다. 앞으로 개인 여가 시간이 점점 많아질 것이라는 변화에 대비하여 사람들을 품는 공간으로 활용되어야 한다. 이를 위해서는 프랑스 파리 북부에 있는 빌레트 공원(Parc de la Villete)을 참조할 필요가 있다. 빌레트 공원은 약 1,360,000m^2에 이르는 방대한 규모의 공원으로서,

미래형 복합도시를 목표로 기획된 공원이다. 건축가 베르나르 추미(Bernand Tschumi)가 점, 선 및 표면의 중첩을 통하여 26의 점을 120미터마다 규칙적인 패턴으로 제시하는 도시의 면모를 공원에 투영했다는 특징이 있다.

낮잠을 자거나 담소를 나누는 휴식공간도 필요하겠지만 인간으로서 필요한 활동을 할 수 있는 공간을 마련해야 한다. 용산공원만이 갖는 특정한 주제에 따라 구역을 나누어 설계하고 계획해야 한다.

예컨대 음악 공간이다. 돗자리를 깔고 조용하게 시민들이 쉬거나 산책하는 공간도 필요하겠지만, 재능 있는 사람들이 나와 연습도 하고, 이를 시민들이 무료로 즐기는 음악공원도 생각할 수 있다. 방탄소년단(BTS)과 같은 세계적 그룹이 나오려면, 실험정신을 가진 젊은 예술인들이 그 준비과정에서 끼를 발휘할 기회를 만들어줘야 한다. 빌레트 공원에 설치되어 있는 야외무대가 그런 이유다.

음악뿐만 아니라 정치적 의견을 표현하는 자유를 줄 수 있는 공간을 마련해 줄 수도 있을 것이다. 특히, 정치에 대한 국민적 관심이 높고 참여민주주의에 대한 욕구가 커지는 오늘날 사람들이 자신의 의견을 대중 앞에서 말할 수 있는 공간을 마련해 주는 것도 필요하다. 영국의 스피커 코너(speaker's corner)와 같이 자신의 정치적 의견을 실컷 말하도록 하는 공간을 마련해야 한다.

공간설계에 코로나19 이후 시대를 대비하여 더 하나 생각할 부분은 용산공원에서 이뤄지는 각종 공연을 볼 때, 개인 간 거리를 유지하는 것을 미리 염두에 두는 것이다. 이제 코로나19가 계속 진화하여 일상화될 수도 있다는 가정 아래 생각한 것이다. 만약 공기의 흐름을 고려하여, 감염 위험을 걱정하지 않고 공연을 볼 수 있도록 관객 동선까지 생각하여 설계한다면, 향후 더 큰 팬데믹에도 각광받는 장소가 될 것이다.

 한 걸음 더 나아가서, 서울시민뿐만 아니라 국민의 시간 사용이라는 차원에서 문화예술 정책을 펼쳐 나가야 한다. 즉, 용산공원뿐만 아니라 전국적으로 존재하는 문화예술 자원을 온라인으로 즐길 수 있도록 해야 한다. 프랑스의 '미크로폴리(Micro-Folie)'와 같은 디지털 뮤지엄도 고려할만 하다. 루브르 박물관, 퐁피두 센터, 오르세 미술관, 빌레트 공원 등이 참여하고 있는 이 프로젝트에 의하면 관객들이 1천 개가 넘는 유명한 작품들을 영상으로 만나고 스스로 제작에 참여할 수도 있다. 앞으로 가상공간에서 문화예술 소비가 일어나고, 사람들이 더 관심을 갖게되어 직접 방문하고 싶은 곳에 실제 가보도록 만드는 새로운 수단이다. 온-오프가 서로 반대되는 개념이 아니라 보완관계가 될 수 있고, 모든 국민의 시간사용을 적절하게 배분하게 하는 효과도 있을 것이다.

색깔, 소리, 냄새로 도시의 오감을 살리자

 대체로 많은 사람들은 도시의 기능만 생각한다고 해도 과언이 아니다. 좁은 공간에 더 많은 공간을 활용한다는 생각에서 성냥갑 같은 사각형 건물이 많았다. 서울은 도시의 팽창속도가 계획보다 앞섰기 때문에 추가로 도로를 뚫고, 우회로, 연결로, 고가도로, 지하도 등이 생기면서 복잡성과 어수선함이 더해졌다. 이제 형태를 생각해야 한다. 최근 건물의 설계를 다양하게 하면서 새로 지은 건물은 독특해 보이기는 하지만, 주위 건물과 조화로움은 없는 경우가 많다. 아름다움보다는 어지럽다고 보는 것이 나을 것이다. 옆 건물과의 관계를 생각해야 한다. 형태라는 차원에서, 하늘의 스카이라인을 생각해서 아름다운 도시라는 생각이 들도록 전국의 도시를 만드는 것은 지금부터 꾸준히 추진할 정책 방향이다.

특히, 특색을 갖추고 다른 건물과 조화를 이루면서 도시 전체의 색깔에 대해 고민할 필요가 있다. 러시아나 포르투갈에 처음 가는 사람들은 그 나라의 건물들이 가지고 있는 색깔이 일관성이 있음을 알 수 있다. 다른 나라들은 그 나라에서 생산되는 돌의 색깔로 지배적인 건축물의 색깔이 나온다.

전국의 도시와 마을의 외관을 업그레이드 시키는 방안을 좀 더 심각하게 고민해 볼 필요가 있다. 그리스의 산토리니 섬에는 흰색 건물과 파란색 문으로 통일되어 감탄을 자아내게 한다. 건물의 색조를 같은 계통으로 통일하거나 보색으로 하는 등의 방안이 있다. 도로의 안내판, 각종 구조물 색깔의 특색을 만드는 것이다. 인도 자이푸르는 100년 전 영국의 에드워드 왕세자가 방문했을 때 환영의 의미로 온 도시를 분홍색으로 칠한 이후 아직도 '핑크 시티'로 유명하다. 스페인 후스카는 원래 대부분 흰색 건물로 이뤄진 작은 마을이었지만, 2011년 스머프 영화의 전 세계 초연을 축하하기 위해 마을 전체를 파란색으로 칠하며 각광받았다. 어느 도시 혹은 어느 도시의 부심은 하늘색, 다른 곳은 흰색 등으로 색깔의 특징을 살리는 것이다.

이 점에서 세종시 정부청사 건물도 생각해 볼 문제가 있다. 비록 설계공모전을 통해 독특한 건축물이 탄생하기는 하였지만, 색깔을 보면 우중충하다는 생각이다. 각 부처의 간판을 크게 했지만 멀리서 찾기 어렵다. 청사 부근에서는 주로 걸어서 이동해야 하는데, 고불고불한 건물이 혼란스럽기 짝이 없다. 만약 부처를 구분할 만한 색조를 건물에 넣는다면, 사람의 시각적 즐거움도 더하고 찾기도 쉬운 일석이조의 효과가 있을 것이다.

보이는 것뿐만 아니라, 도시에서 소리도 통제할 요소이다. 자동차, 공장 등의 소음을 엄격히 통제하여 쾌적한 분위기를 조성해야 한다. 동경의 지하철역에는 온도, 시간뿐만 아니라 소음정도를 데시벨로 나타내 주는 전광판이 있다. 조용한 도시는 사람들을 걷게 만드는 조건 중 하나이다. 지속적으로 소음을 지나치게 많이 내는 공장, 상가 등에 어떤 조치를 통하여 소음을 줄일 수 있을지 연구해야 할 것이다. 도로 포장의 재질을 향상하면, 자동차 바퀴와 마찰에 따른 소음이 줄어들 수 있을 것이다.

 소음이 듣기 싫은 것이라면 거꾸로 아름다운 소리를 통해 도시의 매력을 높이는 방법도 생각할 수 있다. 사람에 따라 음악도 소음이 될 수 있기 때문에 도시 전체에 인위적으로 소리를 만드는 것은 금지해야 한다. 그러나 일부 구역에는 물소리, 새소리, 바람에 나뭇가지 흔들리는 소리 등 자연의 소리를 더하는 것은 바람직하다.

 나아가서 사람들이 산책하거나 벤치에서 쉴 때 소규모의 작은 음악회를 일정한 시간에 허용하는 것도 좋을 것이다. 도심 곳곳에 작은 공원을 만들고, 그런 공간을 활용하여 점심시간이나 저녁시간에 1인 1악기를 하는 보통 사람들이 작은 음악회를 하루 1~2시간 하도록 하는 것이다. 연주하는 사람과 산책하다가 우연히 아름다운 음악을 듣는 사람 모두에게 행복을 줄 수 있을 것이다.

 또 다른 방법은 도시의 냄새다. 어느 도시든 약간의 독특한 냄새가 있어서 코가 예민한 사람들은 도착하자마자 그것을 느낄 수 있다. 식당가, 상점가, 화훼상가 등 밀접한 시설에 따라 독특한 냄새가 나는 구역이 있다. 이 점을 고려하여 냄새를 잘 관리할 방안을 모색하는 것도 생각해 볼 수 있다. 예컨대 늦가을에 도로에 많이 심어진 은행나무는 그 과육에서 악취가 난다. 가로수를 교체할 때 어느 수종을 심을지 냄새를 고려하여 결정할 필요가 있다.

요즘 길에 많이 식재되는 꽃도 색깔뿐만 아니라 냄새라는 측면에서 선택할 필요가 있다.

나가면 다 사진 찍고 싶은 도시를 만들자

우리나라는 좁은 국토를 가진 나라이기 때문에 모든 사람이 100평 아파트에 살 수도 없고, 정원이 있는 단독주택에서 살 수도 없다. 개인 공간을 무한정 늘릴 수 없는 한정된 자원이기 때문에 1인당 공간 소유를 미국과 같이 땅덩어리가 큰 나라의 예를 따라갈 수는 없다. 이것은 소유권의 문제가 아니고, 절대량이라는 측면에서 수치상의 제약을 의미하는 것이다. 결국 개인이 절제의 미를 가질 수밖에 없다. 특히, 서울은 이런 제약조건을 심각하게 받아들여야 한다.

그렇다면 자기 공간보다는 여러 사람이 같이 쓰는 공공 공간을 잘 설계하여 효용을 높이는 방법을 적극적으로 모색해야 할 것이다. 집에서 머무는 시간보다 아침, 저녁으로 집 주변을 산책하고, 차 한 잔을 마시는 여유 있는 삶을 살 수 있도록 정부가 앞장서야 한다. 지하주차장에 주차하고 엘리베이터로 집에 오가는 것이 전부인 동선을 가정하기보다 걸어 나와 집 밖에 머무는 시간을 늘리는 환경을 만들어야 한다.

코로나19 사태 이후 부자는 오프라인 공간에서 더 많은 공간을 점유해 나가고 있다. 따라서 빈자는 메타버스와 같은 온라인 공간으로 도피하는 경향을 보인다. 개인의 소득에 따라 오프라인과 온라인에서 보내는 시간의 비중이 달라진다는 유현준 교수의 인터뷰는 공공 공간의 중요성을 시사한다. 그의 인터뷰에 달린 수많은 댓글 중 '나가면 다 돈이다'라는 댓글이 가장 높은 추천수를 받기도 하였다(유현준, 2021).

　기능적으로 집주변에 시간 보낼 곳을 많이 만드는 작업을 할 때 고려할 것은 개별건물보다는 시야에 들어오는 건물 간 조화와 아름다움을 생각해야 한다. 즉, 어느 각도나 범위로 봐도 그림 같다는 생각이 들도록 '미'를 추구해야 한다. 아름다움을 향상시킨다는 기준으로 도로, 건물, 각종 시설 위치, 모양, 색깔을 바꾸어야 할 것이다. 이런 관점에서 볼 때, 도시의 스카이라인이 매우 중요하다. 주민들이 하늘을 보고, 그 도시의 아름다움을 매일 감상할 수 있도록 해야 할 것이다.

　스카이라인을 보존하라는 관점에서 볼 때, 요즘 과학자들이 연구에 몰두하는 드론산업의 방향을 잘 정립해야 할 것이다. 여러 가지 안전장치를 이중 삼중으로 한다고 하더라도 안전 문제에서 '완벽'이라는 것이 없음을 주지해야 한다. 또한 하늘에 정신없이 날아다니는 드론 때문에 시야의 즐거움이 사라질 수 있다는 점도 깊이 고민해야 할 것이다. 급격히 증가하는 배달과 택배 오토바이를 앞으로 드론이 대체할 수도 있기 때문이다.

　그러나 오히려 주요 간선도로 지하에 터널을 뚫어 이곳으로 물류를 이동할 수 있는 시스템을 만드는 것도 좋다(유현준, 2021). 인천국제공항의 수화물 자동 분류 시스템을 응용하는 것이다. 컨베이어벨트 대신 물건이 차면 떠나고, 그 터널 내 트래픽을 컴퓨터로 조정하는 자율자동차를 활용할 수 있다. 물류배송 효율성도 올라가고, 지상의 보행자의 시계도 아름답게 보존하는 효과가 있을 것이다.

　오세훈 시장이 처음 시장으로 재임하는 동안 서울 시내에 간판 등을 조화롭게 하는 대대적인 도시디자인 작업이 이뤄졌다. 이런 측면에서 볼 때, 서울이 그나마 다른 우리나라 도시보다는 미관상 양호하다는 것을 알 수 있다. 도시디자인 사업을 하지 않은 다른 도시에 가면 더욱 이런 작업의 필요성을 뼈저리게 느낄 수 있다. 그러나 서울도 보행자에게 포근한 친근감을 주고, 아름다움을 주는 도시가 되기에 아직 갈 길이 멀다. 도시디자인을 한 단계 더 업그레이드 하는 것이 필요하다.

도시를 예쁘게 가꾸는 동시에 시민들이 이를 잘 즐길 수 있도록 하는 것도 중요하다. 요즘 유럽의 주요 도시는 지상을 달리는 전차와 버스가 우리나라에서 볼 수 있는 것과 다름을 알 수 있다. 버스와 전차의 유리창이 매우 크다. 어디에 앉거나 서 있어도 창밖에 지나가는 도시의 경관을 감상할 수 있다. 사람들이 대중교통을 이용해 움직이면서 거리도 감상하고 필요하면 중간에 내려서 커피 한 잔을 즐길 수 있는 여유를 갖도록 정부가 노력해야 할 것이다.

나만의 공간에서 모두의 공간으로 바꾸자

서울을 비롯한 대도시 도심부에는 아파트가 점점 늘어나고 있다. 지금 청년들에게 주거공간을 마련해 준다는 것은 곧 고밀도, 고층 아파트 형태를 말한다. 면적대비 주거공간 활용률이 높아서 어쩔 수 없다는 논리도 이해가 된다. 그러나 주거문제를 더 긴 안목에서 볼 필요가 있다. 철문으로 현관문을 닫으면 나만의 사적 공간이 확보되는 아파트는 인간다운 생활에 많은 문제점을 노출한다. 전 국민의 절반 이상이 사는 아파트는 단지 건축물이 아니고, 한국 사회의 이기심·경쟁심·계층성을 나타내는 삶의 형태다(전상인, 2009).

이제 새로 짓는 아파트부터라도 설계가 달라져야 한다. 개인 공간인 베란다의 크기를 어느 정도 넓혀서 햇빛도 받고, 밖을 내다보며 가족끼리 식사도 할 수 있는 문화를 만들어야 한다. 베란다도 없고, 밀폐된 초고층의 주상복합식 건물은 이제 다른 방식으로 설계되어야 한다. 자기만의 공간에서 자기들의 부를 자랑하는 주거 공간 행태는 바뀌어야 한다. 이에 유현준(2021)의 아파트 5원칙은 1가구 1발코니, 소셜 믹스 공원, 기둥식 벽면 설계, 여러 활동이 어우러지는 종합적 활동 공간, 목조 건물 사용이다.

밀집지역에서 계층 간 조화를 이루면서 이웃과의 소통을 하는 공간설계는 르 코르뷔지에(Le Corbusier)의 아이디어를 참고할 만하다. 그는 1900년대 초반 파리의 도시화 문제를 해결하기 위해 녹지를 최대화하고 주거 지역에서 계층 간 융합을 시도하는 계획안을 제시하였다. 마르세이유에 건축된 그의 작품 유니테 다비따숑(Unité d'Habitation) 아파트는 좁은 공간에 많은 사람들이 살면서 서로 교류하고 활동할 수 있는 공간을 최대화하여 설계한 것으로 유네스코 세계문화유산에 등록될 정도로 건축혁명을 일으켰다. 겉으로는 우리나라 아파트와 유사하지만 건물 안에서는 사람들 간의 접촉이 자연스럽게 이뤄질 수 있도록 설계되어 있다. 또한 르 코르뷔지에(Le Corbusier)는 빌라 사보아(Villa Savoye)를 설계할 때 벽을 최소화하고 채광을 최대화 한 '열린 평면'과 '옥상 정원' 개념을 만들어 후대 많은 건축가들이 이를 따랐다.

도시 내 지나친 기능별 구역 구분은 서울 같은 대도시에서 사람 간 접촉을 제한한다. 현재 도시는 대규모 아파트 단지, 사무실 구역, 상업 및 식당가 등이 구분되어 있다. 특히, 아파트 대단지 지역에는 상가와 놀이터 등이 거주자들만이 사용할 수 있도록 담으로 막고 있다. 활동하는 목적에 따라 사람 간의 접촉을 분리하는 구조로 되어 있다. 즉, 아파트에서 대중교통을 통해 출근해야 하고, 식사나 쇼핑을 위해 다른 구역으로 이동을 해야 하는 구조이다.

자동차 중심에서 사람 중심으로 바꾸자

보통 도시는 도로를 넓히고 주차장을 확충하여 사람들이 외출할때는 차를 가지고 나오도록 설계되는 경우가 많았는데, 이것은 끝도 없는 도로건설경쟁을 가져온다. 예를 들어 미국 LA는 1957년부터 고속도로 확장 사업에 치중한 자동차 중심 교통 정책을 펼쳐왔지만 결과는 미국 내 교통체증도시 1위가 되었다. 따라서 거꾸로 자동차를 운전하면 교통체증으로 곤란을 당하니 아예 차를 소유할 욕구마저 없앨 정도로 과감하게 도시를 개혁할 필요가 있다.

역대 파리시장이 도로의 차선을 줄이고, 택시와 버스만 다닐 수 있는 레인을 넓히는 식으로 도로 사용을 개혁한 것을 참고할 필요가 있다. 특히, 현재 이달고(Anne Hidalgo) 파리 시장은 더 과감하게 보행자, 자전거, 전동스쿠터가 우선적으로 다닐 수 있는 도로정책을 펴고 있다. 암스테르담 등 네덜란드 도시는 자전거가 다닐 도로를 확실히 확보하고, 자전거를 위한 신호등도 별도로 설치하고 있으며, 이 자전거 전용 레인에서는 자전거가 통행 우선권을 갖는다. 서울은 자전거 전용 라인을 일부 해놓기는 했지만 보행자 도로와 중복되는 부분이 너무 많고 일부는 자동차와 같이 다닐 수밖에 없는 구간이라서 목숨을 내놓고 다닐 수밖에 없다.

도심에서 운행되는 자동차가 주는 위협감을 줄이고 교통사고도 줄일 수 있는 '50-30제'는 바람직하다. 주택가 좁은 길은 10Km 이내로 더 규제하고, 불법주차를 엄격히 단속하며, 일방 통행을 늘리고, 보도와 자전거길을 더 늘리는 작업을 계속해야 할 것이다.

코로나19로 집에 머무는 시간이 많아지고, 사람들과의 접촉보다 산책이나 조깅, 자전거 타기 등을 하는 경우가 많아졌다. 따라서 보행자 중심의 도시 설계에 대한 필요성은 더 높아졌다. 우선 아파트 단지의 담을 없애고, 놀이터를 다른 주민들도 공동 이용하도록 주거형태의 변신이 필요하다. 즉, 도시를 각 권역에 사는 주민들이 아침저녁으로 집 밖으로 나와서 산책이나 운동 등 다양한 활동을 할 수 있는 사람 중심의 도시설계를 해야 한다. 자동차가 막히면 도로를 뚫는 식의 자동차 위주의 도로건설이었다면 이제는 사람위주의 도시설계를 해야 할 것이다.

이러한 정책은 그 구역에서 정주해 살고 있는 주민들에게 정체감을 부여하고, 의미 있는 삶을 살도록 집단 기억 장소를 만들기 위한 것이다. 일시적 방문객은 물론, 그 구역에 오래 사는 사람도 늘 재미를 느낄 수 있는 스토리 있는 공간을 만들어야 한다.

각 도시와 그 도시의 권역별 문화예술이 숨 쉬는 특색 있는 공간을 만들어야 한다. 지도자나 각 분야에서 성공적인 삶을 산 사람을 기억하는 장소와 기념물을 만드는 것도 생각해 볼 수 있다. 예컨대 공원, 길, 건물에 사람의 이름을 사용하는 것이다. 이미 쓰고 있는 세종로, 강감찬 공원과 같은 방식이다. 2009년 부천이 기존 중동공원을 안중근공원으로 개칭한 것이 좋은 사례이다. 천안에 위치한 유관순 열사 기념공원도 면적 9,718m^2(약 3,000평)의 규모를 갖고 있다.

그 외에도 윤봉길 등 역사적 인물을 기리는 공원은 많을수록 좋을 것이다. 중구에 있는 손기정체육공원(29,682m^2)은 손기정의 모교인 양정고등학교가 있었던 자리였지만 이후 손기정의 1936년 금메달 획득을 기리기 위해 1987년 개원한 공원이다. 백남준도 현재 용인시에 아트센터가 있고, 뒤편으로 방탄소년단(BTS) 등 문화예술분야에 훌륭한 업적으로 국민들의 모범이 될 만한 사람을 기억하는 공간을 마련하는 일은 후손들의 교육에도 좋은 일이다.

집단 기억, 역사의 중요성을 강조하자

대한민국은 해방 이후 혼란기를 거친 다음에 본격적으로 경제발전을 이루었고, 정치 민주화, 문화예술의 발전까지 이룬 나라이다. 우리 자신은 잘 인식하지 못하는 가운데, 오히려 외국이 우리나라의 성취를 더 인정해주는 나라가 되었다. 국가 주도의 경제발전을 지칭하는 60년대 한강의 기적은 이미 알려진 표현이지만, 다른 분야의 발전에 대해서는 '한류' 등의 표현이 있을 뿐이다.

개인의 기억은 유한하나 집단기억은 지속한다. 어느 사회의 연속성을 위해서는 집단기억이 필요하다. 기성세대인 60대 이상은 이러한 기적적 순간을 살아온 역사적 증인인 셈이다. 그러나 젊은 세대들은 이를 경험하지도 못했다. 대부분 부모들은 자신들의 어려웠던 경험을 자식들에게 대물림해주고 싶어하지 않는다. 따라서 과거를 되새기는 교육보다는 과거를 잊게 하는 자녀교육을 해온 것도 어느 정도는 사실이다. 부모들이 이를 의도한 것이 아니라 사회적 분위기가 그랬다고 하는 것이 더욱 정확할 것이다.

현재는 과거의 축적이다. 과거를 잊는 것은 뿌리를 잊는 것이고, 이는 곧 미래를 준비하는데 이가 하나 빠진 격이 된다. 유대인들은 과거 고난을 잊지 않는 자녀교육을 하고 있음을 탈무드를 통해 알 수 있다. 현재 젊은 세대들이 기성세대에 갖는 거부감과 분노는 기성세대가 살아온 과거를 제대로 이해하지 못함에서 기인하는 면도 없잖아 있다.

사실 정부가 오랜 과거의 흔적을 보존하려고 노력하지 않은 것은 아니다. 해방 후 정부 수립시에도 도굴되는 문화재를 보존하는 활동을 했던 것부터 시작하였다. 그런데 문제는 정부의 문화재와 문화유적지 보호 대상은 선사시

대부터 시작하여 일제 강점기에 거의 정점을 찍었다. 60년대 이후 현재까지를 대상으로 하는 박물관이나 기념물은 상대적으로 드물다.

물론 최근 현대사는 해석 차이 때문에 흔적을 보존하기 어려운 면이 있다. 무엇을 보존하고, 집단기억에 넣어야 하는지 진보-보수 진영의 현격한 차이가 있을 수밖에 없다. 그러나 해석이 문제라고 하여 보존하지 않거나 침묵하는 것만이 정답은 아니다. 이미 전교조 교사들이 초중고 교육에 상당히 영향을 미치던 시기 이후 진보적 역사가 많이 학생들에게 전수된 것도 사실이기 때문이다.

역사는 어느 정도 시간이 지나야 비로소 당시 상황에 구속받지 않고 정당하게 기술될 수 있다. 일제 강점기, 6·25 시기 비극에 대해 아직까지 논란이 그치지 않는 것을 보면, 현대사에 뚜렷한 정치적 해석을 가하는 것은 시기상조라고 하겠다. 그러나 객관적인 역사학적 해석을 위한 시간을 기다리는 동안에 역사적 장소나 인공물 등을 잊지 말고 보존하는 것은 반드시 필요하다. 그런데 문제는 경제성장기 이후에 도로 확충 또는 아파트 건설 등으로 과거의 흔적을 말끔히 없애버리는 것이 일상화 되었다는 데 있다. 우리 국민은 유독 과거 낡은 것은 싫어해서 버리고, 항상 새 것을 찾는 경향이 강하다. 주거, 자동차를 매년 또는 몇 년마다 바꾸는 것이 보통이며 20년, 30년, 100년을 쓰는 경우는 구두쇠나 하는 예외적인 것으로 간주되는 문화이다. 그래서 지난 60년대의 흔적들은 우리 주변에서 많이 사라졌다.

그나마 아직 과거의 흔적들이 남아 있다. 역사적 인물들의 생가 등을 문화유적지로 일부 보존되는 것도 있다. 그러나 일상적인 삶의 현장도 보존할 가치가 있다. 초가집은 거의 찾아보기 힘들고, 슬레이트집, 슬라브 지붕, 기와집, 외양간, 빨래터, 우물, 펌프, 오솔길 등도 역시 찾아보기 힘들다. 시골에서도 거의 버려진 채 방치되어 있는 경우가 간혹 있을 뿐이다.

젊은 세대들에게 대한민국의 정체성 혼란이 오고, 다민족 국가가 되면서 집단기억을 정책적으로 잘 활용할 필요가 있다. 후손들에게 광복 이후 대한민국이 겪었던 과정들을 생생하게 집단기억(collective memory)으로 남겨 주려면 아직 남아있는 흔적들을 보존하는 것이 필요하다. 가능하다면, 현재 그 자리에서 보존되면서 동시에 기능을 현대화하는 것이 좋다. 예컨대, 북촌의 한옥을 살리되 내부의 냉난방, 수세식 화장실 등으로 바꾸는 것이다.

시간이 멈춘 살아있는 새만금을 주목하자

기억은 개인차원이고, 그 개인이 죽으면 없어진다. 그런데 인간은 사회생활을 통하여 이런 개인적 기억을 막연하게나마 집단기억을 통해서 보존할 수 있다. 집단기억은 개인들이 생사에 의해 바뀌어도 지속될 수 있다. 이것은 학술적인 역사의식과는 다른 사회적 현상으로 존재하는 것이다. 마치 유럽에서 많은 유적들을 보존하고, 심지어 거리에도 조각상이 있는 것은 장소와 물체를 통해 집단기억을 유지하려는 노력이다. 로마와 같이 기원전에 건설된 건축물, 도로, 콜로세움 등 유적지를 그대로 보존하는 것은 단지 관광수입 이외의 이런 집단기억(모리스 알박스[Maurice Halbwachs]가 주장했던 개념)을 살리려는 사회적 합의도 있었다.

우리도 60년대 이후 숨 가쁘게 달려온 삶의 현장들을 그대로 재현시켜 시간여행을 할 수 있다면 좋을 것이다. 그러나 주택이 부족한 현실에서 과거의 집이나 공간을 그대로 보존하는 것은 무리가 있다. 도시나 구역을 통째로 보존하면서 동시에 현대인의 공간수요를 충족하기는 어려울 것이다.

차라리 새롭게 넓은 공간에 과거의 흔적을 종합적으로 복원하는 방안을 생각해 볼 필요가 있다. 우리나라에서 공간이 남는 곳은 새만금간척지로 바다가 육지가 된 지역이다. 1989년 노태우 정권 때 농지 사용 계획으로 출발했지만 노무현·이명박 정권 때 산업과 관광, 경제 중심지 등 다양한 청사진으로 변경되며 30년째 딱히 성과를 보여주지 못하고 있는 지역이다. 구역이 나눠져 있어서 무엇을 하겠다는 계획은 있지만, 아직 지번도 제대로 부여되어 있지 않고 정확한 용도를 찾지 못하는 곳이다. 그토록 천문학적인 돈을 쓰고 간척을 했지만 실제 그 활용은 되지 않는 땅이다.

새만금의 관광단지에 살아있는 '대한민국 70년'을 재현하는 대규모 단지를 만드는 것이 하나의 해결책이 될 것이다. 마치 용인의 민속촌이 조선시대 마을을 재연하듯이, 새만금에 넓게 자리를 잡아 60년대, 70년대, 80년대, 90년대 우리나라의 대표적인 모습을 재현하는 것이다. 전국 곳곳에 남아있는 옛 건물, 시설 등을 그대로 새만금에 옮겨다 놓고, 내부를 약간 현대화하는 작업을 하는 것이다. 그 안에 옛날 복장으로 옛날같이 사는 사람들을 고용하는 것이다.

이렇게 만들어진 '대한민국 박물관이 살아있다'는 우리 국민들이 시간여행을 하는 경험이 될 것이다. 기성세대들은 추억을 되살리고, 신세대들은 말로만 듣던 옛 삶의 방식을 조금이나마 공유하면서 뿌리를 알게 되고 역사의식을 갖게 될 것이다.

옛날에 흔히 볼 수 있었던 것을 재현한 비포장도로에 아카시아 가로수길을 소달구지를 타고 이동해 본다. 지게도 지어보고, 리어카로 흙도 옮겨보고, 고무신을 신고 걸어도 본다. 삼륜차가 다니고, 엿장수, 고물장수, 강냉이를 튀기는 장수 등을 볼 수 있을 것이다. 구슬치기도 하고, 딱지치기도 하고, 연날리기도 한다.

  풍금이 있는 교실에서 '나의 살던 고향은' 동요를 부르고, 중고등학교에서는 체력장 테스트를 위해 턱걸이, 윗몸일으키기 등을 해보고 자기 점수를 알 수도 있다. 버스 회수권, 토큰을 갖고 시내버스를 타보고, 비둘기호 완행 열차로 기차여행을 할 수도 있다. 전국의 장인, 명인들을 살아있는 박물관으로 옮겨와 실력을 발휘하는 모습을 공개하는 것도 좋다. 직접 만든 안성유기, 칼, 도자기를 관광객에게 파는 것도 재미있을 것이다. 각 시대를 잘 나타내는 영화를 상영하는 것도 좋다.

  이 모든 것은 젊은 후속세대들이 시각, 후각, 미각, 청각, 촉각을 통하여 대한민국의 과거 삶에 대해서 부분 체험을 하도록 만든다. 호기심을 유발하면서, 기성세대들과 기억을 공유하는 집단기억을 만들자는 것이다. 즉, 대한민국 공동체의 위대함을 느끼게 하는 정신적 유산을 만드는 교육의 장으로 활용하자는 것이다.

  이왕 교육의 장으로 활용할 것이면, 오늘날의 한반도를 축소시켜 만든 '소인국 한국 특별판'을 만드는 것도 생각해 볼 수 있다. 학생들이 지리나 역사책에서 각 도가 어디에 있고, 도시가 어디에 있는가를 외우기보다 자전거나 기타 수단을 통해 이 축소판 한반도를 몇 시간 돌아다니면서 도시와 지역의 특성에 대해서 학습할 수 있을 것이다. 각 지역의 명품을 판매하는 것도 지역산업을 진흥시키는데 도움이 될 것이다. 미각까지 곁들이려면, '한국인의 밥상'이나 전국의 맛집을 옮겨 놓는 것도 관광객을 끄는데 좋을 것이다.

03
한국의 정치 개혁!
이렇게 하면 어떨까?

● **더 좋은 나라, 이렇게 하면 어떨까?**
한국 사회가 묻고, 임도빈이 답하다.

정치 과열 대신 정치인을 양성하자

사회생활을 하면 권력 현상이 발생할 수밖에 없다. 인간행동의 모든 것이 의도했든 하지 않았든 간에 정치적이기 때문이다. 따라서 인간은 사회적 동물이라는 말은 곧 정치적 동물이라는 뜻이다. 정치는 피할 수 없는 현상이므로 국민에게 좋은 영향을 미칠 수 있도록 노력을 끊임없이 해야 한다. 좋은 정치는 좋은 사회를 만들고, 나쁜 정치는 국민들을 힘들게 한다.

정치를 직업으로 하는 사람들이 직업정치인이다. '직업으로서의 정치'라는 저서를 3·1운동이 일어난 해인 1919년에 저술한 막스 베버의 주장이 오늘날 우리 사회에도 중요한 메시지를 던져 준다. 베버에 따르면, 정치인이란 열정, 책임감, 균형감각을 갖추어야 한다(막스 베버, 2019). 우리나라의 국회의원들 중에 '의원님'으로 불리는 자리에 대한 열정, 정확히 말하면 권력욕심은 많으나 책임감과 균형감각은 얼마나 갖추었는지 의심스러운 사람들이 많이 있다. 베버가 주장하는 정치인이 갖춰야 할 윤리성은 선악을 구분할 수 있는 신념윤리와 자신의 결정과 행동에 책임을 지는 책임윤리로 구분된다. 무엇이 옳은 것인지 구별하는 능력과 공인으로서 자신의 했던 일에 대해서 무한책임을 지는 자세가 요구된다.

한국정치가 국민들의 기대에 부응하지 못하고 실망시켜온 것은 하루 이틀의 일이 아니다. 1990년대 이후 민주화가 급속히 진행되면서 정부에 대한 국민들의 기대수준이 높아졌다. 그러나 서구식 민주주의가 제도화된다고 해서 정치가 모든 사회문제의 해결책을 줄 것이라는 것은 이상적인 생각이다. 1987년 이후 한국 사회가 민주화라는 측면에서 많은 발전을 하였지만, 다른 한편으로는 과도한 정치화로 많은 사람들이 심리적 피해를 입었다고 해도 과언이 아니다. 선거를 의식한 일부 정치인들이 정치가 모든 문제를 해결할 수 있는 '만병통치약'인 것처럼 비현실적인 기대를 부추기거나 악용하여 소위 인기영합주의 정치를 해온 면도 있다. 정치세계는 정치가 사회문제를 모두 예견하여 부정적 사건이나 사고를 예방하고 문제가 있으면 즉시 해결할 수 있다는 과대한 기대를 하도록 만든 것이다. 국민이 인지하는 정부의 성과는 그 기대에 번번이 못 미쳐왔다. 정부에 대한 신뢰는 하락하고 세금 징수 등 정부의 자원 차출에 대해서 부정적인 태도가 증가하거나 정부가 하는 일에 아예 관심을 끄게 된 국민들도 많아졌다.

정치에 대한 국민적 기대가 커짐에 따른 부작용은 정치인들의 목표-수단이 바뀌는 현상이다. 원래 정치란 권력을 잡아서 더 나은 사회를 만드는 목적이 있다. 그런데 거꾸로 수단과 방법을 가리지 않고 정권을 잡고, 당선만 되어야 한다고 생각하는 정치인들이 많아졌다. 더 나은 사회라는 목적은 말뿐이고 실제로는 사라진다. 즉, 권력 자체를 목적으로 여기는 정치인들이 늘어난 것이다. 이제 이런 정치인을 양산하는 과도한 정치열풍은 벗어나야 한다.

문제의 근원은 국익을 향하는 큰 정치보다 자신의 정당이나 정파를 위한 작은 정치를 하는 데 있다. 정파 정치 또는 특정 유력인을 중심으로 이루어지는 정치는 자칫 공동체에 해를 끼칠 수 있기 때문에 부정적 의미의 정치가 되기 쉽다. 국민이 정치인 개인 또는 정치 전반에 지나치게 많은 기대를 하고 실망을 하는 현상이 반복되는 것은 좋지 않다. 그렇다면 정치과열화를 막기 위해서는 어떤 일들이 필요할까?

먼저, 오늘날 과도한 기대를 유도하는 정치만능주의 정치인들에 만족하지 못하는 시민들을 위해 전문 정치인 양성 체제를 마련하는 것이 시급하다. 현재 정치학은 학문적으로 잘 가르쳐지는지 모르겠지만, 좋은 정치인을 만드는 데 유용한 것 같지는 않다. 대학 전공에 관계없이 정치적인 자질이 있는 사람이 정치인의 길을 갈 수 있는 방안을 만들어야 한다. 막스 베버가 말한 자질을 갖춘 이들을 정치의 장으로 이끌지 못하는 문제를 해결하는 것이 관건이다.

다음으로 정치인들에게 더 높은 윤리를 요구해야 할 것이다. 막스 베버가 주장한 직업으로서 소명을 받드는 정치인들이 많아져야 한다. 그렇게 되기 위해서 선출직 정치인에게도 임명직 관료 못지않은 높은 윤리수준을 요구할 필요가 있다. 대통령을 임기 후에 사법 처리하는 모습도 이제 없어져야 할 관행이다.

정치인 공금지출을 투명화 하자

좋은 정치인을 기르는 이야기가 긴 시간을 요구하는 일이라면, 즉각적인 제도적 처방도 가능하다. 국회의원, 대통령, 지방자치단체장, 지방의회 의원 등 주요 선출직들의 지출행위를 투명하게 하면 된다. 청탁금지법 등으로 위법 행위가 명확해진 것도 사실이지만 실상은 아직 많은 개선을 요구한다.

구체적으로 지출에 관한 것을 통제하는 제3의 기관을 통하여 정보를 공개하는 것을 생각해 볼 수 있다. 영국은 매스컴이 의원들의 지출이 비정상적임을 보도한 이후, 2009년 의원들의 지출을 통제하고, 관리하는 독립기구를 만든 것을 눈여겨 볼 수 있다. 이 기관은 독립의원윤리기관(Independent Parliamentary Standards Authority: IPSA)이라 불린다. 의원들의 모든 지출에 대한 기준을 만들고, 규제하고, 공개해 투명성을 확보하는 역할을 하고 있다. IPSA 홈페이지에서 의원들의 이름을 검색하면 매년 이뤄진 지출항목, 내역 등이 자세히 공개되어 있다. IPSA의 장점은 의회와는 독립된 기구로서 의원들의 보좌관, 행정비용뿐만 아니라 의정활동지원비를 감독하고 의원의 급여와 연금까지 결정한다는데 있다. 의원들이 꼼짝 못할 수밖에 없는 독립기구인 것이다. 예를 들면, 국회의원이 해외출장을 다녀와 회의에 필수 참석할지 여부, 코로나19 검사비용 청구 가능 조건까지 IPSA에서 결정한다(The Times, 2021).

우리나라는 의원들에게 세비를 지급하고, 각 보좌관들의 보수, 회의비 등 각종 경비는 별도로 지급되어 도대체 총지출은 얼마인지 알 수 없다. 지방자치단체장 등 선출직들도 정무직 공무원 보수를 받지만, 비서실 등의 각종 수당이 어떻게 쓰이는지 잘 모른다. 지방자치 실시 이후 비서실의 규모는 점점 커지는 경향이 있으며, 이는 곧 단체장 개인의 보좌업무에 들어가는 비용의 증대를 의미한다. 광역자치단체장 등 주요 선출직들은 매달 업무추진비를 홈페이지에 공개하는데 그 정보의 내용과 질은 천차만별이다.

따라서 우리나라도 영국 IPSA의 모델을 한층 발전시킨 형태로 중립적인 기구를 만들면 여러 가지 긍정적 효과를 얻을 수 있을 것이다. 인사청문회에서 후보자의 금전적 행태에 대한 폭로나 지적이 나오는 가운데 가짜 정보도

유통되는 것이 문제이다. 이는 정부신뢰를 떨어트리는 요인이기도 하다. 만약 우리나라의 발달된 인터넷을 활용하면 신뢰할 수 있는 정보를 가친 '공직자 윤리정보원'에서 실시간으로 제공하면 많은 문제점이 사라질 것이다. 그 구체적인 방향은 다음과 같다.

첫째, IPSA는 의원만을 대상으로 하지만 우리는 정부예산을 많이 다루는 기관의 주요 선출직 공무원으로 대상을 확대할 필요가 있다. 대통령, 국무총리, 각 부 장관, 지방자치단체장, 공공기관장 등을 예로 들 수 있을 것이다. 초기에는 관리 편의상 주요 공직자로 하고, 이 제도가 어느 정도 정착되면 재산공개를 하는 공직자 모두로 확대하는 것이 바람직할 것이다.

둘째, IPSA는 의원 개인들 차원에서 지출된 모든 비용(예컨대 보좌관, 사무실 임대비용, 여비, 식비 등)을 공개하는데 그친다. 우리는 공개된 재산관련 정보도 아울러 연결하면, 모든 국민들은 어떤 유력정치인이 경제적인 부분에 낭비를 하였는지, 과도하게 지출하지 않았는지 정보를 얻을 수 있다.

셋째, IPSA 모델에서 가져올 아이디어는 개인 보좌관, 비서에 지불된 공공지출부분을 포함하는 문제이다. 우리나라는 보좌 인력들이 점점 커지는 경향이 있기 때문에 일정한 기준 이하 한도를 정하고, 그 비용을 통제할 필요가 있다. 넓게 보면 이들은 그 조직 또는 기관을 위해 일하지만, 좁게 보면 누군가의 분신과 같이 일하는 사람들이다. 이들의 숫자는 작으면 작을수록 좋고, 비용은 적으면 적을수록 좋다. 현재까지 국회의원보좌관은 정원 개념으로 통제하였지만, 이는 경직적이라는 비판을 받고 있으며 국회의원은 여러가지 이유로 오히려 점점 더 많은 보좌관을 요구한다. 이러한 문화는 직접민주주의 모델을 지향하는 지방의원들까지 전이되어 정책보좌관을 두도록 올 해 지방자치법이 개정되었다. 따라서 이들의 모든 비용을 포함하여, 최고위 공직자에게 어느 정도 정부예산이 지불되는지 실제 정보를 모든 국민이 알 수 있도록 한다면 일부 불필요한 지출을 통제할 수 있을 것이다.

과반수 이상 득표자만을 당선시키자

민주주의의 기반은 주권자인 국민들에게 자신들의 의지를 표현하는 기회인 선거, 투표를 자유·직접·보통·비밀의 원칙에 따라 보장하는 것이다. 이것이 잘 되어 있지 않으면 민주주의 제도가 제대로 작동할 수 없다. 후진국에서 불법 선거가 성행하는 점과 비교하면 우리나라는 헌법에 규정된 이 원칙이 잘 지켜지는 민주국가이다.

그러나 선거나 투표가 모든 문제를 해결하는 완벽한 장치는 아니다. 다시 말하면, 선거를 실시한다고 해서 가장 이상적인 후보가 당선된다는 보장은 없다. 선거란 여러 가지 다른 요인이 작용하는 종합 예술과 같다. 막상 투표를 할 때면 마음에 꼭 드는 후보가 없어서, 마지못해 가장 덜 나쁜 후보(the least worst candidate)라고 생각하는 사람을 찍는 경우가 많다. 기권하고 싶은데, 그러면 자신의 표가 사표가 되어 무력함을 선택하므로 할 수 없이 찍는 것이다.

자주 실시되지 않지만 개헌투표와 같이 찬반을 표해야 하는 국민투표도 마찬가지다. 그 대안에 만족하지 않더라도 찬성 또는 반대라는 두 가지 선택지 밖에 없다는 딜레마 상황에 빠지면 그 이상으로 의사를 표현할 방법이 없다.

많은 사람들이 이런 상황에서 투표를 하는 것 같다. 특정 지역에서는 특정 거대 정당의 후보가 되는 길이 당선의 결정적 변수이기 때문에 문제이다. 막대기를 꽂아도 당선된다는 말은 이를 비유적으로 표현하는 것이며, 더 나아가서 이런 상황적 특성을 감안하여 '전략공천'을 하는 일이 흔하다.

전략공천은 한국의 특수한 정치적 상황에서 만들어진 용어인데, 지역구 중심의 선거판에서 특정 정당 소속의 후보가 당선될 확률이 높을 때 사용하는 방법이다. 김영삼 전 대통령이 신한국당 총재로 있을 때 성공한 전략이다. 이명박, 이회창, 이재오, 김문수, 홍준표, 손학규, 정세균, 정동영, 김한길, 송영길 등 다수 정치인들이 전략공천 제도를 통해 여의도에 입성했다(경향신문, 2014).

현재 선거제도로는 아무리 개인적 자질이 뛰어난 사람이라고 하더라도 무소속으로 출마하자면 비용이 많이 들고, 당선가능성도 낮기 때문에, 새로운 인물의 도전이 사실상 제약되어 있다. 국회의원이 이런 방식으로 출마하고 당선되는 경향이 있기 때문에, 지역구 국회의원들은 지방자치단체장이나 지방의원의 후보선정에 간여한다. 중앙당이나 유력정치인의 횡포가 가능하도록 하는 방법으로 지방정치가 중앙정치에 예속되는 고질적인 요소이다.

이러한 한국선거 제도의 문제점은 유권자의 선택지를 주요 정당이 제약한다는 것이다. 실제 출마하는 후보가 제약되어 있기 때문에, '유권자들은 찍을 사람이 없는' 상황에 직면하는 것이다. 저녁식사를 하러 그 동네에서 하나밖에 없는 식당에 갔는데, 딱 먹고 싶은 음식이 없는 상황이다. 어떤 경우는 주문하지 않고 식당을 나오고 굶는 것이 더 나은 경우도 있다.

중위투표자정리(median voter theorem)는 다수결 투표에서 중위투표자가 원하는 결과가 투표를 결정한다고 보는 이론이다. 특히, 한국과 같이 보수-진보 양당제가 굳어져 양극화 현상이 있는 나라는 이념이 뚜렷하지 않은 보통 사람들의 의사가 중요시되어야 정치적 갈등이 줄어든다. 그러나 주요 정당 후보만이 당선가능성이 높은 상황에서 후보가 마음에 들지 않는 사람이 많다면 선거의 짜임새 자체에 대해 불만을 품는 국민이 많아진다. 따라서 투표를 하지 않는 비율이 높아지고, 큰 기대를 하지 않고 역선택하는 투표를 하는 사람들이 많을 것이다. 만약 이러한 이탈에 특정한 패턴이 존재한다면(attrition bias) 중위값은 편향된다는 이론이다.

따라서 우리가 이렇게 흔히 부딪치는 문제를 해결할 수 있는 방법을 생각해 볼 필요가 있다. 이를 해결하는 방법은 선거가 되었던 찬반투표가 되었던 '투표자의 과반수이상 득표를 하지 못하면 당선 또는 승인된 것으로 보지 않는 대원칙'을 따르자. 현재에는 한 표라도 더 받은 후보가 당선되는 규칙에 따르는데, 앞으로는 '유효투표자의 과반수 이상 득표자'만을 당선자로 하자. 기권하는 표도 사표로 계산하지 않고 그 의사를 반영하는 것으로, 유권자는 투표의 선택지에 더하여 기권이라는 한 가지 선택지가 더 있다는 것을 의미한다. 즉, 투표장에 나가서 기권이나 무효표로 하는 것도 중요한 의사표현이라고 인정하자는 것이다. 이렇게 되면 앞서 논의한 이탈의 문제를 선호 표현으로 바꿀 수 있다.

만약 최소한 과반수 이상 득표를 해야 당선자라고 하는 원칙을 도입한다면, 선거에서 당선자가 없는 경우가 생길 수도 있다. 이를 위해 2차 결선투표 제도를 도입해야 한다. 1차 투표에서 과반수 이상 득표자가 없으면, 차점자 2명을 놓고 결선투표를 하는 것이다. 2차 투표에서도 기권표의 가치를 인정하여 과반수 이상 득표를 해야 당선을 인정하는지 문제가 있다. 이상적으로 본다면 2차 투표에서도 과반수 이상 득표라는 조건을 견지해야 한다. 그러나 이렇게 되면 다시 입후보 등록과정을 거치는 등의 시간과 비용이 많이 든다는 문제점이 있다. 따라서 타협안으로 2차 투표에서는 다수표를 확보한 후보가 당선되는 것으로 해야 할 것이다.

높으신 분을 탈바꿈하자

헌법 개정 논의에서 약방의 감초같이 나오는 내용은 대통령중심제와 내각제에 대한 주장이다. 제왕적 대통령제를 완화하는 방법은 내각제라는 주장도 있다. 대통령의 임기를 4년으로 하고 대통령선거와 국회의원 선거를 같이 하여 소위 분점 정부를 생기지 않도록 하자는 주장도 대안으로 제시된다. 5년 단임으로 하니 대통령이 마지막 해에 열심히 하지 않으므로 4년 연임을 가능하도록 하자는 의견도 많이 나온다. 미국 연방 대통령이 이런 제도를 택하고 있음은 우리 모두가 알고 있다.

그러나 이 모두 정답은 아니다. 예컨대 대통령 선거와 국회의원 선거를 같은 날 실시한다고 하여 분점정부가 생기지 않으라는 법은 없다. 지방선거를 치러보니 지방자치단체장과 지방의회 의원의 다수당이 다른 것을 직접 경험했다. 연임할 수 있도록 하니까 임기 내 선거 운동과 같은 행정을 펼치는 사례도 많이 보았다.

우리는 대통령제로 운영하면서 문제점은 누적되는데 개선이 안 되었다는 점을 분명히 알고 있다. 이와 관련하여 근본적 문제는 국회에 있다는 점에서 의원내각제로의 개혁도 주장된다. 우리나라 국회의 경쟁력은 여러 가지 면에서 열악하다. 서구 국가들이 오랜 기간 축적해 온 선진 제도가 우리에게 외형만 들어오고 실질적 제도 정착이 아직 미흡한 편이다.

입법효율성 대비 비용면에서 세계하위권에 머문다(임도빈 외, 2015). 2015년 기준으로 국회의원 연봉 대비 효과성은 OECD 회원국 중 비교 가능한 27개국 가운데 26위다. 연봉 대비 행정부 견제 효과는 25개국 중 23위였다. 다만, 인구 대비 의원 수는 34개국 중 31위였다. 따라서 의원들의 월급은 우리나라 임금노동자 평균 월급 정도에 맞추거나 이보다 조금 높게 할 필요가 있다. 의원들의 지원 인력에 대한 예산, 정책연구비 등도 한도를 정하고 이를 투명하게 공개해야 한다. 전술한 영국의 지출통제기구 IPSA에서 응용된 새로운 기구(가칭 '공직자 윤리정보원')가 이를 담당해 의원들의 돈줄을 묶어야 한다.

보좌 인력도 묶어야 한다. 최근 의회보좌기구와 인력이 매우 크게 팽창했다. 과거 의회사무처가 중심을 이루던 시대를 지나 국회도서관, 입법조사처, 예산정책처, 미래연구원 등 계속 조직이 확대되고 있는데, 이들 기구들의 가장 큰 임무는 의원들의 의정활동을 보좌하는데 있다. 의원 개인 보좌관이 의원 1인당 8명으로 늘었다. 상임위원장 등 보직자에게는 1명이 더 추가된다. 그럼에도 불구하고, 의원들은 인력부족 또는 업무과중을 호소한다. 지역구민은 의원들을 동네 아저씨 아줌마와 같이 쉽게 볼 수 있는 사람이 아니라 보기 힘든 '높으신 분'으로 여기는 이미지는 여전하다.

이제 의원들의 본질적인 역할과 업무가 무엇인지 재정립해야 한다. 서구 대부분의 국가 의원들은 개인 보좌관이 이렇게 많지 않은데도 주민들과 접촉이 많은 친밀한 존재이다. 우리나라의 의원들은 전시성 행사에 많이 다니고, 정작 힘 없는 일반 국민을 만나는 일은 보좌 인력들이 하는 경향이 있다. 의원마다 차이는 있지만 의원 자신의 존재이유를 망각하는 것이 아닌가 한다.

국회의원 선거에서 현재의 비례대표제도는 폐지되어야 한다. 우리나라 비례대표제도와 유사한 것은 유신정우회(1972년 제4공화국이 출범하면서 통일주체국민회의 찬반투표를 거쳐 당선된 국회의원들이 구성한 원내교섭단체이다. 사실상 박정희 전 대통령의 입법부 장악을 위해서 만들어졌다는 평가)로 집권당이 국회를 완전히 장악하기 위해 의석을 더 얹혀주는 용도였다. 이제 의원 후보 개인에 대한 지지와 정당에 대한 지지가 다를 수 있기 때문에 이를 반영하는 제도를 도입할 필요성이 있다. 가장 이상적인 모델은 독일의회(독일 연방하원선거는 인물과 정당에 대해 각각 1표씩 총 2표를 행사하도록 되어있다. 먼저 정당투표로 정당별 의석 총원이 결정되고, 소선거구제로 당선된 지역구 당선자를 제외한 나머지를 비례대표로 채우는 식으로 운영)라고 볼 수 있다.

이러한 맥락에서 2020년 4월 총선에서 한국도 준연동형 비례대표제가 도입된 바 있다. 그러나 민주당과 미래통합당은 비례대표 당선자만 배출하는 제2정당을 창당했다. 즉, 거대 당이 약속을 깨고 위성 정당을 만들어 선거를 치룬 것이다. 과거 권위주의시대의 것과 오히려 유사해졌다는 비판이 있다. 이에 이국영 성균관대 교수가 중앙선거관리위원회를 상대로 선거무효확인 소송을 청구했지만 대법원은 기각하였다(조선일보, 2021).

우리나라 국민들은 선거에서 개인의 능력과 소속 정당을 고려한 종합적 판단으로 투표를 한다. 현재 정치발전 수준으로 볼 때, 정당이 그리 큰 신뢰를 받지 못하는 문화에서는 개인의 능력을 보고 투표하는 것이 정치발전에 더 도움이 된다. 능력 있지만 기존 정당체제에 속하기를 거부하는 무소속 후보들이 정치에 더 많이 진출해야 한다. 항상 주요 정당의 공천이 당락을 결정하는 주요 원인이 되기 때문에 선거운동, 비용 보전 면에서 무소속 후보가 불리하지 않도록 제도개혁을 해야 한다. 즉, 정치에서 정당의 영향력을 약화시키는 방향으로 제도변화가 이뤄져야 할 것이다.

우편 투표를 넘어 재외동포 선거구를 획정하자

최근 재외국민의 참정권 보장을 위한 「공직선거법」 개정안에 발동이 걸리고 있다. 재외국민 유권자연대는 지속적으로 서명 등을 통해 선거관리위원회에 투표 의지를 전달하고 있다. 코로나19 사태 이후 공관 투표도 쉽지 않기 때문이다. 지난 10여 년 간 공관투표의 불편함을 지속적으로 호소했는데도 제도 개선이 이뤄지지 않는 상황에 대해 불만이 높다. 중앙선거관리위원회도 국회에 동의한다는 요지의 의견을 제출한 바 있고, 여당과 야당 대표도 투표 활성화 방안을 논의하는 중이다.

한 걸음 더 나아가 앞에서 언급한 프랑스와 같이 다른 나라에 장기간 거주하는 재외국민을 대표할 국회의원 선거구를 새로 획정할 필요가 있다. 이들은 장기간 외국에 거주하면서, 우리나라를 위해 일하는 소중한 국민이다. 이들의 정치문제는 국내 지역구와는 다른 것이므로, 국회의원을 별도로 선출하는 것은 어쩌면 당연한 일이다. 외국의 영토에 우리나라 국회의원 선거구를 만드는 것이 이상해 보일지 모른다. 현재 프랑스 하원의원 중에는 11명의 다른나라에 거주하는 프랑스인을 지역구민으로 하는 의원이 있다. 그 중의 한 명으로 한·중·일에 거주하는 프랑스인을 지역구 유권자로 가진 Anne Genetet 의원이 있다.

섬김의 리더를 본받자

한국 사회의 인구 구조가 달라지면서 사고와 행동이 변하고 있다. 한국 사회라는 공간에서 같이 살아가는 사람들도 바뀌어야 한다. 특히, '한 사회에서 비교적 영향력이 있는 사람'을 리더라고 한다면, 그들의 사고와 행동도 바뀌어야 한다. 우리는 정치지도자를 비롯하여 과거의 리더 모습이 머리 속에 있다. 존경할 만한 사람이 없다는 '리더 결핍 내지, 리더 위기'라는 몸살을 앓고 있다. 리더의 핵심 특성이 그 영향력에 있는 것이 아니고 비전에 있다.

공동체가 어떻게 발전해야 하는지에 대한 비전이 없는 리더는 리더라고 할 수 없다. 자신이 추구하는 이상적 상태나 방향에 대한 그림을 가지고 있어야 비로소 리더다.

새로운 시대는 과거와 같이 특정한 자리에 있는 사람만이 리더일 필요가 없다. 교육수준이 올라가고, 국민들의 의식수준이 모두 올라갔기 때문이다. 누구나 모두 리더가 될 수 있다. 그린리프(Greenleaf)의 '섬김의 리더'는 우리말로 '섬김의 리더'가 더 적합한 단어인지도 모른다. '섬김의 리더'는 지위고하를 막론하고 누구나 될 수 있기 때문에 오늘날 더욱 빛을 발할 수 있다. 대통령 등 공식적 리더가 제대로 역할을 하지 못할 때, 등대가 빛을 통해 선박들을 인도하듯이 누군가가 가치관을 창조하여 그 사회의 나아갈 방향을 제시하고 변화를 이끌 수 있다. 섬김의 리더가 되기 위한 조건을 실제 인물을 중심으로 유형화하면 다음과 같다.

비전과 가치관을 지녔던 우당 이회영 선생

국가의 상황이 어려울 때는 물론이고, 혹시라도 큰 어려움이 없는 태평성대에도 리더의 비전은 필요하다. '리드(lead)'라는 말속에 이미 어디로 향하여 이끄는 목표에 대한 비전이 있어야 한다는 뜻이 있다. 그저 구성원(팔로워)들이 하자는 대로 따라서 하는 것은 진정한 의미의 리더라고 볼 수 없다. 특정한 공식적 자리가 없음에도 불구하고 리더인 경우를 구한말의 섬김의 리더에서 찾을 수 있다.

이들이 있었기 때문에 대한민국이 맥을 잃지 않고 존속하고, 독립을 쟁취할 수 있었다. 예컨대 일제시대의 리더는 20세기 우리나라가 일본의 식민지가 되었음에도 '국가의 중요성'이라는 확실한 가치관과 '언젠가는 반드시 독립할 것'이라는 비전을 가지고 나라의 독립을 위해 스스로 행동하였다. 계란으로 바위치기와 같은 상황이었음은 두말할 필요가 없다. 이들의 태도는 당시 평범한 사람들이 일제의 교묘한 회유, 강압, 비관적 사회적 분위기 등을 역사적 '운명'이라는 이름 아래 수동적, 방관적으로 받아들였던 것과는 달랐기 때문에 리더라고 부를 수 있다.

이미 이회영은 고종과 의논 하에 이 준 열사를 네덜란드 헤이그에 파견하여 한일합방의 부당성을 주장하도록 하는 등과 같이 조선왕조를 지켜서 독립국가로서 지위를 지키기 위해 노력하였다(안성호 외, 2021). 그러나 이러한 노력이 실패로 끝나자 한일합방이 되는 1910년 12월 30일 이회영은 6형제와 그 가족들과 함께 독립운동을 위해 만주로 망명하기로 결심한다. 전 재산을 팔아 60여 명의 가족과 노비들이 살을 에는 듯한 추운 겨울날씨에도 불구하고 서울을 떠나 대동강을 건너고, 다시 압록강을 건너 중국의 만주 땅으로 이주하였다(김은식, 2010: 105).

평소 우당 이회영은 당시 계급사회인 조선에서 보기 드문 리더였다는 면모를 보여주는 증거로서 바로 노비문서를 모두 불에 태웠다는 점을 들 수 있다. 만약 자유의 몸이 된 노비들이 더 편안히 살고자 했다면 일제에 협력하며 사는 것을 택했을 것이다. 하지만 많은 노비들이 망명길까지 우당 이회영을 만주까지 따라가서 모진 고생을 하고, 함께 독립운동에 참여했다는 것은 우당 이회영 선생이 모든 사람들을 평등하고 인간적으로 대우했던 섬김의 리더였다는 점을 짐작할 수 있다.

우당 이회영 선생은 의정부에서 서울 명동까지 이 씨 집안 땅을 밟지 않고는 올 수 없다는 말이 있을 정도로 부자였다. 경기도 양주 일대의 100만 평이 넘는 논밭을 소유하고, 해마다 6,000석이 넘는 곡식을 수확하는 거농이었다. 독립운동을 위해서는 돈이 필요하다는 것을 알고 있기 때문에 일제가 눈치 채지 못하게 전 재산을 몰래 급매할 수밖에 없었다. 이 돈을 모두 모아보니 당시 돈으로 40만 원 정도였는데, 백 년이 지난 오늘날 기준으로 600억 원에 가까운 금액이었다(김은식, 2010: 109). 그렇게 했음에도 너무 큰 재산이기 때문에 미처 팔지 못하여 버리고 간 땅도 있었다.

우당의 사례는 프랑스 칼레에서 목숨을 내놓고 영국에 볼모로 가려던 귀족에서 나온 말인 '노블리스 오블리주(noblesse oblige)'에 해당한다. 즉, 이회영은 귀족이었고 노블이었음은 부인할 수 없다. 그러나 편한 삶을 포기하고 자신이 스스로 죽음의 길까지 선택한 우당의 면모들을 종합해 볼 때 진정한 리더였다. 즉, 우당 이회영 선생은 '대한독립'이라는 비전과 가치관을 갖고 자기희생을 통해 남을 섬긴 한국적 섬김의 리더의 대표적인 인물이다.

자신에게 충실했던 장영희 교수

다른 사람을 짓밟거나 강제적으로 영향을 행사하는 사람은 리더가 아니라 착취자 또는 지배자이다. 카리스마 리더는 이런 위험에 빠질 가능성이 있다. 섬김의 리더는 팔로워가 자신과 동등한 자격이 있다고 진정으로 믿는 태도, 즉 평등주의 철학을 가진다. 자신이 다른 사람에 비하여 보잘 것 없다고 생각하는 겸손함이 요구된다. 요즘 자신의 일은 충실히 하지도 못하면서 남의 일에만 '감 놔라 콩 놔라'라고 간섭하는 사람이 많다. 남을 짓밟을 생각을 하고, '혹시 더 나은 길이 없나'라는 생각에 사로잡힌 기회주의적 사람은 자신의 임무에 충실하기 어렵다. 따라서 섬김의 리더란 우선 남이야 어떻게 하든지 간에 자신에게 맡겨진 자리(임무)를 충실히 하는 것을 기본 요건으로 한다.

자신의 장점을 인식하여 그것을 평생의 성직(calling)과 같이 사는 사람도 섬김의 리더로서 필요조건은 충족시킨다. 요즘 자신의 조그만 유명세를 이용하여 정치에 기웃거리는 사람이 얼마나 많은가를 보면 이런 사람이 가지는 섬김 리더의 가치를 인정할 수 있다.

몇 년 전 세상을 떠난 장영희 서강대 영문과 교수는 이런 측면에서 볼 때 섬김의 리더였다. 1952년 서울대학교 장왕록 교수의 딸로 소위 '금수저'로 태어났지만, 소아마비가 걸려 평생 불구의 몸으로 차별을 받으면서 자랐다. 특히, 장애인 차별을 법으로 금지하고 있는 오늘날과는 달리 장애인에 대한 차별이라는 극심했던 시절의 시련을 이겨낸 동시에 교수로서 의무인 교육에 충실한 삶을 살아온 진정한 리더였다. 세 차례의 유방암 발병에도 굴하지 않고, 교육과 재능기부를 하였고, 2009년 작고할 때까지 제자들에게 장학금까지 주는 사랑을 베푼 진정한 섬김의 리더였다. 특히 암 투병 중에도 고통을 무릅쓰고 생의 마지막 순간까지 강단에 복귀하여 학생들과 같이하려는 눈물겨운 노력을 하였다. 장영희 교수는 객관적으로 보면 삶 자체가 너무 어려운 상황이었지만, 좌절하지 않고 오히려 차별을 극복하기 위해 용기를 내는 앞서간 인물이었다.

"어쩌면 우리 삶 자체가 시험인지 모른다. 우리 모두 삶이라는 시험지를 앞에 두고 정답을 찾으려고 애쓴다. 그것은 용기의 시험이고, 인내와 사랑의 시험이다. 그리고 어떻게 시험을 보고 얼마만큼의 성적을 내는가는 우리들의 몫이다."

《장영희.(2010).》

장영희 교수와 관련해 그녀가 섬김의 리더로서 성장하는데 도움을 준 또 다른 섬김의 리더도 주목할 필요가 있다. 그녀가 고등학교를 졸업할 때는 대학에 진학하고 싶어도 장애인에게 대학시험 볼 기회조차 주어지지 않는 시대였다. 아버지 장왕록 교수는 고민 끝에 가톨릭 교회가 운영하는 서강대학교에 찾아가 영문과 학과장인 브루닉 신부에게 시험 볼 기회만이라도 달라고 부탁한다. 브루닉 신부는 "무슨 그런 이상한 질문이 있습니까? 시험을 머리로 보는 것이지, 다리로 보나요? 장애인이라고 해서 시험보지 말라는 법이 어디 있습니까?"라고 했다고 한다.

이 말을 통해 브루닉 신부는 성직자로서 그리고 학과장으로서 자신에게 주어진 직무를 충실히 수행한 섬김의 리더였다(안성호 외, 2021). 서양신부의 말에서 당시 장애인에 대한 배타적인 한국사회와 포용적 서구 사회의 상대적 차이가 천양지차였음을 알 수 있다. 서양시각에서 본다면 브루닉 신부는 자신의 임무를 그대로 실행한 평범한 섬김의 리더였다.

말보다는 행동을 했던 이종욱 박사

자신을 내세우고 싶어 하는 리더들이 현란한 말과 논리만 앞서는 경우가 많은데, 말보다는 행동이 앞서는 것이 섬김의 리더가 갖춰야 할 특성 중의 하나다. 바람직한 리더란 자신이 이끄는 조직이나 사회가 필요로 하는 것을 변하도록 행동하는 사람이어야 한다. 겸손한 마음으로 말보다 행동으로 사회를 바꾼 사례는 WTO 사무총장(secretary general)으로 지내다가 순직한 故 이종욱 박사를 들 수 있다. 서울의 비교적 부유한 공무원 가정에서 태어난 이 박사는 요즘 말로 하면 금수저에 가까운 삶을 누릴 수 있었던 사람이었다.

그러나 이종욱 박사는 어렸을 때부터 남과 달랐다. 공부로 학교에서 이름을 날리기보다 세계여행, 대모험 등 큰 꿈을 얘기하기 좋아했고, 한양대에 진학한 후 진로를 바꿨다. 서울 의대에 들어가 같은 나이 초등학교 친구들보다 늦게 의학공부를 하였다. 그러나 다른 사람과는 달리 의대에 나와서 부잣집 딸과 결혼하여 부귀영화를 누리겠다는 꿈은 없었다. 대학졸업 후 의사로서 보건소 근무를 하면서 성 라자로 마을의 한센병 환자들을 돌보았고, 거기서 봉사하던 일본인 레이코 여사와 결혼하였다.

이때부터 이종욱 박사는 지구상의 어느 누구도 약을 구하지 못해서 목숨을 잃는 일이 있어서는 안 될 뿐만 아니라, 병원이 없다는 이유로 진단, 치료를 받지 못해서는 안 된다는 신념을 갖게 된다. 이때 그는 한반도를 넘어 전 세계까지 인류 차원의 비전을 가진 진정한 섬김의 리더로서 꿈을 키운 것이다.

이종욱 박사는 1983년 피지에서 한센병 담당 의무관으로 일하면서 WHO와 첫 인연을 맺게 된다. 당시 국제기구에서 일하는 한국인은 찾아보기 힘든 시대였는데, 열심히 근무하여 2003년 세계보건기구(WHO)의 사무총장이라는 총 책임자를 맡게 된다. 그 이전에는 이미 1994년부터 WHO의 본부에 진출하여 질병관리국장, 백신국장, 결핵국장을 거친 바 있다. 소아마비 퇴치를 위해 노력했고, 결핵국장일 때는 결핵퇴치를 위해, 사무총장이 된 이후에는 에이즈 치료를 위해 혼신의 힘을 다해 뛰어다녔다.

분주하게 세계를 누벼야 하는 국제기구의 수장에게 당연시 제공되는 항공기 비즈니스석도 사양하고 이코노미 클래스를 타고 다니며 돈을 아껴서, 말뿐이 아닌 행동으로 옮기며 앞장서서 전 세계의 보건상태를 향상하는데 혼신의 힘을 다한 것이다. 초기에 세운 세계보건의 향상이라는 비전을 실현하기 위해 남들이 가지 않는 길을 홀로 개척해서 나간 행동파 인물이었다. 그가 남긴 "누군가는 그 일을 해야 하고 우리가 바로 그 누군가입니다"라는 명언과 같이 행동을 중시하는 섬김의 리더였다(안성호 외, 2021). 이종욱 박사가 사망한 후에도 레이코 여사는 페루의 빈민지역에서 불쌍한 사람을 돕는 봉사활동을 하고 있다. 이 점에서 볼 때, 레이코 여사도 섬김의 리더의 또 다른 예라고 하겠다. 부부가 모두 자신의 영화를 추구하기보다 남을 위한 삶을 산 대표적인 예이다.

우리는 흔히 몇 년씩 지속되는 분쟁에서 민간인들이 희생되는 경우를 점점 더 많이 보고 있습니다. 고통을 많이 받는 사람들은 식량이나 깨끗한 물이나 의료처치를 받을 수 없게 된 사람들, 특히 여성이나 어린이나 만성질환 환자들입니다. 보건기구는 그런 식으로 목숨이나 건강을 위협받는 사람들을 대변해야 합니다.

《데스모드 에버리, (2013).》

2020년 전 세계를 충격에 빠뜨린 코로나19 바이러스의 확산은 WHO의 중요성에 대해서 우리 인식을 달리하게 하는 계기였다. 특히, 코로나19가 처음 발생했을 때 그 심각성에 따라 경보의 단계와 행동의 단계를 달리한다는 것을 아무도 몰랐다. 이미 세계보건기구에서 팬데믹 6단계 로드맵을 만들었는데, 이를 총괄할 위기관리센터인 전략보건운영센터(SHOC)를 설치한 것은 이종욱 사무총장의 업적이다. 이종욱 박사는 공허한 말로 사람들의 마음만 움직이는 사람이 리더가 아니라 스스로 행동하면서 세상을 바꾸는 사람이 섬김의 리더인 것이다.

진실한 마음으로 봉사한 이태석 신부

보통 리더들이 자신을 희생하기보다는 팔로워가 부러워할 특권을 누리는 것은 크게 이상하게 들리지 않는다. 이러한 리더들은 때로는 보통 사람들과 다르다는 점을 부각하거나 인위적으로 자신의 과거를 미화하고 심지어 영웅화하는 방법을 사용한다. 인터넷 시대에 정보를 감추기도 어려운 오늘날 자신의 치명적 약점을 숨기고 부정하는 사람도 많이 있다. 이런 과정을 통해서 자신의 특권적 자리를 누리는 '내로남불', 즉 '위선적' 리더는 어렵지 않게 찾아볼 수 있다.

그러나 섬김의 리더가 팔로워가 누리지 못하는 온갖 특권을 누린다면 진정한 리더가 되기 어렵다. 이런 관점에서 볼 때 북한의 김정은은 아무리 주위 사람들에게 잘한다고 하더라도 절대로 섬김의 리더가 될 수 없다. 남을 섬기면서 동시에 특권을 누린다는 것은 잘 맞지 않기 때문이다. 오래 지속할 수 있는 섬김의 리더가 되려면 진정성이 있는 마음이 가장 중요하다.

'울지마 톤즈(2010년 9월 개봉 영화)'로 알려진 이태석 신부는 진정성이 부각되는 섬김의 리더였다. 그는 아프리카에서 진심으로 자기의 모든 것을 바쳐서 불쌍한 어린이들을 위해 희생한 리더였다. 어려운 삶을 살아가는 현장에 단기 방문하여 선물을 증정하고 사진을 찍는 등 하루 이틀 피상적인 봉사를 하고 이를 자랑하는 사람들은 많이 있다. 이들은 봉사하는 순간에는 진정성이 있겠지만, 자신의 삶 전체를 녹여서 희생하는 진정성은 없다. 이태석 신부는 아프리카에서 수년간 같이 먹고 시간을 보내면서 남수단 어린아이들의 진정한 친구, 섬김의가 되었다는 점에서 남다르다.

"예수님이라면 이곳(수단)에 학교를 먼저 지으셨을까, 성당을 먼저 지으셨을까. 아무리 생각해봐도 학교를 먼저 지으셨을 것 같다. 사랑을 가르치는 거룩한 학교, 내 집처럼 정이 넘치는 그런 학교 말이다."

《이태석 신부》

언뜻 보면 신중심의 신앙심보다는 인간중심적이 아닌가 하는 생각도 할 수 있다. 오늘날 종교적 도그마에 빠진 위선적 종교지도자를 가끔 볼 수 있는데 이태석 신부의 이러한 생각은 섬김의 리더로서 성서의 분석적 이해보다는 마음 속 깊은 곳에서 나오는 진정성이었던 것이다.

남 앞에서 눈물을 흘리는 것을 수치라고 생각하는 딩카족의 문화에도 불구하고 아프리카 어린이들은 이태석 신부의 죽음을 보고 한없이 많은 눈물을 흘렸다. 진정한 섬김의 리더십이 일파만파로 아프리카 사회를 바꾸었다.

일상생활 속의 리더인 나태주 시인

우리나라에서 리더는 전통적으로 '나를 따르라'는 식의 강력한 이미지가 많은 사람으로 각인되어 있다. 그런데 놀랍게도 어떤 사람이 팀이나 작은 공동체에서 섬김의 리더십을 발휘하여 그 작은 사회에 변화를 일으킨다면 그 효과가 몇 십 배로 증폭될 수 있다. 인위적인 관계가 아니라 일상생활에서 섬김의 리더십이 발휘되고 그런 사람이 많아지면 가족, 조직, 지역, 국가와 같은 사회의 질(quality of society)이 달라지는 것이다. 섬김의 리더란 자신의 주어진 위치에서 굳이 나서려고 하지 않더라도 스스로 가진 재능때문에 남에게 영향을 미친다.

1945년에 태어나 43년간 초등학교 교사를 하면서 여운이 남는 잔잔한 시를 쓴 나태주 시인이 이런 측면에서 섬김의 리더라고 할 수 있다. 자신이 가장 잘 할 수 있는 '시'라는 수단을 통하여 많은 사람들의 메마른 마음에 자연스럽게 봄비와 같은 희망을 북돋아 주었기 때문이다(안성호 외, 2021). 이런 관점에서 소위 문화예술인으로 출발하여 그 유명세로 본업을 버리고 다른 사업을 벌이거나 정치에 입문하여 활동하는 사람들은 섬김의 리더와는 거리가 멀다.

"나는 나이가 들어 용도가 폐기된 인간이다… 시를 통해 사람들에게 '서비스'하는 것이 아직도 내가 세상에 남아있는 이유일 것." … "시는 길거리에 버려진 것들, (세상에) 널려 있는 것들이다. 나는 그걸 주워다 쓰고 있을 뿐"

《중앙일보, 2019.12.13.》

나태주 시인은 평생을 교사로서 봉사하고 정년 이후에도 여전히 자신이 좋아하는 시를 창작하는 활동을 통하여 많은 사람들을 감동시키고 있다. 누구나 마음에 와 닿는 '자세히 보아야 예쁘다. 오래 보아야 사랑스럽다. 너도 그렇다'와 같은 그의 대표작 '풀꽃'은 많은 사람들에게 작은 행복의 가치를 깨닫게 했다.

앞으로 사회는 정보통신교통 수단의 발달로 개인의 여유시간이 많아질 것이다. 늘어난 여유시간에 자연과 조화를 통한 공간 활용으로 인간성이 회복되어야 하는 과제를 안고 있다. 이런 공간의 혁신과 시간의 풍요 속에서 사람 간 관계가 중요하다. 기분이 나쁘다가도 그 사람과 같이 대화를 나누는 과정에서 힘이 솟는다면 그 사람은 '대화'라는 수단을 잘 습득한 섬김의 리더인 것이다. 전화 통화를 하면서 아니면 일상 대화에서 다른 사람들을 행복하게 만드는 사람이 그 사회를 따뜻하고 올바른 방향으로 이끄는 섬김의 리더이다.

섬김의 리더의 조건은 오늘날 혼란스러운 한국 사회에 특별한 함의를 가지고 있다. 자신의 이중적인 사생활을 베일에 싸고 포장만 내세우는 카리스마형 리더가 아니라 일상 속에서 자연스럽게 부각되는 사람이기 때문이다. 남의 이목을 끌기위한 연기를 하면서 리더가 되고 싶은 사람은 오늘날 섬김의 리더가 될 수 없다. 주위 사람들과 밀접한 인간관계로 그 민낯을 보이는 리더가 정직하고 진정한 리더다.

04
한국의 디지털 개혁!
이렇게 하면 어떨까?

● **더 좋은 나라, 이렇게 하면 어떨까?**
한국 사회가 묻고, 임도빈이 답하다.

민원창구와 백오피스를 바꾸자

　최근 정보통신분야 산업의 발달 등을 일컬어 4차 산업혁명이라고 한다. 그러나 이에 대한 정확한 개념은 부재하다. 분명한 것은 과거 산업혁명에 비해서 빠르고, 광범위하고, 비약적으로 진행된다는 점이다. 4차 산업혁명은 핵심 기술이 다양하기 때문에 기술 간의 융합과 상호작용이 어떻게 이뤄질지가 아직은 예측 불가다.

　정보통신혁명에 뒤처지지 않고 적극적으로 대응했던 우리나라 정부는 오늘날 IT 강국을 만드는데 기여를 했다. 삼성 등 기업들도 피나는 노력으로 중요한 산업을 세계 1위로 만드는데 중추적인 역할을 했다. 2021년 한국의 스마트폰과 D램, 유기발광다이오드패널(OLED), 낸드플래쉬 반도체, 초박형TV 등 세계 시장점유율 1위가 벌써 5개다(한국경제, 2021.08.06.). 정보통신분야 산업이 세계시장을 지배하는 한국의 전략산업으로 성장한 것이다. 그러나 4차 산업혁명을 제조업 혁신으로만 보는 것은 초기의 관점이고 최근 과학기술을 기반으로 하는 디지털 혁명, 즉 우리 일상에 영향을 미치고 새로운 사회질서를 형성하는 기술이 조명 받고 있다. 미래사회에는 고전경제학에서 생각지 못한 인적자원과 지식이 한 나라의 경제성장을 이루는 주요인이 될 것이다(허준, 2020: 165).

앞으로 이런 기술이 얼마나 더 발전할 것인가는 예측하기 힘들다. 분명한 것은 인공지능기술, 블록체인 등 신기술을 발전시키려는 과학자들의 연구는 누구도 중단시킬 수 없다는 점이다. 그렇다면 이를 슬기롭게 이용함으로써 국민들 삶의 질 향상에 도움이 되게 해야 한다. 단순히 행정시스템 내부를 혁신시키는 것을 넘어서 스마트도시, 자율자동차 주행과의 연계 등으로 확대될 것이다. 블록체인 기술은 정부 중심에서 벗어나게 하여, 각 개인단위로 정보가 소유되고 통제되어 기존의 중앙집권적 행정체제에 혁명적인 변화를 가져올 수 있다.

이미 정보통신기술을 잘 활용하여 공공부문에 의미있는 변화와 혁신도 달성하였다. 한국은 전자정부의 개념을 잡고 실현시키는데 앞장서 왔다. 가장 획기적인 변화는 관료제 느림보병의 원인이었던 종이서류 결재(품의제도)를 전자결재로 바꾼 것이다. 지금은 대통령, 장관, 국·과장이든 세계 언제 어디서나 인터넷 연결만 있으면 결재할 수 있다. 과거와 같이 기관장이 출장 중이어서 결재가 중단되는 일은 이제 거의 없다. 코로나19 시대에 부득이하게 자택에서 자가 격리해야 하는 공무원도 문제가 없다. 전라남도 진도군과 같은 지방자치단체에서도 정부원격근무시스템을 이용해 '새올'과 '온나라' 등 공무원 내부전자결재시스템에 접속해 행정업무를 처리한다.

각 행정기관별 홈페이지를 예전부터 만들었고 전자적으로 민원처리를 해온지도 오래다. 장관과의 대화, 국민청원 등 쌍방향 의사소통도 가능하다. 이런 노력을 국제적으로 인정받아 UN에서 수여하는 전자정부상을 여러 차례 수상한 바 있다. 최근 OECD에서 처음으로 실시한 디지털정부평가(The OECD 2019 Digital Government Index)에서도 종합 1위를 차지하였다. OECD 공공데이터 개방지수, UN온라인 참여지수, UN전자정부발전지수, 블룸버그 디지털전환국가 순위 등에서도 세계적으로 높은 성과를 보이고 있다.

그러나 전자정부를 위해 쏟아 부은 돈과 시간을 고려해 본다면, 그리 놀라운 성과를 이룬 것은 아님을 자성할 필요가 있다. 어쩌면 실망할 만한 것들이 많다. 오직 국민의 편의를 증진시킨다는 목표 아래 과감한 자기희생이 따르는 개혁은 피하고 무늬만 개혁을 했기 때문이다.

최근 일부 대선 주자들이 디지털혁신을 앞세운 정부조직개편을 주창하는 것도 같은 취지라고 할 수 있다. 대표적으로 전자 행정데이터 관리 및 서비스를 따로 관리하는 소위 부처의 칸막이를 깨지 못한 것이다. 국민들이 여기저기 홈페이지를 방문하여 필요한 정보와 서비스를 접속하는데 그쳤을 뿐, 전자적으로도 데이터 결합이나 정보 상호교류에 적극적이지 못하였다. 이를 그림으로 나타내 보면 다음과 같다.

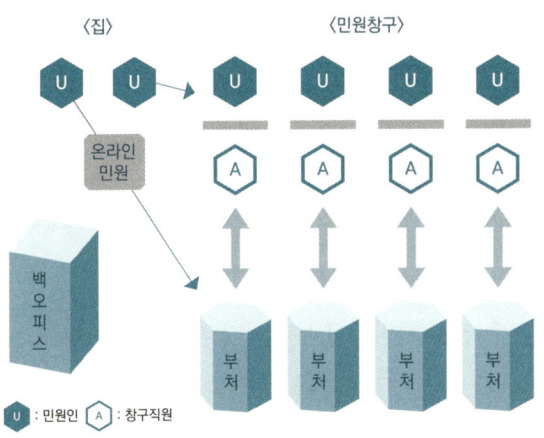

기존 민원창구와 백오피스

민원창구와 뒤의 백오피스는 분리된 채로 백오피스에 있는 데이터들은 서로 칸막이가 되어 상호교류가 이뤄지지 않는다. 프런트 데스크 컴퓨터를 두고 앞에 앉은 행정직원이 민원인(사용자)을 상대하는 형태이다. 이렇게 되면 거꾸로 복잡한 내부 행정이 더 늘어나는 셈이 된다. 온라인 행정과 오프라인 행정이 서로 복잡하게 섞이면서 오히려 더 큰 불편을 가져오기도 한다.

이제 인공지능이 발달하여 딥러닝이 개발되고 일상생활에 대한 정보가 실시간으로 누적되는 빅데이터 시대다. 이미 인공지능이 여러 데이터를 기반으로 하여 정보제공이나 상담해주는 정도의 서비스는 시작되었다. 아직은 챗봇과 같이 민원인들에게 초보적인 안내 서비스를 하는 정도다(엄석진 외, 2020). 예를 들면, 법무부는 정부기관의 법률상담을 하는 챗봇 서비스 '버비'를 2세대까지 개발시켰다. 병무민원상담소는 국민과 병무 업무 직원을 대상으로 자동 상담을 실시하는 챗봇 서비스 '아라'를 도입했다. 국민권익위원회는 전국 공공기관의 민원 콜센터 시스템을 클라우드 기반의 지능형 콜센터로 통합하려는 사업을 시행하려고 한다. 24시간 365일 민원 상담서비스를 제공하고 상담품질을 높일 수 있을 것이라는 기대에 '업무재설계 및 정보화전략계획(BPR/ISP)' 사업으로 추진하고 있다.

새로운 패러다임 핵심 중 가장 중요한 것은 정부부처의 칸막이를 깨는 것이다. 정부부처의 기능배분은 조직 관리 편의상 이뤄진 것이지, 그 자체가 어떤 의미를 가지고 있는 것이 아니다. 이를 깨는데 인공지능이 큰 역할을 한다. 예를 들면, 최근 정부에서 시행하는 '보조금24' 제도는 총 305개 지원금 중 국민이 받을 수 있는 지원금이 무엇인지 자동으로 찾아내 준다. 국민이 지방자치단체나 부처별 보조금 정보를 찾기 위해서 각 기관의 홈페이지를 일일이 방문하지 않아도 된다. 이러한 서비스를 보면 수요자 중심의 서비스 제공도 정부가 마음만 먹으면 가능한 일이라는 것을 알 수 있다.

새로운 데이터 처리 방식과 인공지능은 'E-행정'을 새로운 패러다임으로 바꾸게 될 것이다. 행정은 사용자중심으로 운영된다. 즉, 물리적 민원창구인 프런트 데스크가 없어지듯이 사용자는 스마트폰과 접근하고, 백오피스들은 서로 상호작용을 하는 관계가 될 것이다. 나아가서 백오피스와 다른 데이터들이 상호작용하고 딥러닝이 일어나서 의사결정에 도움이 되는 관계를 기대할 수 있다. 이를 그림으로 나타내면 다음과 같다.

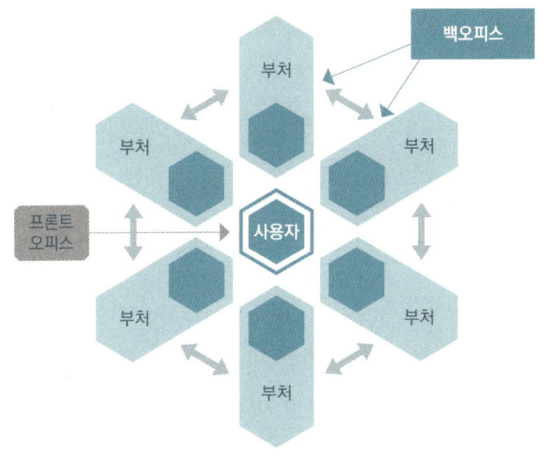

미래 민원창구와 백오피스

만약 이런 형태의 행정개혁이 정점에 이른다면, 정부종합청사 등 각종 행정기관의 민원실이 기능을 상실할 수도 있다. 컴퓨터나 스마트폰으로 민원이 거의 다 해결될 수 있다. 굳이 시군구청이나 주민센터에 방문할 필요가 없다. 각종 사회보장혜택, 취학안내 등 행정기관에서 해야 하는 일이 국민들이 민원을 제기하기 전에 인공지능이 선제적으로 이를 알려줄 것이다. 즉, 과거처럼 공무원들이 모여서 각종 자료를 분석하고, 수많은 회의를 통하여 의사 결정하는 것을 미래에는 컴퓨터가 대신할 수 있다. 컴퓨터가 하지 못하는 일이나 정보화수준이 낮은 일부 계층을 위하여 기존 행정조직과 인력이 남아 있는 정도다.

이러한 인공지능에 의한 정부가 실현되려면 많은 비용이 필요하다. 인공지능이 문제해결을 위해 알고리즘을 만들기 위해서는 매우 크고 다양한 데이터를 축적해야 비로소 가능하다. 데이터가 적으면 인공지능의 예측도가 떨어지고, 데이터의 종류가 다양하지 않으면 당초 염두에 두었던 상황을 조금만 벗어나도 인공지능은 작동하지 못한다.

인공지능 시대에는 민원창구의 인력이 줄어드는 대신 공무원들의 역할이 달라진다. 각종 정보데이터를 어떻게 유형화하는지에 관한 역량이 필요하고, 수집 가능한 데이터를 어떻게 분석하는지에 대한 분석능력이 필요하다. 데이터를 생산, 수집, 가공하는 등 데이터 준비 과정이 80%, 이를 분석하는데 드는 비용이 20%라고 할 정도로 데이터 준비 과정이 매우 중요하고 비용이 많이 든다.

그러나, 인공지능이 데이터에 대한 학습을 편향된 방향으로 하지 않는 것이 중요하다. 인간의 의사결정이 갖고 있는 편견과 한계를 그대로 답습할 가능성도 있기 때문이다. 유명한 예시로 아마존(Amazon)은 인사 과정을 보다 공평하게 만들기 위해서 인공지능으로 채점자를 대체했지만 심사 결과 자기소개서에 '여성'이라는 단어가 들어간 지원자를 제외하는 결과를 낳았다. 지금까지 아마존의 인사 과정이 여성을 제외하는 방향으로 이뤄져왔기 때문이다. 정부가 추구하는 공공가치에 위반되는 의사결정을 하지 않도록 데이터의 수집과 적용에 신중한 고민이 필요하다.

인공지능이 미래 한국 사회를 바꾼다

국가는 국민, 영토, 정부를 세 가지 요소로 가진다. 그렇다면 인공지능 자체는 국민이 될 수 있을까? '국민'은 지능(intelligence)의 높고 낮음에 관계없이 대한민국 국적을 가진 인간을 의미한다. 앞으로 기술이 발전하다 보면, 인간에게 명령받지 않고 어느 정도 자율적으로 행동하는 인공지능을 자연인과 같은 존재로 인정할 수 있는지 문제가 불거질 것이다.

인간 행동의 시뮬레이션을 의미하는 지능(intelligence)에 주목해 볼 필요가 있다. 인공지능이 인간과 상호작용할 때, 마치 자율성을 갖고 있는 것처럼 받아들여진다면 그때부터 문제가 복잡해진다. 예를 들면 영화 '그녀(HER)'에서 주인공 시어도어는 인공지능 사만다와 대화와 교감을 하다가 서로 사랑에 빠진다. 그러나 알고 보면 사만다는 동시에 8,316명의 다른 사람과 대화하고, 그 중 시어도어를 포함한 641명의 사람과 사랑에 빠져있는 상태이다.

만약 인공지능을 국민(이하 인공지능인[人]이라 함)으로 인정할 수 있다면 그의 권리와 책임은 무엇인가? 먼저 인공지능에게 다른 국민이 피해를 입었을 경우에 어떻게 책임을 물을 것인가를 생각해 볼 수 있다. 인공지능인(人)이 어떤 행동을 했을 때 설계상의 오류일 경우에는 설계자에게, 작동상의 문제가 있을 때는 소유자와 이를 조작(명령을 내린 사람)한 사람에게 각각 일정비율의 책임을 물어야 할 것으로 보인다. 이런 맥락에서 헌법 30조 "타인의 범죄행위로 인하여 생명·신체에 대한 피해를 받은 국민은 법률이 정하는 바에 의하여 국가로부터 구조를 받을 수 있다."에 타인은 자연인뿐만 아니라, 인공지능인(人)도 포함시켜야 한다는 문제가 생긴다. 스마트팜, 스마트공장, 주식 운용에 이르기까지 인공지능이 전담하는 영역이 넓어질수록 이러한 책임의 문제는 범위를 명확히 해야 할 것이다.

인공지능이 스스로 수입을 창출했을 때 어떻게 세금을 매길 것인지 생각해봐야 한다. 헌법 제38조에 "모든 국민은 법률이 정하는 바에 의하여 납세의 의무를 진다."라고 명시되어 있다. 인간의 노동이 들어가지 않는 자율주행을 하는 택시가 벌어들인 요금에는 과세를 하지 않고 인간 운전기사가 있는 택시만 과세해야 하느냐의 문제가 생긴다. 과세형평성 입장에서 볼 때, 인공지능 택시도 과세해야 할 것이다.

국가의 구성요소 중의 하나는 영토이다. 이것은 기본적으로 땅을 의미하지만, 영해, 영공까지 확대되어 국가의 통치력이 영향을 미치는 범위를 일컫는다. 인공지능 시대에는 가상공간에서 새로운 영토(즉, Digital territory)가 대두되면서 새로운 차원의 안보문제가 생긴다. 예컨대 디도스 공격, 해킹 등 상대적으로 낯선 형태의 범죄가 일어날 것이다.

본격적인 경제활동도 비트코인을 통해서 이뤄지게 된다면, 각 주권국가의 화폐주권도 거의 잃어버릴 수 있다. 인공지능으로 해외의 각종 신상품을 실시간으로 자동 구입하고 투자자본이 복잡하게 교환되는 가상공간이 형성, 확장, 복잡화되면서 권력체로서 국가는 상당한 변모를 겪을 가능성이 높다.

뿐만 아니라 메타버스(metaverse)를 열어 가상공간에서 가족을 꾸리고 부동산을 매매하는 현상은 이미 벌어지고 있다. 2045년 암울한 미래를 그린 영화 '레디플레이어 원'에서 가상현실게임 '오아시스'는 현실보다 더 중요하고 가상공간에서 현금 등 재화가 현실 공간에서 비슷한 가치로 거래된다. 영화에서 미래 세계의 통치는 국가가 아니라 세계 최대 기업 '그리게리어스 게임즈'와 그 뒤를 이은 2위 기업인 '혁신 온라인 산업'과 같은 민간 기업이 주도한다.

다음으로 인공지능이 주권국가를 구성하는 또 다른 요소인 '정부' 영역에 들어왔을 때 생길 수 있는 문제점을 생각해 보자. 헌법 제7조 1항에 "공무원은 국민전체에 대한 봉사자이며, 국민에 대하여 책임을 진다."고 되어 있는 주어인 '공무원'이 '공무원과 이를 도와주는 인공지능'으로 바뀌어야 할지도 모른다. 인공지능이 새로이 초래하는 변화는 행정현장도 예외가 아닐 것이다. 헌법에 규정한 공무원은 자연인으로서 공무원뿐만 아니라, 인공지능 공무원을 상정해야 할 것이다. 예컨대 챗봇 같은 로봇을 민원처리에 활용하는 시대에서 그것이 민원을 잘못 처리했을 때, 어떻게 할 것인지 문제가 생긴다. 비록 헌법 조문은 바뀌지 않더라도 관련법에서라도 '인공지능인'의 역할을 명시해야 사후에 일어날 행정 책임 문제가 비교적 쉽게 규명될 것이다.

가장 쉽게 일어날 수 있는 변화는 세무행정 분야이다(엄석진 외, 2020). 부가가치세, 소득세 등의 계산은 과거에 수기로 계산했었지만, 이제 신용카드 사용이 보편화되면서 쉽고 정확하게 파악되고 있다. 인공지능이 더욱 보편화되면 개인이 홈텍스 사이트에 들어가서 세금을 파악하고 신고하는 일도 없을 것이다. 2021년 3월 도입된 국민비서가 딥러닝을 한다고 상상하면 더 쉽게 이해할 수 있다. 지금 국민비서가 제공하고 있는 서비스인 교통과태료 및 범칙금, 운전면허 적성검사, 고령 운전자교육, 통합버스 교육, 국가장학금, 일반·암 건강검진, 코로나19 백신 예방접종에 더하여 국민 맞춤형 서비스가 제공될 것이다. 지금 내가 필요한 행정서비스가 무엇인지 자동으로 알람이 뜨고 나의 동선에 맞추어 팝업 기능이 활성화 될 것이다. 이 경우, 민원 '신청'이라는 절차가 필요 없을 것이다.

사회 갈등의 방지와 해결도 인공지능을 통해 얻어질 수 있는 혜택이다. 민원인이나 정책집단의 선호, 경향, 사고까지 인공지능을 통해 파악할 수 있다. 정책 입안부터 실현가능성이 고려될 것이다. 과거에는 정책집단의 저항이 심하여 실현이 불가능한 정책도 수립되고 일단 집행되거나 정책변동이 이뤄지거나 정책이 없어진 경우가 많았다. 그런데 이제는 인공지능이 미리 터무니없는 정책을 걸러내는 기능을 할 것이다. 그동안 문제가 많았던 주택정책, 교육정책 등도 바람직한 정책을 만들어 가는데 도움이 될 것이다.

동맥, 동공, 얼굴인식 등의 판별기능이 발달하면서 신분증 확인 등에 필요한 행정비용을 줄일 수 있다. 코로나19 시대에 감염 경로를 추적하는데도 도움이 될 것이다. 어떤 국민이 출국할 때, 인공지능이 여권검사, 세관검사 등을 순식간에 자동으로 할 것이다. 경찰이 범인을 검거하는 것도 인공지능이 인식하여 쉽게 이뤄질 수 있을 뿐만 아니라, 인공지능을 활용해 범죄수사가 용이하고 치밀하게 이루어질 가능성이 높다. 경찰과 검찰에 있는 사이버 관련 수사조직이 확대 개편되어 인공지능에 관한 각종 범죄를 수사할 것이다.

인공지능은 사법부에서도 대응성과 상황에 대한 평가를 상당 부분 대체할 것이다. 변호사가 인공지능 때문에 쇠퇴할 직업군으로 꼽히기도 한다. 적어도 변호사와 법관이 인공지능의 도움을 받아 판례를 검색하여 이를 근거로 어떤 법률적 판단을 하는 경우가 많아질 것이다. 현재 인간인 변호사나 판사가 자신의 법률지식과 기억에 의존해 판례를 찾아서 법조활동을 하였다면, 인공지능은 수천 개, 수만 개, 수억 개의 전 세계에 존재하는 모든 판례나 법조문을 검색할 수 있다. 이를 근거로 해당 사건에 대한 판결의 내용을 제시해주고, 인간인 변호사나 판·검사는 이것을 받아들일 것인지 여부를 판단한다(안드레아, 2020). 이때 인공지능이 자동적으로 했던 판결에 오류가 있을 경우 그 책임을 누구에게 물어야 하는 문제가 생길 것이다. 헌법 제27조 1항의 "모든 국민은 헌법과 법률이 정한 법관에 의하여 법률에 의한 재판을 받을 권리를 가진다."의 조항도 "...헌법과 법률이 정한 법관과 인공지능인에 의하여...."로 바꿔야 할 것이다.

국가 공동체에 인공지능이 미치는 영향력은 다양하다. 인공지능의 발달로 인해 e-민주주의, e-government를 넘어선 다른 차원의 문제가 생길 수 있다. 즉, 기술혁신을 통한 정치참여의 다양성, 편의성, 상호작용의 강화를 넘어 개인의 선호를 아는 인공지능이 개인의 이익을 대변하고 합의를 도출할 수 있다. 각 개인이 좋아하는 것을 인공지능이 파악해 이러한 선호가 반영된 뉴스, 광고, 정보, 취미 생활 분야에서 일어나는 변화 등이 끊임없이 전달될 것이다.

이러한 변화는 한걸음 더 나아가면 기존 민주주의를 유지하는 제도의 존재이유를 위협하며, 본질적 변화가능성을 제시할 것이다. 예컨데 선거를 앞두고 실시하는 기존 설문조사를 통한 여론조사를 얼마나 믿을 수 있는지 문제도 있을 것이다. 마이크로 타겟팅으로 영향을 받은 사람들이 답을 하는 것이 그 사람의 진정한 정치적 성향일지 의문을 제기할 수 있기 때문이다. 거꾸로 굳이 여론조사가 필요 없이 인공지능이 각 개인의 마음을 읽어 예측할 수 있을 것이다. 이런 경우 여론조사기관의 존립이 어려울 수도 있다.

그러나 위협은 늘 기회로 탈바꿈할 수 있다. 인공지능과 빅데이터의 발전을 선량하게 활용한다면 오히려 진정한 민주주의를 용이하게 실현하는데 도움이 될 것이다. 즉, 평소 개인의 특성을 파악할 수 있으므로 조사 필요성이 없어진다고 한다면, 주기적으로 정치적 의견을 묻는 투표나 선거 자체가 굳이 필요할지까지 질문할 수가 있다. 그야말로 정치의 주인인 각 국민들의 생각까지 실시간으로 반영하여 정책결정을 할 수 있을 것이기 때문이다. 즉, 인공지능이 각 사람의 생각과 태도에 대한 정보를 누적하고 있기 때문에 결국 정치적 성향까지 정확히 파악할 수 있고, 주요 사안에 대한 국민투표나 국회의원선거 등을 굳이 치루지 않아도 알 수 있게 될 것이기 때문이다. 각 개인의 정치인에 대한 선호와 혐오의 정도까지 파악한다면, 탄핵이나 재선거 같은 절차를 밟을 필요조차 없을 것이다.

오늘날 민주주의의 근간이 선거에 의한 대의민주주의라면, 인공지능은 이것을 근본적으로 바꿔서 직접 민주주의로 하고, 정치의 기능을 완전히 바꿀 소지도 있다. 예컨대 미국 오픈코그(Open Cognition) 재단은 2025년까지 정치 분야에서 완벽한 의사결정을 내리는 인공지능 대통령인 ROBAMA(ROBotic Analysis of Multiple Agents)를 개발하고 있다. 또한 미국의 '왓슨2016 재단'은 IBM의 인공지능인 왓슨(Watson)을 대통령으로 만들자는 캠페인을 벌인 바 있다. 이러한 논의들은 인간 정책결정자들의 이기적이고 비합리적인 정책결정에 대한 반발로서 나타난 일종의 실험이자 시민운동으로서의 성격을 지니지만 완전히 현실 가능성이 없는 것은 아니다(엄석진 외, 2020: 531).

그러나, 인공지능 시대에는 이를 활용하고자 하는 세력이 의사결정을 장악하지 않도록 주의할 필요가 있다. 인공지능이 자율적으로 사람이 개입하지 않고도 작동할 수 있고 서로 다른 상황의 분석을 기반으로 의사 결정을 내리고 다른 결론에 도달할 수 있는 패턴을 식별하고 학습하도록 해야 한다.

이에 낙관론은 현재 상용화된 내비게이션, 통역과 같은 특정 기능에 집중된 약인공지능(weak artificial intelligence)뿐만 아니라 강인공지능(strong artificial intelligence)이 등장해서 정책 목표 설정과 정책 집행을 둘 다 할 수 있다고 말한다.

그러나 신중론은 인공지능이 인간처럼 창의성이 있는 기계가 아니라 합리적으로 행동하는 기계에 불과하므로 정책 집행만 할 수 있다는 입장이다.

어느 입장이라도 인공지능이라는 신기술은 새로운 의사결정 주체라는 점에서 우리 사회의 구성원과 작동원리를 완전히 바꿀 것이다.

다음은 인공지능 도입에 따라 공동체로서의 국가와 정부가 갖추어야 할 기능을 조직별·기능별로 예시한 것이다.

인공지능과 인간성 보존 위원회

청와대, 국무총리실 등에서 중요한 국가사회의 변화를 지휘하듯이 인공지능 총괄 기구가 필요하다. 어떻게 하면 인간의 존엄성을 지키느냐가 국정의 최고 기준이 되어야 한다. 이렇게 하기 위해서는 현재 4차 산업혁명 위원회와 같이 새로운 변화를 모색하고 준비하는 자문위원회 성격을 벗어나서 그 기능을 한층 강화해야 한다. 복잡한 인공지능 관련 얽히고 설킨 실제 문제를 미리 해결하고 제도화하기 위한 결정을 하는 강화된 행정위원회로 구성되어야 한다.

인공지능 담당 수석

인공지능 사용이 완전히 정착되기까지 인공지능 관련 매일 일어나는 중요한 문제를 해결하기 위해, 대통령 비서실에 인공지능 담당 수석 신설도 필요할 수 있다.

인공지능 인간성 영향 평가제

모든 정책의 변화에 인공지능 때문에 국민의 인간존엄성을 해치지 않는지에 관한 체계적인 검토가 필요하다. 마치 현재의 규제영향평가와 같이 소위 '인공지능 인간성 영향평가제'가 신설되어, 관련된 정책을 실시하기 전에 이를 평가하는 활동을 해야 한다.

국민시간부

인공지능시대에 단순 반복적이고 인간이 싫어하는 일을 로봇이 많이 처리한다면, 국민들의 노동시간이 짧아지고 여유시간이 많아진다. 국민들이 자기의 시간사용에 주체가 되도록 하고, 대폭 늘어난 여유시간을 어떻게 잘 사용할 수 있는지 여건을 만들어 주는 것이 여러 정책분야에서 우리 정부가 새롭게 발전시켜야 할 가장 중요한 기능이다. 이를 위해 가칭 '국민시간부'를 만들어 적극적으로 국민들의 여가생활을 풍요롭게 해주는 것이 필요하다.

행정안전부·법무부

인공지능은 인간을 보호하고 편안하게 하는데 총력을 기울여야 할 것이다. 법무부는 법적 기초를 유지하면서 이미 발생한 문제를 해결하는데 중요한 역할을 한다면, 행정안전부는 인공지능인과 함께 사는 국민들의 총체적인 안녕질서를 지키는 문제로 기능을 강화해야 한다.

문화체육관광부·교육부

늘어난 여가시간을 어떻게 잘 활용할 수 있는가라는 관점에서 문화예술활동, 체육활동, 그리고 국내외 관광이 중요한 정부정책이 될 것이다. 이와 관련해서 문화체육관광부의 기능이 확대되고 강화되어야 할 것이다. 아울러 평생고용시대를 마감하고 일생에 직업 간, 이동 간의 휴식이 반복적으로 주어질 것이고, 30년 주기(**준비, 직업, 퇴직**)에 따라서 그때그때 적절하게 개인의 능력을 개발하는 학습활동이 중요해 질 것이다. 따라서 기존 학교교육 중심의 교육부 기능이 완전히 변화되어야 할 것이며 평생교육이 강화될 것이다.

국민권익위원회

모든 국민에게 인간으로서 존엄성과 행복권을 보장해야 하는 정부는 '인간의 존엄성' 보장에 한층 높은 관심을 가져야 할 것이다. 인공지능으로 인하여, 인간성이 침해되거나 왜곡될 수 있기 때문이다. 전술한 인공지능과 인간성보호위원회에서 모든 정부부처는 정책을 형성하는 단계부터 인간성 보호라는 차원에서 세심한 주의를 하면서 미연에 예방하는 기능을 하더라도 인간성 손실내지 위협사례가 많이 생길 것이다. 이에 관한 다툼을 다루기 위해 국민권익위원회의 관련 기능이 강화되어야 할 것이다.

특허청

인공지능이 스스로 새로운 지식, 상품, 기계 등을 창의적으로 할 수 있다는 점에서 어떤 발명품의 독창성을 판단하는 문제에서 많은 갈등이 예상된다. 이에 따라 특허청이 전 세계에 존재하는 유사 제품이나 아이디어를 인공지능을 통해 검색하는데 도움이 될 것이다. 그러나 만약 창의성이 있는 인공지능이 발달하면, 그 아이디어가 누구의 것인가를 판단하는 문제가 가장 중요한 관건이 될 것이므로 특허청의 역할이 중요한 이유이다. 그러나 만약 이보다 한걸음 더 나아가 모든 사람이 일정 기능 이상의 인공지능 비서를 가지고 활용하면서 인공지능이 수없이 새로운 창조물을 만들어 낸다면 특허라는 제도자체가 무의미해지고 오히려 특허청 폐지도 가능하다. 심지어 인공지능이 과학자를 대체할 날이 올 수도 있다.

적극 국가로의 회귀를 조심하자

한 국가의 기능은 적극적으로 나서서 '선제적으로 해야 하는 기능'과 '문제가 생기면 수동적으로 해도 가능한 기능'으로 나눌 수 있다. 인공지능은 국가가 국민의 생활과 관련하여 경제·사회·문화의 각 분야에서 공공의 복지를 향상하는 일에 적극 개입하게 할 가능성이 크다.

그렇지만 인공지능은 사회적 불평등을 더욱 심화시킬 가능성이 높다. 인공지능이 로봇과 결합하여 인간의 일자리를 빼앗을수록 비자발적 실업률이 늘어나 사회문제가 생긴다. 직업의 의미가 달라지고, 고용형태가 달라지기 때문에, 어떻게 하면 모든 국민의 인간다운 생활을 영위할 수 있는 권리를 보장해 주는지가 한국행정의 가장 큰 과제다.

인공지능이 광범위하게 일자리를 대체해 실직자가 급증할 것이라는 예측에 따라 기본소득 정책이 세계적으로 관심을 받고 있다. 이러한 관점에서 기본소득은 특별히 진보 성향의 정책이라고 단정 짓기 어렵다. 기본소득논의가 진행된 서구 역사를 살펴보면, 보편적 기본소득에 대한 제안이 전개된 전반기 영국, 60년대와 70년대에 기본소득에 대한 시민보조금과 부의 소득세 논쟁이 벌어진 미국, 70년대 말과 80년대 초반 이후에 기본소득과 관련한 활발한 토론이 이뤄진 덴마크와 네덜란드, 최근 기본소득 실험이 이뤄진 핀란드까지 중도 우파 정권과 중도 좌파 정권이 번갈아가며 정책에 대한 논의를 진행하였다.

기본소득을 정액제로 할 것인지, 정률제로 할 것인지 논란의 여지가 있다. 기본소득이 양극화를 해결할 것인지, 악화시킬 것인지에 대한 논란도 있다. 그러나 비자발적 실업이 장기화되는 고용구조에서 국가가 아무런 조치를 취하지 않는다면 문제가 클 것이다(양재진, 2020).

만약 인공지능과 빅데이터로 각 개인의 실질소득과 실질소비를 파악한다면 기본소득의 역효과를 통제할 수 있다. 일을 할 수 있는데, 기본소득 때문에 일을 하지 않는 경우를 찾아내서 이를 방지할 수 있을 것이다. 즉, 슈퍼리치에게 기본소득을 주는 것은 방지할 수 있다. 이렇게 보면 기본소득이라기보다는 다른 용어가 필요하다. 즉, 모든 사람에게 일정 수준이상의 소득을 보장하는 것으로서, 기본소득 수혜대상에서 벗어나는 시점에 역의 인센티브 효과가 나타나지 않도록 제도를 마련하는 것은 여전히 숙제로 남을 것이다. 이것은 단순히 기본소득이라는 제도를 도입한다는 의미보다 정부가 국민 개인의 소득뿐만 아니라, 소비, 기타 활동을 관리한다는 의미이다. 인공지능을 통해서 가능한 일이지만, 정부 기능의 현저한 확대를 의미한다.

물론 적극 국가로 회귀에 따른 감시 국가의 문제는 간과하면 안 된다. 정부 기능이 확대되어 조지 오웰의 '1984'나 미셸 푸코(1975)의 '파놉티콘'과 같은 감시통제 사회가 될 수도 있기 때문이다. 인공지능을 잘 이용하여 사회 구성원 전체의 행복이 올라가도록 해야 한다는 절체절명의 조건이 충족되는 정도에서만 국가기능이 강화되어야 한다.

인공지능이 아니라도 이미 스마트폰이 공무원이나 직장인의 자유권을 빼앗는 사태가 나오고 있다. 업무시간 외에도 문자와 카톡이 날아오고, 상사와 같이 있는 단톡방에서 하기 싫은 대화도 나눠야 한다. 심지어 주말이나 휴일에도 업무의 압박에서 벗어나지 못하는 사람들도 있다. 이제 온라인으로 항상 연결되어 있다는 것이 효율성의 증진이 아니고, 사람들의 존엄성을 빼앗아가는 결과를 초래하고 있는 것이다. 온라인으로부터 '접속되어 있지 않을 권리'를 보장해야 한다는 논의가 나오는 이유이다. 하물며 인공지능이 보편적으로 사용되는 날이 되면 얼마나 인간의 존엄성이 위협받을지 상상하기 어렵다.

인공지능이 인간을 괴롭히지 않게 하자

인공지능의 본격적 도입으로 우리는 가치관의 혼란을 겪게 될 것이다. 무엇이 옳고, 무엇이 그른지, 무엇이 중요하고, 무엇이 중요하지 않은지에 대한 가치관의 혼란이 생길 수 있다. 따라서 국가는 국민들이 공유하는 가치에 대한 사회적 합의를 이끌고 유도하는 역할을 강화해야 한다. 즉, 우리가 살고 있는 세계가 아닌 어떤 세계를 이상향으로 그리고 있는지의 고민을 국가가 해야 한다.

예를 들면, "인간의 '창의성'이란 궁극적으로 무엇을 위한 것인가?"라는 고민을 해야 한다. 인간만이 할 수 있는 일과 인공지능의 업무 구분이 애매하다면, 인간만이 할 수 있는 것에 대한 가치를 부여해 주는 사회적 분위기를 만들어야 한다.

이는 특허권, 지적 재산권을 어떻게 보호해야 하는지 문제로 이어진다. 음악 분야에도 '딥바흐'라는 프로그램이 있는데, 바흐의 모든 곡을 주고 인공지능을 훈련시키면 아름다운 곡을 만들어내기도 한다. 인상파의 거장 반 고흐의 그림을 모두 학습한 인공지능이 어떤 사진을 줘도 마치 고흐가 그린 것같이 붓의 터치를 구불구불 그림을 만들어내는 단계까지 왔다. 인공지능이 그린 그림이 경매에 낙찰되기도 하고, 인공지능 작가가 쓴 소설이 문학상에서 심사에 통과하기도 하고 심지어, 신문기사를 쓰기도 한다(이교구, 2020). 창작의 즐거움을 누려야 할 사람들이 인공지능에게 자리를 넘겨주는 상황이 불거진다. 인공지능이 하지 못하는 것을 창의적으로 만들어내야 하는 업무에 종사하는 사람들은 더욱더 어려운 상황에 처해진다.

또한 인공지능이 전쟁 중에 사람을 죽인다면 이에 대한 판단은 어떻게 할 것인가? 국방은 국가를 보전하는데 매우 중요하다. 인공지능이 맨 처음 정부에 등장한 계기는 앨런 튜링(Alan Turing)이 독일군의 통신을 가로채기 위해서 '에니그마'를 해독하기 위한 것이었다. 그는 "기계가 만드는 암호는 기계가 해결해야 한다."는 일념으로 2년에 걸쳐 최초의 인공지능 형태인 암호해독기 '봄브(Bombe)'를 개발했고, 제2차 세계 대전의 종전을 2년 앞당겼다는 평가를 받고 있다. 즉, 국방에 먼저 인공지능 기술이 적용된 것이다.

최근 AI가 조종하는 드론을 전쟁에서 사용하는 행위에 대해 다양한 국제 캠페인(Campaign to Stop Killer Robots)과 국제 조직(the International Committee for Robot Arms Control) 등이 반대하고 있으나 여러 국가들이 체계적으로 움직일 수 있고, 어떠한 상황에서도 몸을 사리지 않는 드론을 이용한 군사 공격에 매력을 느끼고 있다(Kellenborn, 2020). 인공지능이 촉발하는 교전에서 인명피해가 발생하면 국가가 국익과 조화로운 방향으로 선제적인 가치 판단을 내려야 혼란이 없을 것이다.

05
한국의 재정 개혁!
이렇게 하면 어떨까?

● **더 좋은 나라, 이렇게 하면 어떨까?**
한국 사회가 묻고, 임도빈이 답하다.

정부 돈을 어떻게 써야할지 깊이 고민하자

자본주의 국가에서는 모든 것이 돈이며, 돈의 힘은 막강하다. 정부 운영도 마찬가지이다. 특히 신공공관리론이 등장하면서 돈은 정부 내에서 그 위세를 더 떨치게 되었다. 동기부여의 수단이고 평가의 공포를 주는 대상이며 죄의 대가를 치르는 구실이 되기도 하고, 남을 통제하거나 비굴하게 만드는 것이다.

경제 주체인 기업, 정부, 가계 중 기업과 정부는 경제적 역할에서 매우 대조된다. 기업을 재화나 용역을 생산하여 판매하고 어떻게 하면 이익을 많이 남기는지에 중점이 있다면, 정부는 어떻게 하면 돈(예산)을 잘 써서 소기의 목적으로 달성하는지에 중점을 둔다. 즉, 기업은 수입에 치중한다고 한다면, 정부는 지출에 치중한다. 정부의 수입은 대부분 세금으로 채워지기 때문에 법적 요건만 갖추면 된다. 프랑스 루이 14세때 명 재무장관이었던 콜베르가 말한 것처럼, 거위가 아프지 않게만 하고 털을 많이 뽑으면 되기 때문이다.

어떻든 우리나라 정부는 매년 6백조 원 정도의 천문학적인 돈을 수입 지출하는 거대한 경제주체이다. 이 돈을 가지고 우리나라 시장의 결함을 보완, 시장을 개척, 복지적 기능 등 다양한 일을 한다. 마치 인사행정에서 적재적소라는 표현이 최고의 이상인 것처럼, 예산에서도 적재적소(適財適所)가 최고의 지향점이다. 정부의 돈이 들어갈 꼭 필요한 곳에 꼭 필요한 만큼만 쓰는 것이 정부예산의 집행철칙이 되어야 한다.

그런데 현실은 이와 거리가 멀다. 정부의 돈을 쓰는데 꼭 필요한 곳이 어디인지 물음에 답하는 것에 행정학이 답할 것 같지만, 실제로 과학의 세계가 해결할 수 없는 정치의 문제이기도 하다. 예산편성 과정은 늘 입장 차이가 존재하는 주체들 사이에 팽팽한 줄다리기가 계속된다. 신경전을 벌여가면서까지 따온 예산이 제대로 쓰였는지는 정작 무관심하다. 가정을 운영하는데도 가계부를 쓰고 지출을 확인하는데, 국민의 세금을 걷어 편성하는 정부예산은 더욱 엄격하게 관리되어야 할 것이다.

장기적 관점의 국가재정운용계획을 강화하자

돈이 있는 곳에 사람이 모이기 마련이고, 정부의 돈이 보이면 모두 쓰려고 난리이다. 그러나 돈이라는 것이 무한정 있는 것이 아니기 때문에 가급적 절약하고 더 중요하고 시급한 곳에 써야 한다. 즉, 돈의 용처에 우선순위를 매기는 것이 좋은 정부가 해야 하는 중요한 과제다.

매년 수립되는 예산은 돼지가 서로 더 먹이를 많이 먹으려고 대들 듯이 각종 정치세력들이 나눠먹기에 혈안이 되어있는 소위 돼지구유(pork barrel) 싸움이다. 이를 완화하는 방법은 당장 올해 먹을 먹이를 갖고 싸우기보다 미리 나눠먹을 것을 정해놓는 것이다. 시간이 하나의 해결책인데 이것을 문서화한 것이 예산서이다.

그러나 1년 단위 예산은 늘 문제가 있다. 특히, 대통령 선거가 3월에 실시되면서 예산 주기와 맞지 않는 문제점이 있다. 2022년 5월 새 정부가 들어서면 이미 정부 내 2023년 예산의 편성이 거의 완성될 시점이다. 또한 2022년의 약 8개월은 현 정부가 편성한 예산을 집행해야 하는 문제가 있다. 과거처럼 12월에 선거해서 2월에 출범하면 예산편성에 새로운 대통령이 간여할 여지가 더 있었다.

더 중요한 것은 1년 단위 예산이 가진 한계이다. 매년 국가채무가 늘어나고, 장기적 안목없이 예산이 운용되는 문제점이 지적되었다. 국가재정을 어떻게 운영할 것인지의 관점에서 부채 등 각종 지표를 가지고 목표치를 정하여 계획하는 것을 제도화한 것이 5년 단위로 하는 「국가재정운용계획」이다.

그런데 아무리 좋은 제도라도 실제 의도된 효과를 내지 못하면 무용지물이 된다. 국가재정운용계획은 좋은 취지에 걸맞지 않게 유명무실해 졌다는 비판을 면치 못하고 있다. 그나마 박근혜 정부는 균형수지를 맞추는 것을 선거 공약으로 내세우고 실천하기도 했다. 그런데 다른 정부는 국회나 행정부가 국가재정계획을 만들 때만 신경 쓰지 실제 매년 예산을 편성할 때는 참조도 하지 않는다는 비판을 받았다. 물론 이명박 정부 때 미국의 금융위기 때문에 적자 재정을 실시하면서 비교적 충격을 신속하게 극복했다. 문재인 정부도 코로나19의 영향으로 정부가 재정으로 대응할 수밖에 없었다. 이런 예외를 감안하더라도 2021년 7월 국가채무가 900조 원에 이르는 재정은 악화일로에 있다.

시간이라는 예산 주기의 문제도 있다. 2022년 수립하는 5년 계획이라고 하더라도 이미 2022년 예산은 올해 12월에 확정되어 있으므로 아무 의미가 없고, 2023년 예산도 이미 윤곽이 어느 정도 정해져 있을 것이다. 새 정부가 들어서자마자 재정운용계획을 수립(정)하고 동시에 국회에 제출할 예산 편성안에 반영하는 것은 의미가 거의 없다. 따라서 2024년 이후 계획만이 매년 수립되는 예산을 장기적 안목에서 유도하고 제약하는 실질적 목적을 달성할 수 있다. 국가채무, 관리재정수지, 재원배분 계획 등이 국가재정운용계획에 포함되는 중요한 요소이기 때문에 엄격히 관리되어야 한다(김준기, 2020). 코로나19와 같이 예상치 못한 상황이 벌어지지 않으면 국가재정운영계획이 매년 이뤄지는 예산편성을 실질적으로 구속하는 강제력이 있어야 할 것이다.

예산 편성의 분권화를 이루자

국민의 혈세인 세금을 수입으로 하는 예산은 그 나라에 필요한 정책효과를 내기 위하여 쓰여야 한다. 즉, 적절한 목적에 적절한 만큼의 액수를 지출하는 것이 이상적이다. 그러나 우리나라는 정부가 해결할 문제도 너무 복잡하게 얽혀 있기에 어느 목적에 얼마만큼 예산을 지출하는지 결정하는 것은 매우 어려운 작업이다.

예산과정을 들여다 보면 매년 말 국회에서 예산을 최종 승인하기 때문에 정치적으로 결정될 수밖에 없다. 그렇다면 예산편성권을 가진 정부가 행정적 합리성을 가지고 편성하는 것이 매우 중요하다. 어차피 국회 심의과정에서 정치적 요인이 작용하여 수정될 것이기 때문이다.

그런데 행정부에서 예산편성을 하는 과정을 들여다보면 꼭 그렇지도 않다. 마치 정부의 돈은 공짜로 알듯이, 예산편성에서 모든 행정기관은 자신이 필요한 예산액을 최대한 늘려서 요구하는 경향이 있다. 일단 받아 놓고 보자는 전략이다. 이렇게 각 부처가 요구한 예산을 삭감하는 역할을 하는 것이 기획재정부의 예산실이다. 예산실은 각 정부 부처를 몇 개씩 담당하는 식으로 조직되어 있고, 순환보직이더라도 각 부처의 예산에 대해서 상당한 지식과 정보를 가지고 있는 것도 사실이다.

그런데 예산심의가 국회로 넘어가면, 국회가 예산을 깎는 역할을 하고, 기재부 예산실은 깎이지 않고 지키려는 역할로 바뀐다. 문제는 국회예산심의는 국회의원들이 정치적 이해관계에 따르기 때문에 모든 것이 합리적 과정이라고 보기는 어렵다는데 있다. 정부가 편성한 예산에서 삭감한 액수를 자신의 지역구 사업예산으로 늘리려는 시도가 있고, 여기서 힘센 자가 더 가져가는 논리가 작동하기 때문이다.

따라서 각 행정기관 입장에서 보면 자신이 필요한 예산액은 일단 행정부 내에서 편성할 때 반영되어야 한다. 일단 편성 시에 누락되면 그 후에 추가하기는 거의 불가능하다. 그래서 예산실은 청와대, 국회의원, 정당, 각 지자체, 대학총장 등 많은 사람들이 공식적, 비공식적으로 줄을 대든지 압력을 가하는 정치의 장(場)이다. 이를 위해 지방자치단체장이나 대학 총장이 예산실 공무원들에게 '굽신'대는 것은 바람직한 행정의 모습은 아니다. 반대로 예산실에 근무하는 직원들은 '콧대가 높다'는 고정관념도 생긴다. 그동안 쌓아온 심각한 조직 병리 중의 하나이다.

따라서 예산실 중심의 집권화된 예산편성은 매우 심각한 문제를 낳는다.

첫째, 자원의 합리적 배분을 왜곡할 가능성이 커진다.

둘째, 유력인사 등 정치적 입김이 작용한다는 믿음에 따라 승자와 패자 간의 심리적 폐해를 가져온다.

이런 문제를 해결하는 방법은 생각보다 간단하다. 각 행정 기관에게 차년도 총액예산의 한도(ceiling)를 알려주고 그 이내에서 자율적으로 편성하도록 하는 것이다. 한도내에서 요구하기 때문에 예산실에서 깎을 필요가 없다. 이렇게 되면 주어진 한도 내에서 어떻게 우선순위를 정하느냐가 각 행정기관(각 부처)의 예산담당관이 고민해야 할 부분이다. 즉, 예산편성의 과정을 예산실에서 각 행정기관에 이양하는 분권화가 예산의 합리적 배분을 가져올 해결책이다.

예산총액은 세수 추계부터 시작하는데, 세출 한도를 정하는 것은 전술한 국가재정운용계획에 따라서 할 것이다. 이를 담당하는 것은 재정관리국이므로 재정관리국이 예산실의 시어머니와 같은 역할을 할 수 있게 하는 것도 필요하다.

사실 상위 기관에서 하위 기관에 예산총액을 정해서 알려주는 하향식 예산결정 방식(top down approach) 개혁은 이미 노무현 정부 때 도입되었다. 신규 사업 등 일정 조건에 해당하는 사업은 여전히 예산실의 심사를 받게 한 것이 문제의 단초다. 결과적으로 개혁 실시 후에도 실제로는 여전히 과거와 같은 상향식 결정방식(bottom-up approach)이 바뀌지 않았다. 이 개혁실패의 가장 걸림돌은 예산실일지도 모른다. 각 부처를 불신하는 기조에서 요구된 예산을 깎는 역할을 놓지 않으려고 하기 때문이다. 이러한 맥락에서 볼 때 정부의 일은 돈이 필요하기 때문에, 예산실의 권한은 매우 강력할 수밖에 없다. 예산실은 정부 부처 내부의 게임에서 가장 힘이 센 부서일 뿐만 아니라, 공공부문 전체에서도 그렇다.

예산실은 중앙 부처 사이에서 소위 '슈퍼갑(甲)'으로 통한다. 기획재정부 안에서도 소위 Big 3라 일컬어지는 자리는 차관보, 예산실장, 세제실장이다. 매년 예산편성이라는 힘든 일을 맡으므로 인사 혜택을 받는 자리로 알려져 있다. 예산실장은 차관으로 승진하는 지름길이다. 예산실장이 되기 위해서는 예산총괄심의관이 되어야 하는 보직 경로로 되어있다. 이들 자리는 온갖 유력인사들을 만날 수 있는 핵심보직이기 때문에 그만큼 네트워크도 좋아질 수밖에 없다.

통치예산 10%를 인정하자

정치는 세상을 바꾸는 것이고, 사람들의 마음을 사는 것이다. 정치인들은 자신의 정치적 이상을 실현하기 위하여, 선거에 뛰어들어 치열한 경쟁을 거친다. 집권세력은 선거공약을 실천하기 위하여 많은 돈을 필요로 한다. 그런데 전 정권에서 예산이 모두 합리적으로 결정되어서, 더 배분할 여유가 없다면 새로 집권한 정치인들은 필요한 자원이 없는 것이나 마찬가지다. 따라서 새 정권이 돈을 마련하는 방법은 전 정권에서 잘못한 부분을 찾아내어 도려내는 것이다. 소위 적폐청산으로 이전 정권이 추진하던 사업에 낙인을 찍고, 그 업무를 과욕을 부려 추진하던 담당 공무원까지 적폐세력으로 찾아내어 벌을 주는 과정을 반복해왔다.

정책 방향은 가치관 문제라서 특정 정책이 '옳고, 그르다'기보다는 나와 '다르다'고 판단해야 하는 경우가 많다. 이렇게 추진한 정책이 긍정적 효과도 있지만, 부정적 효과를 가져오기도 한다. 이를 옳고 그르다고 보는 것은 마치 물이 반만 담겨 있는 컵을 보는 것이다. 아직도 물이 반이나 남아 있다고 볼 수도 있고, 반이 비어 있다고 볼 수도 있다.

따라서 가칭 '대통령 정책 예산'을 신설해 600조 원이 넘는 예산에서 정권을 잡은 세력이 비교적 강한 정치적 관점에서 일정부분 자원을 배분할 수 있도록 제도화하는 것도 필요하다. 국회의 합의를 거쳐 이 비율을 법제화하면 매년 논란에 쌓이지 않고 더욱 안정적으로 예산을 운영할 수 있다. 약 10분의 1인 60조 원 정도는 정권을 잡은 세력들이 주요 공약을 실현시키는데 쓰도록 제도적으로 허용하는 방법이다. 10분의 1은 이론적 근거가 있는 수치는 아니다. 정권을 잡은 사람들에게 어느 정도의 지분을 인정한다는 상징성이 있을 뿐이고, 일단 시작을 위해서 20분의 1로 해도 좋을 것이다. 즉, 대통령의 정치적 목적을 실현하기 위한 것으로 야당의 반대로 국회의 통과가 어려운 사업에 대통령이 이를 쓰겠다고 선언하면 국회가 자동으로 승인했다고 보는 방식을 생각할 수 있다. 대통령이나 여당 입장에서 대부분의 정책을 여야 갈등이 있더라도 일반회계는 기존 방법대로 처리해야 한다. 만약 정상적인 방법이 통하지 않을 때만 예외적으로 사용할 여지를 주어야 한다.

예를 들어, 이명박 정부는 4대강 사업을 대선 공약으로 내세웠다. 당선되고 보니 국회의원 다수가 반대하고 국민 여론도 나눠져 있었다. 전문가들도 의견이 나눠진 것은 마찬가지였다. 대통령으로서는 만약 공약을 이행하지 않으면 비난을 받을 것이므로 예산을 통하지 않고라도 실현할 방법을 찾아야 했다. 이에 사업 규모를 축소하고 한국수자원공사를 중심으로 돈을 조달하는 방법을 사용했다. 그런데 토목 공사의 효과를 두고 아직도 논란이 있을 정도로 옳고 그름의 판단이 어려운 정책이었다. 만약 이런 논란이 있는 사업을 정치적 재량권이 허용되는 예산으로 하도록 했다면 공공기관을 통해 재원을 조달하지 않았어도 될 것이다.

이런 방법이 없다면 비정상적인 경로로 대통령의 공약을 실천하려고 할 것이며 오히려 결과적으로 예산이 낭비될 여지가 있다. 그렇다고 이 방법을 오해해서 마구잡이로 예산을 쓰라는 것이 아니다. 각종 회계원칙에 맞게 쓰는 가운데 정치적 목적을 허용하는 수준에서 사용하고 임기가 끝나면 유권자들이 그 돈의 효과를 보고 정치적으로 판단하도록 해야 한다.

물론, 이로써 다음 정권에 지출이 강제되는 사업으로 대못을 박지 않도록 해야 한다. 대체로 1년 예산으로 효과를 볼 수 있는 정책에 국한하고, 최대한 정권이나 국회 임기 말까지 지출되고 다음 정권까지 넘어갈 수 있는 사업은 자제토록 해야 한다. 아울러 인건비성 경비 등 경직성 경비는 여기에 포함시키지 못하게 하는 등의 정밀한 제도 수립이 필요할 것이다.

아울러 지나치게 국회예산과정에서 나눠 먹기식 예산 배분하는 관례를 없애야 한다. 매년 유력한 국회의원이 예산심의과정에서 정부예산을 삭감하고 지역구 선심성 사업을 우선시하는 것은 암묵적인 관례다. 여야 정치인에게도 대통령 정책 예산처럼 양성화하는 방법도 고민할 수 있다. 그러나 현실적으로 하루아침에 없앨 수 없으므로 과도기를 거칠 필요가 있다. 예를 들어, 지역구 선심성 예산을 가져왔다는 현수막을 붙이지 못하게 하는 방법도 있다. 자기 홍보를 못하게 하면 굳이 나눠먹기 예산에 노력하려는 동기로 줄어들 것이기 때문이다.

유사한 이유에서 업무 추진비도 작은 액수까지 공개하고 통제하는 것을 재고할 필요가 있다. 그 정도가 지나친 경우는 문제지만 어느 정도 융통성을 발휘하여 행정의 목적을 달성하게 해야 한다. 즉, 기관장이 개인적인 용도가 아니고 그 기관에 지출로 하고는 싶은데 밖으로 알려지는 것은 그리 바람직하지 않은 용도도 있을 수 있다. 너무 그 용도를 제한하는 것도 정치인들의 운신의 폭을 좁히는 것이다.

회의비와 영수증 붙이기도 없애자

오랫동안 외국에서 교수 생활을 하고 한국으로 돌아온 K 교수가 한 말이 지금도 귀에 생생하다. "한국에는 희한하지만 편리한 제도가 있군요. 회의비요. 처음에는 이상했지만 이제는 익숙해졌어요." 미국의 교수들은 간단한 회의를 마치고 10달러짜리 햄버거 점심 한 끼만 사줘도 고마워한다. 소위 더치페이라고 해서 각자 계산하는 것이 일상화되어 있다. 그런데 코로나19 전에 한국 사회에서는 밥을 공짜로 준다고 해도 별로 고마워하지 않고 당연시 여기는 분위기였다. 이웃과 밥을 나눠먹는 것은 미덕이라는 문화도 있지만, 정부예산에서 나오는 회의비가 이렇게 쉽게 쓰이는 경우가 많았다. 공공부문에서 회의는 왜 꼭 밥을 먹으면서 해야 하는지 이해가 되지 않는다. 소위 김영란법 때문에 1인당 금액 제한이 있어도 비싼 음식을 시키고 참석하지 않은 사람의 이름을 끌어다 쓰는 일도 다반사이다. 덕분에 관공서 주변의 식당은 영업을 할 수 있어서 지역경제가 돌아가는데 도움이 되기는 한다.

자문회의, 위원회 등이 생기면 없어지기 힘든 이유는 이런 유형의 윤활유(돈)가 있기 때문이다. 외부인이 참여하는 회의는 보통 시간당 10만 원 정도의 회의참여 수당과 교통비도 준다. 민간인이 이런 위원이 되면, 수당도 받고, 밥도 먹고, '위원님' 하면서 대우도 받고, 좋은 점이 많다. 코로나19 이전에 자료조사 등의 명목을 만들어 이들 위원들을 단체로 해외여행을 가도록 하는 경우도 드물지 않았다.

전문가들이 재능기부 차원에서 자문에 응하는 개념으로 정책과정에 시민이 참여하도록 하는 민주주의적 정신에서 각종 위원회가 생긴다. 그런데 정부 위원회의 위원이 되는 것이 순수하게 자기 시간을 무료로 '봉사'한다는 개념은 많이 퇴색되었다. 위원 1인당 받는 액수는 크지 않지만 수당, 교통비, 회의비 등 지출은 기본이다. 이 액수로 위원들의 노력에 보상이 안 된다고 해서 정책연구비 등의 다른 명목으로 일을 만들어 지출을 하는 것도 관례화되어 있다. 그러니 위원을 하고 싶어서 여기저기 부탁하는 사람이 적지 않다. 각종 위원회가 우후죽순으로 생기고, 역대 정권이 이를 정리한다고 공언해 놓고도 점점 늘어나는 이유도 여기에 있다.

이제 "회의는 밥 먹고 하는 것이다."라는 공식을 깰 때가 되었다. 공무원은 일정 직급에서는 이미 급량비라는 명목으로 매월 밥값도 따로 받는다. 이외에도 공무원의 월급에는 본봉 이외의 여러 수당이 있다. 그런데 많은 공직자들이 각종 수당을 포함한 월급 총액을 자신의 개인 생활비라고 생각하는 것 같다. 그러나 원칙대로 각종 수당은 그 목적에 맞게 쓰도록 하는 것이 정당하다. 물론 월급 수준이 낮아서 이리저리 수당을 붙여 생활비를 올리는 것이라고 말할 수도 있지만 원칙대로 공식적으로 이름 붙여진 대로 하자는 것이다.

따라서 회의비를 없애야 한다. 아주 필요한 경우에 예외로 한다면, 이는 불필요한 회의를 줄이는 큰 효과가 있다. 아예 외부인에게 지불하던 회의참여 수당까지 없애면, 불필요한 위원회를 줄이는 효과도 있다. 회의비를 없앰으로써 불필요한 회의나 위원회를 줄일 수 있다면 매우 고무적인 개혁이라고 할 수 있다.

더구나 이런 개혁을 통하여 더 큰 개혁 효과도 기대해 볼 수 있다. 공무원들의 발목을 잡는 감사원 감사의 여지를 대폭 줄일 수 있다. 보통 감사원이 어느 기관의 감사를 시작할 때 눈여겨보는 것은 50만 원 이상의 회의비 지출과 해외 출장비라고 한다. 꼭 필요한 지출이 아닐 경우가 많으니 그만큼 약점이 있을 가능성이 높기 때문이다. 여기서 작은 결함을 발견하여 정밀 감사를 시작하면 의외로 옆에서 다른 문제들이 발견될 때도 있다. 만약 회의비 자체가 없어진다면, 그토록 악명 높은 감사원 감사의 여지를 줄이는 효과가 있을 것이고, 이것은 행정조직의 효율성을 높이는데 크게 기여할 것이다.

이렇게 하여 공공조직의 효율성을 높일 수 있는 또 다른 이유는 많은 직원이 회계지출 증빙자료를 마련하는 시간과 노력을 줄일 수 있다는데 있다. 보통 회의비를 지출하기 위해서는 미리 계획서를 결재 받고, 지출이 일어난 후 영수증, 회의록과 경우에 따라서는 사진까지 첨부하기도 한다. 이 모든 일이 감사를 대비하는 것이고, 유능한 공공부문 직원들을 뽑아서 영수증 정리하는 단순 노동을 하게 하는 낭비행정을 하는 것이다. 공무원들이 이런 단순 업무에 어느 정도 시간을 낭비하는지에 관한 통계는 없지만, 무시할 수 없는 비율이라고 추측된다.

물론 하루아침에 이 모든 것을 없애면 익숙한 사람들의 반발도 만만치 않을 것이다. 회의만 하고 그냥 헤어지라고 하면 인간미가 없다는 느낌도 있을 것이다. 그러나 개인돈으로 회의 전후에 식사를 하든 말든 상관없이 범정부적으로 모든 회의비 제도 자체를 없애는 방안을 추진할 수 있다. 식사예약 등을 준비하는 공무원의 일도 줄이고, 영수증 관련 잡무도 줄일 수 있다. 궁극적으로 불필요한 감사원 대상물을 줄여서 건전한 감사활동을 유도하는 효과도 가져올 수 있어서 고질적 행정문제를 바꿀만한 개혁이다.

한편 행정기관의 모든 지출행위는 정보화 기술을 통해 통제할 수 있는 시대가 되었다. 회의비 지출에서 보듯이 종이 영수증을 사용하는 시대에 예산 지출을 악용할지 모르는 관료들을 통제하기 위해 만들어진 관례들이 영수증 붙이기라고 할 수 있다. 현재 모든 지출이 은행 계좌이체 또는 법인 카드로 하고 있어서 서류 조작이 원천적으로 불가능하다. 그런데도 식당에서 회의비로 지출한 카드전표를 첨부해 상관의 결재를 받아야 지출행위가 비로소 완료된다. 즉, 카드로 지출하면 그 자체로 영구히 증빙자료가 남아있는데 굳이 종이전표를 요구하는 것이다. 물론 카드는 지출 총액만 나오고 무슨 음식을 먹었는지 안 나온다는 문제가 있다. 이것은 빅데이터 시대에 식당의 계산대에서 사용하는 POS를 연동해 저장하는 방식으로 바꾸면 해결될 문제이다. 이를 이용하면, 모든 회의비를 없애지 않고도 불필요한 행정업무를 줄일 수 있는 과도기적 개혁이 되는 셈이다.

정부에서 매년 발생하는 종이 영수증은 약 4,800만 건에 달한다(매일경제, 2018.05.24.). 지방자치단체와 과학기술정보통신부는 2018년부터 종이 영수증 보관을 폐지하였다. 지방자치단체가 종이 영수증을 폐지해 연간 회계처리 건수 13,868천 건, 공무원 인건비와 종이비용 연 800억 원 절감 효과가 있는 것으로 예상했으나 아직 많은 행정기관이 종이 영수증을 전자자료 증빙서류로 하는 관행은 벗어나지 못하고 있다.

요컨대 회의비로 시작한 이 논의는 작지만 행정의 효율화를 위해 매우 중요한 개혁이다. 회의비라는 돈을 절약해 회의 자체를 줄이고 불가피한 회의나 기타 지출 활동에는 영수증 첨부를 생략해 행정 공무원들의 시간과 노력을 대폭 줄일 것이다. 혹시나 감사에 대비하여 지출에 대한 한 점의 실수나 오차를 남기지 않기 위해 기관장을 비롯한 많은 결재 관련 공무원들이 귀중한 근무시간을 낭비하는 것에서 벗어나야 한다. 그래야 공직사회에 창의적인 사고를 기대할 수 있고 적극 행정도 생길 수 있다.

디지털 기술로 돈의 흐름을 깨끗이 하자

정부의 돈은 회계 법칙에 따라 그 흔적을 추적할 수 있다. 예산서를 근거로 돈이 각 기관에 배정되고, 배정받은 돈으로 지출이 이뤄지고 품의 제도를 통한 결재서류로 남아 있다. 국민의 혈세인 만큼 결재서류는 관련 지출의 영수증 등의 증거도 구비되어야 하는 등 완벽해야 한다. 그런데 이제는 이러한 모든 활동들이 정보시스템에 그대로 남아있고, 디지털화된 정보는 구석기시대 돌에 새기는 것보다 더 영구적이어서 지우거나 수정하기 어렵다. 돈도 온라인으로 이체되기 때문에 돈의 흐름을 추적하기 위해 별도의 작업이 필요 없다. 즉, 예산회계 분야만큼 신기술을 통해 확실한 행정혁신 효과를 얻을 수 있는 분야도 없다고 해도 과언이 아니다.

노무현 정부 이후 디브레인이라는 소프트웨어가 개발되어 활용된 지 오랜 시간이 지났다. 이 디지털회계시스템은 거액을 들여 구축되고 업데이트 되고 있다. 한국재정정보원이 디브레인의 관리 기관인데, 이를 통하여 전 정부적 차원에서 회계를 통합 관리하도록 설계되어 있다. 그러나 실제를 들여다보면 매우 초보적인 것으로 부처 간 경계나 실제 일어나는 돈의 흐름을 실시간으로 파악하기는 너무나 거리가 멀다.

이제부터라도 어느 정도 갖추어진 시스템을 적극 활용하면 해결하지 못했던 문제를 쉽게 해결할 수 있을지 모른다. 국가의 돈은 눈먼 돈으로 생각하고, 누구든 더 많이 쓰려고 경쟁하는 문화가 정착되고 있는데 이를 바꿀 실마리가 보인다. 예산의 편성은 알고 보면 여기 저기 유력자들이 압력을 넣어서 이뤄지는 누더기와 같다. 유력 인사는 물론이고 이런 과정을 아는 담당 공무원들도 사적인 압력을 넣어 인심 쓰기 하는 모습을 요즘도 찾아볼 수 있다.

이를 해결하는 방법은 첫째, 모든 요구와 내용을 전산시스템에 남기도록 강제하고, 둘째, 이것을 누구나 볼 수 있도록 실시간 공개하는 것이다. 이런 변화를 가져와도 유력자들은 뒤에서 숨고 이 시스템에 이름이 남지 않을 것이다. 그러나 적어도 이 시스템에 이름이 남은 사람(담당 공무원)은 자신의 이름이 남는 것에 부담을 느낄 것이다. 만약 추후에 문제가 되었을 때, 그러한 과정에 있는 사람부터 조사하면 본체가 밝혀질 가능성이 높아질 것이기 때문이다.

우선 예산편성 과정부터 누가 얼마의 예산을 요구했고, 이것이 어떤 이유에서 얼마만큼 예산편성에 반영되었는지를 누구나 온라인에 접속하여 알 수 있게 한다. 고질적인 문제인 돼지구유의 싸움은 많이 사라질 것이다. 이렇게 투명성을 높이면 기재부 예산실의 권력 내려놓기와 획기적 태도 변화도 어느 정도 가져올 수 있을 것이다.

예산편성 후 예산의 배정과 지출단계에도 그 진행상황을 실시간으로 파악할 수 있도록 일반인의 접근을 허용하는 것이 필요하다. 일반인에게 공개하기 어려우면, 공공부문에 종사하는 공직자만이라도 허용하는 것이 예산합리화에 큰 도움이 될 것이다. 부처 간 경계도 무너져야 하는 것은 당연하다. 예컨대, 청년 일자리에 얼마의 예산이 배정되었고, 현재까지 어느 부처에서 얼마만큼 집행이 되었는가를 이 분야를 연구하는 인력, 학생, 공공부문 종사자가 알 수 있다면 행정의 발전에 큰 도움이 될 것이다.

이러한 재정자원의 흐름에 대한 정보를 체계적이고 투명하게 관리한다면 우리가 예산낭비나 부패를 막기 위한 노력을 실천하기가 더 수월하다. 예산이 꼭 필요한 부분에 실제로 투입되었는지 실시간으로 확인할 수 있다는 것이 가장 큰 장점이다. 지금까지 정책평가를 할 때, 투입(input)이 얼마인지 계산하기 어려웠지만, 디브레인을 통한 정보를 공개하고 관리한다면 이를 쉽게 알 수 있게 된다.

주요 정책마다 책임 예산집행관을 두자

예산을 써서 정책의 효과를 얻으려면 기존 부처별 예산편성과 집행은 한계가 있다. 소모성 경비를 통제하는 것도 중요하지만, 돈을 쓴 만큼 정책효과를 내게 하는 것이 더 중요하다. 같은 목적으로 지출되는 예산이 여러 부처에 분산되어 있기 때문에 정부 전체를 보면 도대체 얼마를 써서, 얼마의 효과를 냈는지 알 수가 없다.

코로나19 상황 이전에 문재인 정부가 2017~2018년 가장 중점적으로 추진한 일자리 사업 예산 54조 원은 오히려 고용 참사라고 불릴 정도로 효과가 없었다(중앙일보, 2018.08.20.). 정부는 최선을 다해 노력했는데, 국민들이 체감하는 정책효과는 미미한 원인은 부처별 칸막이가 여전한 가운데 분산된 예산관리체계 때문이기도 하다. 대통령이 챙기는 중요한 정책은 청와대에서 많이 관여하지만 각 부처가 통일된 방식으로 움직이는 것도 아니다. 부처는 나름대로 절차와 과정이 있기 때문이다. 여러 부처에 분산된 정책이 시간이 맞지 않거나 반대 방향으로 갈 수도 있다. 이를 종합적으로 볼 수 있는 방향으로 개혁이 이뤄져야 하는데 그 방법 중의 하나가 지출 결과를 평가할 수 있게 하는 것이다. 특히, 대통령이 중점적으로 관심을 가지고 있는 사업, 프로그램 등을 집중 관리하는 것은 임기 중 좋은 성과를 내야하는 대통령과 집권 세력에게 매우 중요한 것이다.

정치성이 강한 예산은 실질적으로 청와대 수석이나 여당이 주도하여 수립하고 각 부처가 집행하는 것이다. 전술한 통치예산은 이념적으로 논란의 여지가 있는 사업에 기회를 주고 예산을 사용하고 지출에서 회계의 일반원칙에 벗어나지 않았으면 추후에 정권이 바뀌더라도 보복성 수사를 하지 말자는 것이다.

예컨대 10대 정책주요사업을 어떻게 관리하느냐에 관한 것이다. 국가적으로 중요한 인구정책, 대학입시과열 방지 교육정책, 경제양극화 완화 정책 등이 주요한 것이다. 오늘날 이러한 정책을 효과적으로 추진하려면, 단일부처만의 일이 아니라 복수 이상의 부처가 힘을 합해야 한다는 점을 알아야 한다.

정부 내에서 부처 간 조정을 위한 통상적인 기제는 차관회의, 경제장관회의 등이다. 이런 공식적 과정을 거치기 이전에 관련 부처 간 협의는 수없이 이뤄진다. 이런 모임에서는 특정 부처가 추진하는 정책에 관련 부처가 수동적으로 반대하지 못하거나 적극적으로 협조하게 만드는 기능이 이뤄진다. 그 사업에 대하여 청와대가 강력히 추진하고자 하는 의도가 있으면 더 추진력이 붙는 경향이 있다. 그러나 특정 정책을 말하더라도 사업의 추진목표에 동의하는 것, 관련 법제 개정에 반대하지 않는 것, 실제 집행과정에 협조를 구하는 것의 여러 가지 과정을 거쳐야 한다.

부처 이기주의 문제를 해결하는 방법으로 그동안 대통령 직속 위원회를 신설하는 방법, 청와대 정책수석을 대통령실장과 동급으로 권력을 주는 방법이 사용되었다. 그런데 결과적으로 대통령에게 권력을 더욱 집중시키는 제왕적 대통령이 되었고, 정책실패라는 비난을 여전히 많이 받는다.

가장 큰 장애는 특정 사업에 여러 부처가 관련되어 있고, 그 사업의 집행을 위해서 각 부처의 예산이 수반되는 경우이다. 해당 부처는 당연히 별도의 예산을 달라고 하고, 청와대나 추진 부처는 각 부처의 관련 예산을 활용해서 해달라고 부탁하는 처지가 된다. 정부 차원에서 목표도 설정되고, 다른 관련 부처의 협조 의사도 확인된 경우는 예산의 집행이 구체적으로 그 사업에 추진력을 부여하는 가장 중요한 요인이 된다.

이때 가장 중심이 되는 부처의 지출책임관으로 지정하고, 다른 관련 부처에서 품의 라인에서 해당 국장급을 지출책임관으로 바꾸는 방법도 생각해 볼 수 있다. 물론 조직론과 예산과정론 차원에서 결재라인이 바뀌는 것은 책임의 소재를 명확하게 설정하기 어렵다는 문제가 있다. 이 문제는 주요 국정과제 추진에 따라 지출방식에 관한 법이나 대통령령으로 해결할 수 있을 것이다. 기술적으로는 온라인 결재가 가능하므로 문제가 없다. 이 방법의 장점은 1년이 아니라 대통령 5년 동안 동일한 방향으로 지속적으로 사업을 추진할 수 있다는 데 있다. 물론 일단 목표가 달성된 사업은 임기 만료 이전에 조기에 종료하는 것이 바람직하다.

책임예산집행관제도는 방법론의 문제보다는 어느 정책을 몇 개나 이렇게 해야 정부 전체의 기능이 효율적으로 움직여지는지가 성패를 좌우할 것이다. 너무 크면 관리의 애매성이 있을 것이고, 너무 작으면 서로 충돌하는 문제가 생길 수 있다. 첫째, 일자리 창출 정책은 각 부처에 1과제를 책임지출관으로 지정하는 방법이 있다. 둘째, 흔히 역대 대통령이 공약으로 내세우는 100대 국정과제 등으로 넓히는 방법이 있다. 중요한 대과제는 장관, 그 다음 과제는 차관, 세부과제는 국장급으로 책임지출관을 정해서 분권화하는 방법이 필요하다. 공식적으로 책임관을 지정해 책임감을 느끼고 정책 추진의 동기를 얻을 수 있다. 많은 정책들이 예산의 집행을 통하여 실현되기 때문에 돈의 집행에 정당성을 확보할 수도 있다.

06
한국의 인적자원 개혁!
이렇게 하면 어떨까?

 **더 좋은 나라, 이렇게 하면 어떨까?**
한국 사회가 묻고, 임도빈이 답하다.

정무직과 경력직 인적자원을 관리하자

우리나라 국민 중 정부에 고용되어 직업으로서 일을 하는 사람들을 공직자라고 한다. 공직자는 크게 보면 두 유형이 있다. 첫째, 정권에 따라 일정기간 동안에만 정치적 임무를 수행하는 정무직 공무원(political appointee)이 있다. 둘째, 정권과 관계없이 능력에 따라 임명되고 국가 전체의 이익에 봉사하는 직업 공무원(career civil servant)이 있다.

이렇게 구분하는 근본적인 이유는 정치와 행정 간의 시간 차이가 있기 때문이다. 정치는 민심에 따라 반응해야 한다는 민주적인 반응성이 중요한 반면, 행정은 국민이 예측 가능한 항상성이 필요하다. 민주적 반응성 대 항상성의 구분은 임용조건을 임기제로 하는지, 평생직장으로 하는지 문제와 연결된다.

정무직 공무원은 시도지사와 같이 선거라는 주기로 취임하기도 하고, 장관과 같이 임기가 주어지지 않고 언제나 해임될 수 있는 임명제로 공직에 취임하기도 한다. 임용 기간 동안 담당하는 업무의 성격상 정치적인 색깔이 강한 일을 하는 사람들이다. 법적으로 선거로 취임하거나 임명할 때 국회의 동의가 필요한 공무원 또는 고도의 정책결정 업무를 담당하거나 이러한 업무를 보조하는 공무원으로서 법률이나 대통령령에서 정무직으로 지정하는 공무원을 의미한다(「국가공무원법」제2조 제3항). 코로나19 사태에 언론의 주목을 받은 정은경 초대 질병관리청장도 차관급 정무직 공무원이다. 질병관리청으로 승격되기 전 질병관리본부장일 때는 직업공무원 신분이었다. 선거관리위원회, 공정거래위원회, 국민권익위원회 등 특수한 정책문제를 담당하는 위원회의 위원장과 부위원장도 정무직 공무원으로 분류된다.

한편 정무직 공무원은 장관 등 최고위층은 모르지만 비교적 젊은 인력은 임용조건에 근본적 약점이 있다. 그것은 이들은 신분상 별정직 혹은 계약직이기 때문에 복무한 후 임기를 끝냈을 때 실업자로 남는다는 것이다. 정무직 공무원 제도는 적재적소에 인재를 유연하게 사용하기 좋은 제도이지만, 만약 해당 인재가 자리에 있는 동안에 임기 종료 후의 실업 상태를 걱정한다면 정무직을 기피하게 된다. 또한 임기 중에 부패 또는 유사 부패를 저지를 유인이 생긴다. 따라서 정무직 공무원이 퇴직한 후에 국가 인적자원 관리라는 차원에서 이들이 자신의 역량을 발휘할 자리를 마련하는 것이 바람직하다. 즉, 정무직도 인재의 선순환이 이루어져야 한다.

반면 직업 공무원은 임용조건으로 정년퇴직까지 근무하여 항상성을 유지하면서 행정서비스를 제공하는 사람들이다. 이들은 법령이 정한 범위 내에서 (정무직)상관의 지휘를 받아 업무를 수행한다. 젊어서부터 공직에 들어와 평생 직장으로 근무하도록 신분을 보장받고 일을 하는 공무원이다. 공무원의 신분과 지위를 중시하는 직업 공무원제도는 안정 지향적인 관료제 원리에 부합한다. 문제는 신분이 보장되기 때문에 열심히 일하지 않으려는 사람도 생긴다는 점이다.

정무직 인재양성 시스템을 갖추자

역사적으로 볼 때, 우리나라는 직업공무원이 근간이 되는 공직체제에서 시작하여 점점 정무직 공직의 자리가 발달하는 과정을 겪었다. 이 과정에서 시간의 연속선에서 적절한 시기에 적절한 변화를 이루지 못하였다.

우선 개발 연대에는 똑똑한 인재들이 직업공무원이 되어 정치적 역할까지 담당해 왔다. 구체적으로 말하면 국회도 소위 '고무도장'이라고 할 만큼 정치가 활성화되지 않았고 오직 행정만이 있었다고 해도 과언이 아니다. 고무도장은 상급자가 손으로 쓴 서명과 유사한 고무도장을 사용한다는 의미로 결과에 대한 신중한 고민 없이 승인을 하는 상황을 이를 때 쓰이는 말이다. 즉, 행정부의 엘리트가 비교적 정치의 통제 없이 공공부문을 자율적으로 진두지휘하며 국가의 발전을 이끌었다.

그런데 경제 발전이 어느 정도 이뤄진 이후 민주화가 진행되면서 정치의 장이 열렸다. 그러나 입법이나 정당 부문에도 좋은 인재가 공급되어야 하는데 그리 잘 되는 것 같지는 않다. 외국으로부터 수입된 짧은 민주주의의 역사 때문에 서구 국가들과 달리 시민의식이 광범위하게 성숙할 기회가 적었다. 서구에서는 가문 중심으로 정치 명문가가 있기도 하는데, 이들은 어려서부터 가정교육을 통해 좋은 정치의 개념과 올바른 정치인으로서의 자세를 배우는 분위기가 있다. 한국은 구한말 독립운동을 주도한 몇몇 가문이 소수의 국회의원을 배출한 적이 있지만, 현대적 의미의 정치 명문가라고 하기는 어렵다. 한국에서 민주주의 교육이 이뤄진 최초의 장은 80년대 학생운동진영이었다고 볼 수 있다. 운동권 학생들이 1987년 이후 정치 민주화가 진행되면서 진보정당과 정권의 등장에 많이 기여하였고, 이들 중 일부는 공직에 임명받아

국가에 봉사할 기회를 가졌다.

이외에 정무를 담당할 인재를 양성하는 기제는 발달하지 못했다. 서구는 정당 중심으로 체계적인 과정에 따라 정치인력이 양성된다. 정당이란 공익의 실현을 목표로 정치적 견해를 같이하는 사람들이 자발적으로 조직한 집단이다. 예를 들면, 영국은 보수당, 노동당, 자민당 모두 청년 조직을 두고 지역구에서 체계적으로 정치 인력을 양성한다. 한국은 최근 이준석 국민의힘 대표가 청년 정치 돌풍을 불러 일으켰고, 여당인 더불어민주당은 전략공천 용도로 젊은 방송인, 국제기구 종사자 등을 영입하여 몇몇 지역구에서 승리를 거두긴 했지만, 정당이 유능한 젊은이를 많이 유입하여 정치적 인물을 키워내는 조직이라고 보기는 어렵다.

다음으로 대학에서 전공을 통한 인재 양성이 가능할 수 있다. 그러나 전국대학에 정치외교학과가 있으나 이들이 주로 정무직 자리로 진출하는 독점적 통로라고 보기는 어렵다. 정치외교학과 학생은 또래에 비해 정치에 대한 이론적 지식은 높을 수 있지만, 그만큼 실무정치를 나갈 준비가 되었다고 보기는 힘들다.

민주주의가 성숙하려면 선출직 공직자를 도와서 직무를 수행할 정무직 공무원이 필요하다. 이들이 해당 분야의 전문성을 갖추는 것은 기본조건이라고 한다면, 이에 더하여 일반 국민과 소통하고 정무적 아이디어를 내고 정무적 판단을 하는 능력이 중요하다. 좋은 정무직 공무원이 되려면 무엇보다 경험이 필요할 것이다. 현재 문재인 정권이 코로나19 시국에서도 40% 이상의 지지율을 유지하는 비결에 대해서 노무현 정권 때 젊은 청와대 비서진을 꾸렸고, 그때 정무 경험을 쌓은 사람들이 그대로 다시 돌아와서라는 말도 있다. 이 말의 진위는 가릴 수 없지만, 문재인 정권의 비서진 중 윤건영 실장, 송

인배 전 1부속비서관, 신상엽 제도개혁 비서관, 유송화 춘추관장 등이 모두 청와대에서 일한 경험이 있는 것은 사실이다. 반면, 노무현 정권 이후 청와대 비서진의 평균 연령은 대부분 50세를 넘겨왔다. 이런 일을 직업적으로 하고 싶어 하는 그룹이 있을지 모르나 아마도 현재와 같이 인물 중심 정치를 하는 한 원칙적으로 불가능할 것이다. 선거 주기가 있고, 이를 통해 선출된 사람들을 돕는 사람은 자기가 보좌하는 인물이 계속 당선되어 자리가 유지되는 선에서만 정무직 공무원으로 일할 수 있기 때문이다. 정당 시스템에서의 인턴 기회 강화나 한국의 실정에 더 맞는 대학원 교육시스템의 도입을 통해 젊은 정무직 인재양성을 돕는 일이 절실하다.

직업공무원의 정치적 중립성을 강화하자

거꾸로 오늘날과 같은 민주화 시대에 평생을 공직에 머무는 직업공무원이 필요한가라는 의문을 제기할 수도 있다. 정무직으로 모든 공무원을 임명하면 더 민주행정을 할 수 있지 않을까 하는 의문을 가질 수도 있다.

예컨대, 모든 공무원을 정권과 진퇴를 같이하는 계약직으로 하는 경우를 생각할 수 있다. 그러나 그러한 아이디어는 이상에 불과하다. 현실은 세계 어느 나라에도 직업공무원은 존재한다. 공사부문을 불문하고 비교적 고용보장이 약한 미국에서도 직업공무원이 있다. 공무원 신분을 별도로 규정하는 법적 제도를 없앤 스위스에서 조차도 실제로는 장기간 공직에 머무는 사람이 많다(임도빈, 2016). 공직이 안정적이고 지속적인 면이 있으니 이를 담당하는 공무원이 매년 바뀌는 것보다는 오래 머무는 것이 공무원 자신이나 국민에게도 좋은 점이 있기 때문이다.

또한 직업공무원은 공무원으로서의 자부심이 높다는 특징이 있다. 서울대학교 정부경쟁력센터는 2020년 중앙부처 직업 공무원을 대상으로 인식조사를 수행한 결과 '공무원으로 일하는 것에 대한 자랑스러움'에 대한 긍정 응답이 78.7%, '정부 조직에서 일하는 것에 대한 자랑스러움'이 80.0%를 기록하였다. 특히, '공무원으로 일하는 것에 대한 자랑스러움'은 '3-5급', 50대 이상, 남성이 상대적으로 높은 긍정적인 응답비율을 보였다. 개발연대 시기를 경험했을 가능성이 높은 세대에서 공직에 대한 자부심이 더 크게 나타난다고 해석할 수 있다.

중요한 것은 직업공무원이 정권의 눈치를 보지 않고 공무를 수행할 수 있도록 정치적 중립이 보장되어야 한다는 점이다. 정치적 중립은 곧 정무직 공무원과 직업공무원의 구분과 관련이 있다. 정치적 성향에 어느 정도 영향을 받는 정무직 공무원과 달리 직업공무원은 삼권분립 원칙에 따라 정치에 영향을 받으면 안 된다. 특히, 법치주의 원칙에 벗어나지 않으면서, 정권이 아니라 오직 국민 전체를 위해서 일하는 것이 정치적 중립이다.

그러나 한국은 법을 위반하면서까지 정권에 지나치게 아부하거나, 거꾸로 오히려 직업공무원이 더욱 정권의 눈치를 보고, 일부 정무직 공무원이 향후 정치활동 등을 위해 정권에 반기를 드는 현상이 반복되고 있다. 두 부류 모두 바람직하지 않다. 따라서 정권에 줄을 대지 않는다는 의미에서 직업공무원의 정치적 중립은 더욱 강화해야 한다(임도빈, 2020).

정무직 인사검증을 합리화하자

◆

정권이 바뀔수록 '인사가 만사다'라는 말이 얼마나 중요한지를 절실히 느낀다. 이 말은 행정에 적용될 수 있는 격언 중, 마치 힙합의 랩과 같이 라임이 맞는 몇 안 되는 어구 중 하나다. 능력은 의심되지만 캠프 인사였다는 이유로 임명된 사람들 때문에 엄청난 대가를 치르는 실수를 반복하고 있다. 즉, 회전문 인사, 깜깜이 인사 등으로 표현되는 인사 공정성 문제이다. 인사청문회가 있지만 하필 고르고 골라도 엉뚱한 인사를 임명하는지에 대한 의문이 있다. 그 사람의 전공이나 과거의 경력을 봐도 너무나 맞지 않는 경우, 그 사람을 잘 아는 사람들의 눈으로 보면 존경의 대상이 되지 못하는 경우가 비일비재하다.

가장 근본적인 문제는 최고위직 인사는 청와대가 독점적이고 비밀리에 결정한다는 데 있다. 거듭되는 밀실인사 지적에 따라 박근혜 정부부터 대통령실장이 위원장인 청와대 인사위원회를 만들었지만, 실제 인사위원회의 견제력이 얼마나 기능하는지보다 실장이나 수석의 개성이나 권력 기반에 따라서 달라진다. 또한 대통령의 비선실세의 입김이 강하여, 인사위원회는 들러리에 불과한 경우도 있다.

공식적 절차로는 청와대 인사수석실에서 후보를 추천하고, 민정수석실에서 인사검증하며, 이중 필요한 자리는 국회의 인사검증을 거친다. 인사수석실에는 이미 여러 권력자들이 공직후보를 추천하는 길고 긴 목록이 있다고 한다. 이 목록 안에 있는 후보가 낙점되는 경우가 많다면, 박근혜 정부 이후 청와대에 도입된 인사위원회 제도에도 불구하고, 이미 초기단계에서 인사풀이 제한된다는 한계가 있다는 것을 의미한다.

최종후보를 결정하기 위한 인사검증도 후보자가 제출한 서류와 기타 주어진 범위 내에서 이루어지므로 한계가 있다. 즉, 언론과 SNS에서 청와대에서 검증한 범위를 벗어나는 부문에서 문제를 제기하면 부실검증이란 비난도 받는다. 물론 소위 '세평'이라고 하여, 몇 명의 일반인에게 후보자에 대한 평을 물어보기도 한다. 그러나 세평 역시 친정부적인 성향을 가진 사람에게 물어보는 경향이 있다. 즉, 정부에 비판적인 사람의 의견을 들을 기회가 별로 없다. 자기들끼리의 리그임을 부인하기 어렵다.

국가적 차원에서 널리 인재를 발탁하여 공직에 임명하는 것은 좋은 정부가 되는 가장 중요한 일이다. 그러나 공직을 차지하기 위해 권력자에 줄을 대는 사람들이 많은 이상, 위에서 설명한 절차대로 대통령이 인사권을 행사하면 무리가 따를 확률이 높아진다. 밀실인사라는 비난을 벗어나기 위해 설치한 인사위원회 설치 이후에도 여전히 이 비난을 벗어나지 못하는 것을 보면 이 문제의 심각성을 알 수 있다. 따라서 과감하게 청와대 인사수석실을 폐지하는 것이 대통령의 인사권독점에 대한 비판을 피할 수 있는 길이다. 민정수석실에서 하는 인사검증기능도 없애는 것이 좋다. 즉, 청와대에 인사 청탁하기 위해 접근하는 자체를 없애는 것이 답이다.

국가인재위원회를 설치하자

새로운 정부에게 국가인재위원회를 신설할 것을 제안한다. 신설되는 국가인재위원회의 독립성과 자율성이 전제되어야 함은 물론이다. 특히, 제왕적 대통령이라는 오명을 벗어나기 위해서 인사문제에서 대통령과 그 (비선)실세들의 관여를 견제할 장치가 필요하다. 물론 대통령의 고유권한인 인사권을 제약한다는 것은 어불성설이지만, 거꾸로 대통령의 올바른 인사권 행사를 도와준다는 측면으로 이해해야 한다. 오히려 조직의 미션을 한층 더 넓혀서 국가인재위원회는 우리나라의 '고위 공직에 종사하거나 앞으로 종사할 가능성이 있는 인적자원을 종합적으로 관리'하자는 것이다.

이 기구의 새로운 점은 현행 인사수석실 후보추천기능과 민정수석실의 인사검증을 대체한다는 것이다. 즉, 인사수석실을 폐지하고, 민정수석실의 인사검증기능을 없애는 대신 이 중립적인 기구가 담당하도록 하는 것이다. 동 위원회를 청와대 밖에 별도로 설치하는 이유도 청와대에 인사를 기능하는 조직을 조금이라도 남겨놓으면, 시간이 갈수록 점점 청와대의 인사기능을 강화해 나갈 우려 때문이다. 대통령이 청와대 보좌진 이외에는 정부의 인사권을 거의 포기하다시피 하자는 것이다. 이 길만이 인사면에서 제왕적 대통령이라는 별명을 벗어나는 방법이다.

장관의 임명도 국가인재위원회가 검증하는 것이 좋다. 이것은 실질적으로는 대통령이 장관 인사권의 반을 내려놓다시피 해야 한다는 것을 의미한다. 예컨대, 국무위원은 헌법에 명시된 대로 국무총리가 추천하면 국가인재위원회가 인사검증한 후 3배수를 올리면 그중에서 대통령이 임명하는 식으로 하자는 것이다. 대통령이 낙점한 장관후보를 국회인사청문회의 청문을 요청하는 것은 현재와 같다.

물론 이 방법도 겉으로만 지키는 척하고, 실질적으로는 후보 추천부터 청와대의 입김이 강하게 작용할 가능성이 높다(조석준·임도빈, 2019). 예를 들면 법적인 효력을 발생시킬 수 있는 공식적 권한은 외부에 있지만 사전에 대통령의 승인을 받게 하는 '내인가제도'와 어떤 정책의 내용에 대하여 미리 청와대의 승낙을 받아두는 '내락제도'가 있기 때문이다.

따라서, 신설되는 국가인재위원회는 김대중 정부에 설치되었던 중앙인사위원회보다 기능이 강화되고 위상이 높아야 한다. 중앙인사위원회는 고위공무원이 주요 대상이었다. 이 위원회는 현재 청와대가 인사검증을 하는 공직

(즉, 1급 이상 정무직 이상의 공직자, 공공기관장, 장성 등 대통령이 임명하는 자리)을 대상으로 한다는 점에서 다르다. 이 위원회가 너무 비대해지고 권력이 커지는 것을 방지하기 위해 고위공무원단의 인사는 현재의 인사혁신처와 같은 인사전문부처에서 담당하게 하는 방법도 있다. 중앙인사위원회와는 달리 직업공무원의 인사제도의 개혁 등은 다루지 않는다. 중앙인사처가 과거 중앙인사위원회의 기능과 현재의 인사혁신처의 기능을 대부분 맡는다. 즉, 이 위원회의 신설 이유는 정무직 공직후보 발굴과 추천단계에서 대통령의 인사권이 제대로 행사하게 보좌하는 것으로 인사를 둘러싼 각종 세력들을 견제하는 역할이다.

국가인재위원회는 사실상 정치적으로 임명해 왔던 자리를 관리 대상으로 한다. 완전히 정치적인 고려가 아니라 그 사람의 능력도 판단해서 정치성과 실적성이라는 두 마리의 토끼를 쫓는 조직이어야 한다. 대통령의 고유권인 인사권을 보좌하기 위해 설치되는 기관이기 때문에 국가인재위원회의 구성은 정치적 중립성을 엄격히 지킬 필요는 없다. 위원 중 반드시 야당의 추천 인사를 넣을 필요도 없을 것이다. 굳이 정무직 인사에서 정치적 중립성을 강조하고 싶다면, 야당이 추천하는 인사를 위원으로 위촉하는 것도 고려해 볼 필요가 있을 것이다.

오히려 위원은 중립적이고 명망 있는 인사로 위촉하는 것이 좋을 것이다. 대선 캠프에 있었던 인사나 지나치게 대통령과 친분이 있는 사람들로 구성한다면 위원회 설립의 취지에 맞지 않게 오해를 부를 가능성이 있기 때문이다. 위원은 5명, 위원의 임기는 대통령임기인 5년으로 맞춘다. 직원은 인사검증을 하는 실무인력중심으로 100명 정도로 한다.

폭넓게 인재풀을 관리하자

국가인재위원회가 올바른 인사를 하기 위한 조건은 또 하나 있다. 평소 국가적으로 공직을 맡을 만한 인재를 개발하고 관리하여 적기에 후보자를 파악하도록 하는 사전작업이 요구된다. 우리나라에 있는 각 분야 인재들의 풀을 넓게 관리해야 한다.

혹자는 이미 인사혁신처가 관리하는 국가인재데이터베이스가 있다고 할지 모른다. 이를 관리하는 것을 문서화 한 국가인재데이터베이스 지침도 물론 존재한다. 그러나 실제로 여기에 몇 명의 데이터가 있는지, 주기적으로 업데이트 되는지 여부는 일부 담당자만 알 수 있을 뿐이다. 그마저도 국가와 지방자치단체에만 공개하다가 공공기관에도 공개하기 시작한 것이 얼마 되지 않았다. 특히, 홈페이지에는 인재 국민청원이라는 메뉴가 있는데 실제로 얼마나 활용되는지 국민은 알 수 없다. 아무리 좋은 제도를 설계해 놓더라도 투명성이 보장되지 않으면 제도의 실효성이 떨어진다. 특히, 인사와 같이 사람이 관련되어 있는 일은 누구나 민감하기 마련이다. 국민 의견을 반영하는 장치로서 국가인재데이터베이스의 자기추천제도와 인재 국민청원제도를 열어 놓고, 정작 정부는 피드백을 주지 않고 운용하고 있다.

역으로 생각해보면, 국가인재데이터베이스 제도의 실효성이 떨어지기 때문에 투명하게 운용하지 않고 있는 것일지도 모른다. 국가인재데이터베이스를 통해서 인재가 발탁되어 추천되고 실제 임용이 되었다는 사례를 주위에서 들어본 적이 없다. 오히려 캠프 인사 중 누구를 통해서 인사수석실에 추천하거나, 유력자 누군가가 뒤에서 밀어줘서 임용이 되었다는 소문은 자자하다. 대선 캠프에 있던 사람들은 후보자의 능력이나 인간성을 객관적으로 평가하고 그에 따라 적절한 자리에 추천하기보다 자기 사람들을 챙기기에 바쁘다. 자신들의 인맥을 넓히기 위한 투쟁으로 보는 것 같다. 따라서 기존에 있었던 인재채용시스템이 점점 작동하지 못하게 되고 결과적으로 정치와 행정의 작동에 부정적 결과를 가져온다.

고위공직자 임용계획을 세우자

국가인재위원회의 성패는 고위공직에 인재를 추천하는 기능이고, 그것이 국민들로부터 신뢰를 받는 인사여야 한다는 데 달려있다. 사람에 대한 평가한 정보와 시각에 따라 엇갈리고, 이런 중요한 자리는 원하는 사람이 많아서 선택되지 못한 사람들의 질투가 생기기 쉽다. 이런 문제를 해결 내지 완화하는 방법 중 하나는 집권 초에 '고위공직자 임용계획'을 만들어서 예측 가능하게 만드는 것이다.

고위공직자 임용계획은 5년 임기 동안 공직의 수요와 공급에 관한 대략적인 계획을 미리 문서화하는 것이다.

첫째, 공직을 채울 국가인재를 수요로 하는 명단을 현직자가 임기가 만료되는 날짜별로 명시한다.

둘째, 공직의 전문분야별 유형에 따라 인재풀(즉, 인재공급측면)을 제시한다. 개인정보보호원칙에 따라 원하지 않는 사람의 경우 실명을 공개할 필요는 없고, 익명 처리할 수 있을 것이다.

셋째, 인재충원 장기계획 아래 1년 단위 계획이 수립되어 매년 공석이 되는 경우를 제시하고 이에 따라 충원 가능한 인재의 풀을 제시한다. 이때 반드시 본인의 의사가 없으면 명단에 넣지 않는 것이 아니고, 이미 마련된 전체

인재풀 중에서 적임자를 선정하여 본인의 동의를 받는 것도 필요하다. 일종의 삼고초려의 의미이다.

넷째, 공석이 될 자리의 임기의 만료가 다가오면 적절한 시점에서 인사 1차 검증, 후보 추천이 비교적 투명하게 이뤄져야 한다.

다섯째, 국회인사청문회를 거치는 자리는 확정된 후보에 대한 검증의 기회가 있다. 그러나 그렇지 않은 자리는 이런 기회가 없어서 그 이전 단계에서 혹시 거르지 못하고 중대 결함을 발견하지 못하고 임명하는 경우가 종종 있었다. 따라서 적어도 고위직 공직 자리에는 후보가 결정되더라도 적어도 임용 전 2~3주 정도의 시간을 두어 국민 누구나 그 사람을 잘 아는 사람이 평가할 수 있는 기회를 주는 것이 중요하다. 실제로 현행 제도로도 후보결정 마지막에 결정적 결함이 발견되어 후보가 바뀌는 경우도 있다는 점을 고려하면 이 조건은 매우 중요하다.

이 제도가 성공하기 위해서는 몇 가지 제도적 장치가 확보되어야 한다.

첫째, 국가인재데이터베이스에 없는 사람을 추천할 수 있느냐의 문제이다. 이 위원회의 기능은 예측가능성을 높여 국민들의 신뢰를 얻자는 것이다. 이를 허용하면 추천과정 중간에 갑자기 끼어드는 사람에 대한 오해가 있을 수 있다. 따라서 어차피 공직자는 자신이 공직취임에 관심이 있고 동의해야 인사검증이 가능하므로 국가인재데이터베이스에 미리 등록하는 것을 필수요건으로 해야 제도의 취지를 살릴 수 있다. 다만, 그동안 어떤 이유에서든 등록되지 않은 사람이 가장 적임자일 수도 있기 때문에 후보추천 몇 달 혹은 몇 주 전까지 등록하도록 제도화 할 필요가 있다. 등록날짜를 명시하면 정치적 이유로 끼어드는 사람이 누구인지 알 수 있을 것이다.

둘째, 인사후보를 압축하는 과정, 10배, 5배수, 3배수 검증의 단계를 세분화하여 적절한 단계에서 누가 후보에 올랐는지 홈페이지에 공개하는 것을 원칙으로 한다. 즉, 후보추천과정에서 일부가 갑자기 낙하산같이 마지막 단계에 끼어들기 하여 낙점되는 경우가 많아진다면, 신뢰성이 무너진다는 점을 명심해야 한다.

셋째, 일반 국민도 누구나 다양한 수단과 통로로 어느 정도 압축되는 후보군에 대한 평을 표현할 수 있게 한다. 인터넷 시대이므로 쉽게 실행할 수 있는 일이다. 현재 청와대 '세평' 등은 일부 국한된 사람들에게만 묻는 경향이 있다. 이에 문제 있는 후보를 걸러내지 못할 가능성이 있는 것이다. 물론 악의적인 평판도 있으므로 그 내용까지 공개할 필요는 없다.

이와 같이 후보추천 과정에서 투명성이 확보되면, 국민들의 인사에 대한 오해는 많이 줄어들 것이다. 아울러 국회인사청문회나 다음 단계에서 낙마할 가능성이 줄어든다. 신뢰의 회복이나 행정비용 절감에 모두 긍정적인 효과가 있을 것이다.

국회인사청문회는 지금까지 신상 털기에서 벗어나 윤리성 검증과 정책능력 검증으로 이원화 할 필요가 있다. 언론에 노출되거나 필요시 생중계하는 것은 정책철학이나 정책능력 검증을 위주로 하는 것이 바람직하다. 개인의 과거 생활에 대한 검증은 비공개로 하되 그 적합성 여부를 A, B, C 단계로 나눠서 C등급을 받으면 정책능력까지 검증하지 않고 탈락시키는 방안도 고려할 수 있다.

공개로 진행하는 경우, 경험한대로 흠집 내기에 집중하는 경향이 매우 강했다. 일부 국회의원은 이를 기회로 청문회 스타로 자리매김하기도 했다. 윤리성 평가에서 A, B등급을 받은 후보자만을 대상으로 그 구체적 내용을 공개하지 않고 정책능력을 확인하는 것이 바람직하다.

고위공무원단을 폐지하자

고위공무원단은 고위직으로 올라갈수록 자리에 연연하여 이리저리 기웃거리고 전문성이 없어진다는 우려에서 고위공무원의 역량을 올리기 위해 2004년에 도입한 것이다. 일단 고위공무원단으로 진입하기 위해서는 역량평가를 받아야 한다. 이전 4급에서 3급으로 통상적인 승진과정을 거쳤지만, 발표와 같은 면접 등을 거쳐 역량평가를 한다는 점은 긍정적이다. 고시로 공직에 들어와 무사안일 태도를 가지는 것보다는 한번 중간점검을 하고 관리직으로의 능력을 검증하는 것이기 때문이다. 단지 평가방법의 타당성과 신뢰도는 여전히 문제로 남아있다.

다음으로 한번 보직으로 3년을 보장하는 자리를 찾느라 정치권에 줄을 대지 못하도록 하는 것이 목적이었다. 그런데 15년 이상 이 제도를 운영한 결과, 고위공무원의 정치화는 사라지기보다는 오히려 더 강화된 것 같다(임도빈, 2004). 국장급은 물론이고, 과장급부터 정권의 눈치를 심하게 보는 현상이 점점 심해지고 있다. 공무원 정치적 중립문제는 전체 공무원에 해당되는 문제이지만 실제 고위공무원단의 정치적 중립문제가 가장 심각하다.

제도의 도입 취지와 반대 효과를 내는 이 제도는 폐지되는 것이 나을 것이다. 후술하는 새로운 계급체계에서 볼 때(181페이지 참조), 이들을 보장이 되는 A등급에 흡수해야 한다. 단지 고위 관리직으로는 역량을 평가하고 부족한 부분을 채우는 방식의 인적자원개발은 발전적으로 개선 시행할 필요가 있다.

그러나 직업공무원으로 입직해 보니 자신이 정무적 업무에 더 적합하다고 판단한 사람들은 어떻게 할 것인지 문제가 대두된다. 이들은 당연히 직업공무원 법적 지위를 떠나야 한다. 그 대신 별정직으로 A, B급의 해당 등급을 부여하여, 신임하는 정무직의 기호에 따라 임면된다. 예컨대, 장관 비서실 등에 배치되어 정무적 일을 담당하도록 한다.

그런데 이들은 사실상 직업공무원을 떠나는 것이기 때문에, 다시 돌아오는 것을 원칙적으로 금해야 한다. 다시 말해, 과거 별정직->일반직 전환의 통로가 일부 권력자들이 악용한 측면이 있는데 이를 엄격히 금해야 한다. 임면이 자유로운 현재의 고위 정무직 1급, 차관 등은 고위 정무직으로 별도 관리하면 된다. 정무직 공무원에게 일정한 임기를 보장하는 것은 그 자체로 모순이므로, 이들의 경력은 임면이 자유로운 별정직(**즉, 중하위급**)과 고위 정무직 제도를 만들어서 이들 자리를 자신의 정치적 보스에 따라 옮겨 다니도록 한다.

지금까지 운영해 온 고위공무원단은 폐지하고, 직업공무원은 문자 그대로 고위직까지 직업공무원으로 임명하여 활용해야 한다. 즉, A등급의 고위공무원들은 그 자체가 정치적 중립을 지키는 직업공무원이어야 한다.

5급 공채와 민간경력채용제도를 개혁하자

정무직 공무원과 고위공직자 제도도 물론 중요하지만, 뭐니뭐니해도 한국 공무원 제도의 근간은 공직에 대한 강한 자부심을 갖고 젊은 나이에 공직에 들어가 그 안에서 성장하고 상급직에 진출하는 직업공무원제도라고 할 수 있다.

지금까지 우리나라 직업공무원의 채용은 인적자원은 무한정하므로 가장 우수한 사람을 선발한다는 기조에서 이뤄져 왔다. 거꾸로 말하면 어떻게 하면 모여든 지원자들을 탈락시키느냐 고민한 것이 현 공무원 채용제도라고 할 수 있다.

현재 공무원 채용은 공개채용을 원칙으로 하되 5급, 7급, 9급 등 3가지 수준에서 시험을 통해 폐쇄형으로 채용하고 있다. 이는 과거 대학교육이 보편화되기 전에 고등교육제도인 4년제 대학 졸업(5급), 2년제 대학 졸업(7급), 고등학교 졸업(9급)과 어느 정도 맞춰서 설계된 것이다. 2021년 현재는 학력, 연령 등의 제한 없이 누구나 공무원 공채시험에 응시할 수 있다.

우리나라 직업공무원제의 꽃은 소위 행정고시라고 하는 5급 공채이다. 이는 젊고 유능한 인재를 선발하여 신분 보장을 통해 정부의 주요정책을 담당하도록 하려는 취지가 있다. 1960~70년대 경제발전 시기에 고시로 선발된 관료는 정부 주도의 한국 경제성장을 이끈 엘리트 집단으로 역할을 하였다. 이 시기 고등학교 졸업자도 많지 않았을 뿐만 아니라 대학 진학률 역시 30%를 밑돌았기 때문에 대졸자로 충원되는 이들은 엘리트 의식이 특히 강하였다.

그러나 시대가 변하였다. 국가의 인적자원을 종합적으로 관리한다는 차원에서 시험제도가 바뀌어야 한다. 수험생들은 인생 전체적인 차원의 시간의 흐름속에서 진정으로 미래를 준비하는 시기로 보내야지, 암기식 시험 준비를 반복하면 안 된다는 것이다. 대학교육과 연계해서 이 문제에 접근할 필요가 있다. 2000년 이후 현재까지 고등학교 졸업생의 대학 진학률이 70~80%에 이르며, 9급 공채시험 응시자나 합격자 대부분이 대학 재학생 또는 졸업생이라 학력 제한은 거의 무의미하다. 그러므로 5급 공채 제도를 그대로 유지할 필요가 있는가에 대해 문제를 제기할 수 있다.

다른 한편으로는 20~30대 아무 사회경험이 없는 젊은 사무관이 단지 시험에 합격했다는 것만 가지고 40~50대 부모, 삼촌 정도의 나이인 부하 직원을 지휘하여 업무수행을 제대로 할 수 있는지 문제도 있다. 2020년 5급 행정직 최종 합격자 평균 연령은 26.6세였으며, 합격자의 약 90%가 20대였다.

행정부 국가공무원 연령대별 비율을 살펴보면, 40~50대가 약 59%를 차지하며, 20대는 12.2%였다. 특히 지방자치단체의 공무원은 5급 공채로 입직하는 공무원이 소수이기 때문에 더 문제가 될 수 있다. 2019년 지방자치단체 공무원 인사통계에 따르면, 5급 행정직의 평균연령은 54.2세, 기술직 평균연령은 54.9세이다. 7급 평균 40대, 6급 평균이 50대라는 점을 고려하면, 20대에 5급으로 입직하는 것이 얼마나 높은 자리에서 시작하는 것인지 실감할 수 있을 것이다.

5급 공채 합격자와 유사하게 대졸자이면서 9급으로 시작한 공무원은 평생을 근무하더라도 사무관까지 승진하지 못하고 퇴직한다. 2020년 기준 일반직공무원의 평균승진 소요 연수를 고려하면, 9급에서 5급 승진까지 약 27년이 소요된다. 이 점에서 지방직 공무원도 크게 차이가 없다. 2020년 국가직 9급 공무원 시험 최종합격자 평균 연령이 29세였다. 이들은 평균적으로는 56세에 5급까지 승진할 수 있으나, 직렬이나 승진 적체 등 다양한 상황적 요인을 고려한다면 더 늦어질 수도 있으며, 대부분이 6급 팀장에서 퇴직하는 것으로 나타난다. 유사한 자질을 가진 젊은이인데도 공직 임용에서 어느 급의 시험을 응시하느냐에 따라 경력 경로가 완전히 차이가 나타나므로 과연 공평한 공직사회인가라는 의문이 생기는 것이다.

5급 공채제도의 단점을 보완하기 위하여 도입된 민간경력자특별채용(민경채) 제도도 그 숫자는 점점 늘려오고 있지만 원래의 취지와 다르게 운영되어 많은 문제점이 보인다. 필요한 전문성이나 경력을 가진 사람을 부처에서 임용하기 위한 제도이지만, 실제로는 공직 후보자가 가진 역량을 객관적으로 평가하기 어렵다는 한계에 부딪친다. 따라서 정실 임용이라는 비난을 피하려고 자격증 등의 객관적 자료를 진입 장벽으로 사용하는 추세이다. 특히,

변호사 자격이 있는 사람이나 해당 분야 박사학위 소지자를 임용하는 비율이 높다.

그러나 변호사 중에 가장 능력 있는 사람들은 명예나 높은 수입을 얻을 수 있는 검찰이나 대형 로펌을 선택하고, 박사학위 소지자들은 연구원이나 학교 대신 차선책으로 민경채에 지원하는 경향이 있다. 이 점을 고려하면 과연 민경채를 통해 공무원에 임용된 사람들이 업무수행을 제대로 할 것인지에 의문을 가질 수밖에 없다.

요컨대 5·7·9급 경쟁시험은 수없이 몰려드는 수험생들 중에 누구나 받아들일 수 있는 객관적인 기준으로 충원예정인원수 밖의 사람들을 걸러내는 제도이다. 그러나 5급 공채의 단점을 보완하기 위해 도입된 제도인 민경채로 선발된 사람들은 그 분야의 최고 인재를 영입하는 제도라고 보기는 어렵다.

PSAT를 폐지하자

인적자원 풍요시대에 적격자를 영입하거나 선발하기 보다는 부적격자를 걸러내는 장치로 나온 시험이 공직적격성평가시험(公職適格性評價, Public Service Aptitude Test: PSAT)이다. 응시자가 너무 많기 때문에 1차로 이 시험을 통하여 최종 선발인원의 몇 배수를 선발한 후, 합격자에게 2차 시험의 기회를 주고 있다.

PSAT는 2004년 외무고시 1차 시험에 처음 도입된 이후 2005년 입법고시·행정고시 1차 시험에 도입되었으며, 2021년에는 7급 시험까지 확대 시행되었다. 시험 내용은 언어논리, 자료해석, 상황판단의 영역 등 총 3개의 영역으로 구성되어 있으며 5지 선다형의 객관식으로 되어있다.

그런데 공직적성검사(PSAT)가 정말 후보자가 공직자로서 적성에 맞는지 여부를 측정하는지 알 수 없다. 즉, 내용타당성이 있는지 문제이다. 이론적으로 볼 때, 좋은 시험이 되기 위해서는 측정하고자 하는 것을 측정하느냐(즉, 타당성)와 측정하는 것이 믿을만하게 측정되느냐(즉, 신뢰성)라는 두 가지 조건을 만족시켜야 한다. 신장(키)을 재는 것이 목적인데 체중계로 쟀다면 타당성이 없고, 오늘 측정한 값과 내일 측정한 값이 다르면 신뢰성이 없다. PSAT는 객관식 시험이기 때문에 누구도 차별하지 않는다는 획일성이 보장되는 반면, 타당도와 신뢰도가 확보되는지 검증되지 않았다.

이런 비판이 일자, 인사혁신처는 언어논리영역과 상황판단영역 지문 내용을 행정에 더 관련되도록 비중을 높였다. 그러나 수험생들이 문제 풀이를 잘하기 위해 머릿속으로만 연습을 해서 푸는 것은 여전하다. 따라서 이 점수는 실제 그들의 자질과는 관계가 없을 수도 있다.

PSAT는 과목당 5지 선다형 40문항을 90분 안에 풀어야 한다. 한 문제당 약 2분 30초가 주어진다. 약 2분 동안에 긴 지문과 문제를 끝까지 읽은 후 정답을 생각한다는 것이 쉬운 일이 아니다. 따라서 많은 학생이 PSAT 시험시간이 부족하여 미리 문제 유형 등을 학원 등에서 문제풀기를 연습하고 있다. 고시학원에서는 PSAT를 푸는 요령을 중심으로 강의가 생겼고 많은 학생이 PSAT 강의를 수강하고 있다. 즉, 시간을 더 주고 생각해보면 풀 수 있는 문제를 시간이 없어서 적당히 푸니 점수가 낮아지는 것이다. 어떤 면에서 보면, 수능과 비슷한 성격의 시험으로 보인다. 행정고시 1차에 합격하면 주는 장학금을 받기 위해 의대생이 PSAT에 응시한다는 뉴스도 있다(한국경제, 2014.03.24.). 이런 시각에서 보면, 실제 수능성적과 공직 적성검사시험성적과 상관관계는 높을 것으로 예상된다.

문제를 빨리 푼다는 것은 두뇌 회전이 빠르다는 것을 의미할 수도 있다. 그러나 모든 공직에서 하는 일들이 순발력을 발휘하여 빨리 푸는 능력만을 요구하는 것은 아니며, 시험점수가 높다고 해서 업무를 수행하는 소위 '일머리'가 있다는 보장도 없다. PSAT는 사실상 지능테스트에 가까운 시험 도구라고 할 수 있다. 진정으로 공직에 적성이 있는가 여부를 테스트한다는 확실한 증거는 없다. 확실한 것은 '지능검사 + 훈련된 문제 풀기능력을 테스트 한다'는 정도이다. 인재를 선발하는 도구로서 과학적으로 증명되지 않는 시험을 점점 많이 사용하는 것은 재고할 필요가 있다.

암기력 테스트는 박근혜 정부시기 행정자치부 장관을 지낸 헌법 교수의 영향으로 추가된 헌법도 마찬가지이다. 헌법 시험은 25문항을 25분 안에 풀어야 하니 한 문제당 1분이 주어진다. 헌법을 공부하는 과정에서 헌법의 정신을 배우고 체득하지 않을까 하는 추측도 가능하다. 하지만, 시험이 치열할수록 문제 풀이에 급급하고 그 배경이 되는 학문적 의미를 파악할 마음의 여유가 없어진다. 문제 풀이를 가르쳐 주는 학원으로 발길을 돌릴 수밖에 없다.

이것은 행정고시, 입법고시 등 모든 공직시험이 마찬가지이다. 그래도 상대적으로 볼 때, 객관식보다는 주관식 답안을 쓰는 2차 시험이 학원에서 훈련된 것만으로는 대응하기 힘든 시험유형이다. 채점의 주관성을 의심하는 사람들이 있지만, 수험생 개인정보는 가리고 채점하기 때문에, 자의적인 채점이 될 수는 없다. 이 점에서 공정하지 않은 방법이라고 하기는 어렵다. 채점자의 학문적 관점이 문제라고 할 수 있으나, 이는 뒤집어서 생각하면 채점자의 전문성이라고 할 수 있다. 한 명이 아니고 여러 명이 채점하여 평균점수를 내기 때문에 특정인이 당락을 좌우하지 않는다. 이상은 주관식 시험이 객관식 시험보다 상대적으로 공정하지 않다는 비판에 대한 반론이다.

PSAT를 비롯하여 현행 공무원 시험을 전면 재고해야 한다는 필요성은 시험자체의 문제보다는 오히려 수험생들의 준비행태라는 점에서 그 사회적 영향을 보고 판단할 수 있다. 소위 '공시생'이라는 전국의 젊은이들이 공무원 시험이나 공공기관 시험에 올인하고 있다.

통계청의 '2021년 5월 청년층(15-29세) 부가조사'에 따르면 취업을 준비하는 청년 중 32.4%는 일반직 공무원을 준비하는 것으로 나타났다(통계청, 2021). 이는 공무원 시험의 높은 경쟁률로 증명된다. 인사혁신처 통계는 2021년 5급 행정직 공채 선발시험 경쟁률은 38.5대 1이었으며, 7급 공채 행정직의 경우 32.5대 1, 9급 공채 일반 행정직의 경우 78.8대 1로 나타났다. 이런 수요가 있으니 신림동, 노량진 등 학원도 성행하고 있다. 대학입시 학원이 하나의 커다란 경제권을 이루듯, 이미 공무원 시험 준비 학원은 엄청난 경제권을 확보하고 있다. 2016년 공무원 시험 관련 교육 시장 규모가 3,000억 원에 이른 것으로 추정되었다(이데일리, 2016.04.18.).

청년의 삶을 고려한 공직선발제도를 고민하자

우리나라의 공직선발제도는 공직에 몰리는 사람들을 걸러내는 기능이라서 많은 문제점을 가지고 있다. 인적자원의 풍부한 과거와 현재까지 시대적 특성을 반영한 것으로, 점점 인구수가 줄어가는 미래사회에 공직에 적합한 인재의 양성이라는 측면에서는 문제가 많다. 시대는 바뀌고 있는데 과거의 제도를 고수하고 있는 것이다. 앞으로 미래 사회의 변화를 고려한다면 크게 방향을 재설정해야 하는 분야이다.

현 공무원 시험제도가 갖는 가장 큰 문제점은 대학교육에 미치는 영향이다. 오늘날 전국 대학 어느 곳도 공시준비생이 없는 곳이 없다. 매년 약 30만 명이 공시족이라는 추산이 가능한데, 2020년 수능원서 접수자가 약 49만 명대, 졸업생이 35만 명대라는 점을 고려하면 이것이 얼마나 큰 숫자인지 짐작할 수 있다. 귀중한 젊은 사람들이 사회 각 분야에서 제 역할을 하도록 준비하게 해야 하는데, 오히려 이들을 대거 시험 준비 지옥 속에 몰아넣은 격이다. 국가의 귀중한 인적자원개발이라는 측면에서 아주 심각한 문제다.

대학에 들어와서 학과 강의에 집중하기 보다는 공무원 시험 준비에 몰두하는 현상은 인문사회계열학생이 더욱 심각하다. 이공계 학과의 경우는 많은 학생이 재수, 반수 등으로 의대 진학을 준비하는 경향도 대학교육을 왜곡시키는 교란 요인이다. 많은 대학들이 학생유치 홍보에 공무원 시험 합격률을 내세우는 지경에 이르렀다. 지방 소재 대학교는 공무원 시험 과목을 강의해 줄 수 있는지 여부가 교수 채용 기준에 포함되어 있다고도 한다. 과거에는 행정학과 학생들이 공무원 시험 준비 하는 경우가 많았다면, 이제 거의 모든 학과에 이런 학생들이 있다. 이런 현상은 SKY로 불리는 명문대학도 예외가 아니다. 명문대학은 행정고시 준비생 이외에 법학전문대학원 준비생이 더 많을 뿐이다. 한 마디로 대학이 학문의 전당이란 말은 옛말이 되었고 취업 준비 기관이 된 것이다.

대입에서 수시를 준비한 학생이 마치 그 학과가 적성에 맞아서 온 것처럼 보여서 선발하였는데, 대부분 학생들은 로스쿨 준비나 공무원 시험 준비로 방향을 잡는다. 이것은 매년 반복되는 현상이고 인위적으로 막을 수도 없다. 교수들도 아예 이를 인정하고 이를 공식적으로나 비공식적으로 도와주는 경우도 많이 있다. 예컨대, 학교에서는 이름은 그럴듯하지만 실제로는 이들 진로희망이 비슷한 학생들을 모아 지원해주는 동아리방도 준다. 서울대도 많은 학과에서 대학원생 입시에서 미달인 것은 다양한 분야, 특히 희귀분야와 같이 학문 후속을 양성해야 하는 서울대의 교육을 얼마나 왜곡시키고 있는가를 알 수 있다. 서울의 다른 명문대학들의 대학원 운영이 어려운 것도 모두 이와 어느 정도 연결되어 있다.

고시와 로스쿨 입시는 우리나라 대학 학부 교육을 무너트리는 역할을 오래 전부터 해왔다. 자연생태계를 파괴하는 황소개구리와 같다고 봐도 크게 다르지 않을 것이다. 물론 이것은 제도 자체가 가진 결함 때문이라기보다는 이를 대비하는 학생들의 집단행태가 원인이라고 봐야 정확할 것이다.

물론 로스쿨에 들어오기 위해 학점 관리를 하는 학생이 많아져서 학부 교육이 오히려 충실해지는데 도움이 되었다고 주장하는 사람도 있다. 그러나 요즘 학생들이 학점이 잘 나오는 과목을 수강 신청하려고 '광클릭'을 하여 수강신청하고, A+학점을 받기 위해 온갖 노하우를 발휘하는 것을 보면 과연 진정으로 학부 교육의 충실화에 도움이 되었는지 의문을 가질 수 밖에 없다. 적지 않은 학생들이 4년 평균학점이 4.3에 가까운 것을 보면 놀라움보다는 '뭐가 잘못되었구나'라는 생각이 든다. 모든 과목에서 완벽에 가까운 천재가 그리 많을 리가 없기 때문이다. 현실은 거꾸로다. 즉, 고시와 로스쿨 때문에 우리나라 학부 학생들은 학점따는 기계가 되었다. 로스쿨 재학 중의 학점 경쟁, 졸업 후 로펌 진출 경쟁, 로펌의 과도한 영향력 등은 다른 문제이다.

이러한 행태는 사회적 비용을 발생시킨다. 2017년 현대경제연구소는 공시족 증가는 연간 17조 1,430억 원의 사회적 손실을 가져오는 것으로 분석하였다(오준범, 2017). 경제적 손실 외에 중요한 점은 한참 인생을 고민하고, 사회를 생각하고, 인류를 마음에 담을 준비를 할 시기에 젊은 학생들이 암기식 시험문제 풀이를 반복하며 청춘을 낭비하고 있다는 것이다. 초등학교 때부터 시작된 점수 경쟁이 대학에 와서 그치는 것이 아니고 오히려 연장되는 것이다. 이 치열한 경쟁에서 승자가 된 학생들은 끊임없는 경쟁심으로 남은 인생도 살아가지만, 어느 순간 큰 회의를 느끼기도 할 것이다. 이 게임에서 패자는 평생 심각한 좌절감과 자신감 부족으로 트라우마를 가지고 살 가능성이 높다. 자신이 평생 연구해온 분야의 학문 후속 세대를 길러보고 싶은 교수들도 좌절한다. 어떻게 보면 대부분의 사람들이 패자가 되는 게임이다.

고시제도를 포함한 공무원 시험 개혁은 대부분의 수험생이 대학이라는 공간에 들어온 젊은이들인데, 이들이 어떻게 '시간'을 보내야 바람직한가라는 차원에서 고민해 볼 필요가 있다. 젊은 세대들이 젊은 시절을 보낼 수 있도록 하려면 큰 틀에서 개혁해야 한다. 즉, 대다수 대학생이 시험 준비에 학창시절을 보내는 것을 막고, 꼭 필요한 사람만 별도의 준비 없이 공직에 들어올 수 있게 할 수만 있다면 이상적이다. 특히, 우리나라와 같은 정부 역할이 큰 나라는 젊고 유능하며 공공 봉사 태도와 가치관을 가진 인재가 공공부문에 들어오는 것이 나라의 장래를 좌우할 것이다.

대학교육을 정상화 시킬 자연적 선발체제로 전환하자

미래에는 젊은 세대를 과거와 같이 부적격자를 대량으로 걸러내는 시스템이 잘 맞지 않을 것이다. 대학교육이 보편화되어 있고, 학령인구가 줄어서 원하는 사람은 거의 모두 대학에 진학한다. 물론 전국적으로 대학 서열화 때문에 원하는 대학에 진학하지 못한 학생이 더 많기는 하지만 말이다. 따라서 공직 진출을 위한 인재선발을 대학교육과 연계하는 전략을 다음과 같이 생각할 수 있다.

첫째, 공공봉사에 관련된 과목을 수강했을 때 가점을 주는 것이다. 어떤 학생이 그 과목을 수강하는 학기 동안에 적어도 공공에 대한 얘기를 강의를 듣고 고민을 할 것이기 때문에 그렇지 않은 학생보다는 공직에 더 준비가 잘 된 사람이라고 볼 수 있을 것이다. 그러나 학점을 수치로 반영하면 또다시 지나친 학점경쟁이 일어날 위험이 있기 때문에 B학점 이상 정도면 만족스러운 것으로 하면 될 것이다.

둘째, 학생을 잘 아는 지도교수, 학과장, 학장, 총장의 추천을 받은 학생을 가점을 주는 방식이다. 우리나라 문화에서 추천제도가 정실이 개입되지 않고 공정하게 운영되리라는 보장이 없다. 그러나 한편 밀실추천보다 추천된 자를 그 학교에서 공개하고, 다른 한편으로는 정부가 이들 추천 데이터를 축적하여 이를 바탕으로 각 대학(학과)의 추천 신뢰도를 만들어 향후 그 대학 추천자 평가에 반영하면 많은 문제점이 해결될 것이다.

추천으로만 공직 인재를 선발한다면 많은 비판이 있을 수 있다. 1차 응시생이 너무 많아 굳이 필요한 시점까지는 한시적으로 PSAT와 다른 대학교육과 깊이 관련된 객관식 시험도 어쩔 수 없이 시행할 수도 있을 것이다. 그러나 적어도 지금과 같은 모두 객관식이 아니라 주관식을 겸한 혼합형이어야 한다. 토플 시험에 주관식 평가를 겸하는 것을 보면, 혼합형이 필요하고 관리가 가능하다. 따라서 이런 학생들을 대상으로 주관식 시험을 치르고, 면접을 통해 자질을 평가할 수 있도록 보완되어야 한다.

이렇게 해서라도 대학교육의 기형화 문제를 해결하고, 젊은이들에게 시험 준비 지옥에서 벗어나게 하며, 공직에 적절한 인재를 선발하는 것은 매우 중요하다. 정부 업무가 전문화되고, 국가 간 경쟁이 치열해질수록 정부에 우수한 인재가 들어올 수 있다.

고등교육과 연계하여 공무원을 채용하는 제도는 해외 사례에서 찾아볼 수 있다. 대표적으로 미국 인사관리처(Office of Personnel Management: OPM)에서 관리하는 대통령 관리직 펠로우(Presidential Management Fellows: PMF) 프로그램이 있다. PMF 프로그램은 공공정책 관리에 관심이 있고, 헌신하고자 하는 다양한 분야의 우수한 대학원생(석사, 박사 등)을 매년 선발하여 리더십 교육을 제공하고, 평가를 통해 연방 공무원으로 채용하는 제도이다. 지원자들은 상황 판단, 생애 경험, 작문 등으로 구성된 온라인 평가를 통해 유연성(flexibility), 청렴성(integrity), 대인관계 기술(interpersonal skills), 공공봉사 동기(public service motivation), 문제해결(problem solving), 작문능력(written communication) 등의 역량을 보여주어야 한다. 이를 바탕으로 OPM은 최종 후보자 명부를 작성하고 최종 후보자들은 OPM에서 주관하는 채용행사를 통해 자신들이 원하는 연방 기관에 지원할 수 있다. 개별 기관도 자신들이 필요로 하는 분야의 후보자의 서류를 검토하고 인터뷰를 요청할 수 있다. 많은 기관에서 이들은 중간 관리자에 해당하는 GS-9/11/12 등의 직급으로 임용한다. 미국 공무원 직급은 한국과는 반대로 숫자가 커질수록 직급이 높다. PMF의 경우, 2년 과정으로 2년 동안 동일 기관에서 일하거나 원하는 다른 기관으로 옮길 수 있다. 2년 동안 PMF 선발자는 연방공무원과 동일한 급여와 혜택을 받으며 OPM에서 제공하는 프로그램이나 과제 등을 이수하여야 한다. 2년 후, 개인의 선택에 따라 계속 연방 기관에 남거나 다른 진로를 찾게 된다.

더불어 해외사례에서 배울 수 있는 교훈은 PSAT나 전공과목의 시험점수로 합격 당락을 결정하기보다 부처에서 필요한 인재가 누구인가를 고려해야 한다는 점이다. 미국 PMF 사례에서도 OPM이 인재풀을 관리하되 개별 기관이 면접 등을 실시하여 필요로 하는 인재를 뽑을 수 있도록 한다. 조직도 원하는 인재를 뽑을 수 있으며 개인도 자신이 원하는 조직에서 일할 수 있다는 장점이 있다.

일본은 한국의 5급 공채와 유사한 제도로 대졸자를 대상으로 하는 종합직 시험이 있다. 일본 공무원 채용 시험은 종합직과 일반직으로 구분된다. 채용과정에서 시험 및 면접 방식도 차이가 존재한다. 종합직은 캐리어라 불리며, 성(省)의 과장까지는 엘리베이터식으로 빨리 승진하며, 그중에서 또 우수한 사람들은 심의관, 국장, 사무차관까지 선발된다. 일반직은 '논 캐리어'라 명명되며, 과장까지 진급할 수 있으나 그 속도가 종합직보다 느리다. 1~2년 차까지 경력직과 일반직 사이에 큰 차이가 없으나 3년 이후부터는 업무나 역할이 달라진다. 종합직의 경우 정책 입안을 행하는 국회 질문에 대응하는 본성청의 중심 업무를 담당하며, 일반직의 경우 법률 집행 등 일반적인 업무를 담당한다. 1차 시험은 한국 PSAT와 유사한 기초능력시험과 선택형 전공시험을 실시한다. 2차에서 논술형의 전문시험과 정책 논문시험을 치르게 된다. 인사원이 실시하는 개별면접도 포함되어 있다. 여기까지 과정은 한국과 거의 동일하다.

그러나 일본의 경우 시험에 합격하였다고 하더라도 최종 채용은 보장되지 않는다. 중앙성청(中央省庁, 한국의 부·처·청에 해당)에 채용(내정)되기 위해서는 관청을 방문하여 개별 성청에서 면접을 반드시 거쳐야 한다. 즉, 지원자가 희망하는 성청에 방문하여 업무에 대한 설명을 듣고 조직 분위기를 익히는 등의 경험을 할 수 있으며 상담 기회가 주어진다. 이때 자신을 홍보하기 위한 중요한 기회로 성청 방문은 규칙에 따라 총 5번의 방문기회가 주어진다. 관청에서 한 사람만 만나는 것이 아니라 여러 사람과 면접이 진행되기 때문에 보통 하루가 소요된다. 5차 방문 시기까지 하나의 성청에서 최종 확답을 받지 못하면 시험 합격과 상관없이 채용되지 않는다.

다시 정리하면, 일본은 시험에 최종 합격하더라도 1, 2차 방문기간에는 최대 3개의 성을 방문할 수 있으나, 동일한 성을 두 번 이상 방문할 수 없다. 단, 2차 방문기간에는 1차 방문기간에 방문한 순서와 동일하게 방문하되, 1차 시기에 가지 않은 성을 방문할 수 있다. 3차 방문부터는 이 규칙이 적용되지 않는다. 공식적인 채용 결정은 10월 1일에 발표되나 대개 5차 방문기간 동안 채용이 결정된다. 사람에 따라 채용이 결정되는 방문기간은 다를 수 있다. 대개 3~5차 방문기간 동안에 1, 2차 방문기간 동안 방문한 성 중 자신이 원하는 곳이나 합격가능성이 높을 곳을 집중적으로 방문한다.

한국 정부는 2015년부터 5급 공채 3차에서 심층 면접체제를 도입하였다. 이전에는 이변이 없으면 2차 필기시험 성적을 기준으로 최종 합격이 결정되어, 3차 면접은 요식행위라는 비판을 받았다. 심층 면접이 도입된 이후, 직무역량 면접과 공직가치·인성 면접을 집단토론과 개인발표 등을 거친다. 1인당 면접 시간은 과제 검토 및 작성 시간을 포함하여 약 4시간 정도가 소요된다. 모두 동일한 질문에 응답하는 과정을 거친다는 점에서 시험의 공정성이 확보될 수도 있다.

그러나 개별 부처가 원하는 인재상인가는 일본이나 미국처럼 평가하기는 어렵다. 일본과 같이 개인이 부처를 방문하여 합격 여부가 결정된다면 학연·지연 등의 문제가 발생할 가능성이 높아 반대에 부딪힐 가능성이 높다. 중앙부처에 입직하면 대부분 시간을 한 부처에서 보낸다는 점을 고려하면 자신이 가야할 조직에 대한 이해를 가지고 본인이 잘 할 수 있는 분야를 선택할 수 있는 방법도 생각해 볼 필요가 있다. 예를 들면, 시간과 비용의 문제를 해결하여야 하겠지만 3차에서 공통 면접과 함께 수험자가 원하는 부처의 담당자와의 면접을 실시하여 점수에 일부 포함할 수 있을 것이다.

조직을 피라미드에서 모래시계로 바꾸자

　사람 중심으로 공무원을 관리하는 전통적 방식인 계급제는 민주화 된 오늘날 잘 맞지 않는다고 생각하는 사람들이 많다. 그런데 관료제에 대한 이런 비판은 어제 오늘 일이 아니다. 그 대안으로 제시된 것이 미국에서 발달한 직위분류제이다. 사람 중심이 아니라 일 중심으로 공직을 합리적으로 관리한다는 명분은 일견 설득력이 있다.

　대부분의 사람들은 직위분류제로 개혁을 찬성하는 것 같다. 그래서 우리 정부에서도 대대적으로 직위분류제를 도입하고자 하는 개혁을 시도한 바 있다. 박정희 정권, IMF 위기에서 벗어나기 위해 공공부문 개혁을 강요받았던 김대중 정부 초기, 노무현 정부에서도 시도하였다. 그러나 성공하지 못하였다. 그럼에도 불구하고 아직도 흘러간 옛 노래를 다시 틀듯이 직위분류제 도입의 필요성만 논의하고 있다.

　그 이유는 공직자에 대한 부정적 인식때문일 것이다. 계급제를 택하고 있어 무능한 상사가 말도 되지 않는 행태를 하면서 발생하는 문제 때문에 유능한 부하가 능력을 발휘하지 못하는 사례는 우리를 분노하게 한다. 소위 철밥통이라고 할 만큼 무능력한 공무원도 있다는 것을 알고 실제 주위에 그런 사람을 보는 경험도 있다. 반대로 능력 있고 열심히 일하는 공무원들도 승진 적체를 경험하고, 능력에 맞는 자리도 찾지 못해 안타까운 경우도 많다.

　보통 이런 문제를 해결한다고 처방으로 내놓는 것이 직위분류제이다. 만병통치약같이 끊임없이 거론되는 처방이다. 즉, 계급제를 근간으로 하여 연공서열로 승진하던 것을 직무중심으로 관리하여 적재적소의 원칙대로 하겠다는 것이다. 그러나 이것은 우리나라 전체 공직체계의 실정을 고려하지 않은 전혀 앞뒤가 맞지 않는 동문서답 처방이다. 그 근본적인 원인을 깊이 생각해 볼 필요가 있다.

보통 인사행정에서 논하는 문제점과 해결책들은 단숨에 직위분류제 도입으로 해결될 문제가 아니다. 즉, 우리나라 전체 공직사회의 구조적 문제이지 미국식 직위분류제를 구성하는 관리기법의 도입으로 해결될 수 있는 문제가 아니다.

이 문제를 흔히 착각하는 이유를 그림으로 살펴볼 수 있다. 보통 공무원 전체 직급별 (혹은 근무연수별) 구조를 그림으로 그리면 피라미드라고 생각한다. 피라미드 구조는 대충 각 기관의 장 → 실국장 → 과장 → (계장) → 직원 등으로 그릴 수 있다.

그런데 실제 공직에 들어온 사람들의 구조(즉, 우리나라 전체 인구피라미드 같은 것)를 그리면 거의 직사각형에 가까울 수밖에 없다. 우리나라는 평생직장 개념이 정착된 나라로서, 일단 공직에 들어온 사람들은 대부분 이직을 하지 않고 정년까지 남아 있으려고 한다. 굳이 징계, 의원면직 등의 자연 감소를 고려한다면 사다리꼴이 될 것이다.

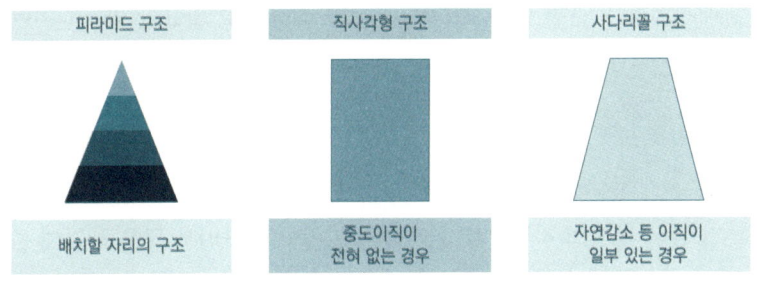

공직 구조

다시 말하면, 우리 공직체계의 근본적 문제는 사다리꼴 구조로 되어 있는 공무원 '인력'구조를 피라미드형 '구조'에 맞추어야 한다는데 있다. 따라서 상위직으로 올라갈수록 자리에 비해 사람들이 점점 더 많이 남아돈다는 것이 문제이다. 공무원들은 연수가 차면 모두 승진을 원하고, 승진하면 그 직급에 맞는 자리를 원한다. 그런데 상위직이 충분치 않으므로 과도한 경쟁이 일어나고 이를 만족시키지 못한 사람들은 불만이 쌓일 수밖에 없는 구조이다.

과거 고도성장기 경제에서는 정부 기구도 점점 늘어남에 따라 상위직 자리도 늘어나고, 소위 '용퇴'라고 하여 민간으로 진출했기 때문에 이런 문제가 심각하지 않았다. 한 마디로 승진하는 재미가 어느 정도는 있었다. 그러나 이제는 기구가 늘어나는 속도가 줄어들고, 용퇴도 취업제한조치 때문에 쉽지 않다.

더구나 최근 정보통신기술의 발달 등을 고려한다면, 정부 조직에서는 모래시계 형태와 같은 조직 구조가 이상적일 수도 있다. 즉, 앞으로 AI의 발달은 자료 분석과 의사결정도 컴퓨터의 도움을 받아야 한다면, 피라미드 하위에 민원인을 상대하는 일반 직원들과 상위층에 최고의사결정을 하는 두 가지 계층만이 필요한 모래시계와 같은 구조로 될 가능성이 커졌다.

모래시계형은 단위 행정 조직의 구조를 직급별로 필요한 공무원이란 차원에서 그려보면 그렇다는 것이다. 여기에 채워지는 공무원 개인 역량이란 차원에서 보면 또 다른 의미가 있다. 모래시계 상위에 충원될 인재는 국정을 전반적으로 아는 일반가(generalist)가 더 좋다. 아울러 밑부분에 있는 사람들도 특정 좁은 분야의 전문가보다는 많은 민원인의 가려운 곳을 해결해 줄 수 있는 일반가, 즉 만물박사가 좋다. 결국, 각 전문분야의 최신 지식을 섭렵하여 상급직의 의사결정을 도와주는 업무를 하는 중간직이 좁고 깊은 전문가가 필요하다. 이를 도식화하면 '공(工)' 자형이 된다.

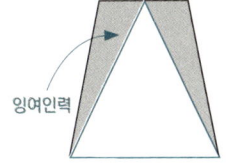
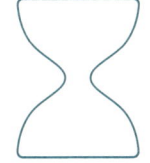

현 상황: 잉여 인력 존재 　　　　　이상적 구조: 모래시계 구조

잉여인력

공직 계급을 세분화하자

　모든 제도가 그렇듯이 계급제도, 직위분류제도 각각 장단점이 있다. 조선시대 9품제부터 오늘날까지 유지해온 계급제를 하루아침에 바꿀 수 있을지에 대해서 현실론적으로 생각해 볼 필요가 있다. 아무리 좋은 제도도 현 제도를 대체하는데 더 많은 준비와 전환방법을 생각해 봐야 할 것이다.

　이런 점을 고려할 때, 계급제를 유지하는 것이 현실적이다. 오늘날 우리나라 계급제가 개혁을 통하여 이미 직위분류제적 요소를 많이 받아들인 하이브리드형이라는 점을 생각할 때, 직위분류제로의 전면개편을 주장하는 실익이 무엇인지를 고민할 필요가 있다. 계급제는 조직의 일사분란을 도모할 수 있고 조직몰입을 얻어낼 수 있는 장점도 있다. 전쟁에서 승리를 목적으로 하는 군대를 계급제로 하는 것은 당연한 논리일 것이다.

　계급제 단점을 극복하기 위한 방법은 현재 9급 체제로 되어있는 것을 숫자를 줄이는 방법과 늘리는 방법이 있다. 늘려야 한다는 논리는 승진적체의 문제를 해결하기 위한 것이다. 현재 특정 부처에서는 사무관에서 서기관으로 승진을 10년이 넘게 걸리기도 하는데 적절한 시점에서 승진 기대와 승진 기쁨을 주어서 동기부여를 해야 하는 인사행정의 원리에 어긋난다. 특히, 급여

인상보다도 승진에 죽고 사는 한국 공무원에게는 매우 중요한 문제이다.

우선 공무원 계급은 정무직, A(고위직), B(관리직), C(실무직) 등 3개의 대계급화 할 필요가 있다. 현재의 장차관을 비롯한 정무직은 직업공무원이 아니기 때문에, 한시적 계약직이다. 이는 정권 차원에서 정치적 목적을 실현하기에 필요한 존재이기 때문에 이 계급에 포함시키지 말고 별도로 관리해야 한다. 각 대계급은 다시 6개 등급으로 나뉜다. 이렇게 되면 총 18개 등급(grade)이 생긴다. 총 18개 등급으로 대부분 공무원들이 매 5년 정도마다 승진 기회(정확하게는 등급체계에서 상위로 올라가는 것)를 얻을 수 있다.

실제 공무원 인력 관리는 A, B, C 각 계급을 폐쇄형으로 운영하므로 각 계급 내 6등급 간의 승급 성취감을 느끼게 한다. 그러나 B급으로 충원된 사람은 최대 A급 1등급까지 승진하고, C급으로 충원된 사람은 B급까지 승진할 수 있도록 가능성은 열어놓지만, 상위 A대계급으로 승진은 아주 예외적으로만 인정하도록 한다. 즉, B급은 약간 A, C급을 연결하는 중간적 성격도 겸하게 된다.

유럽에서 모범국가인 독일은 철저히 계급제 공무원 제도를 가지고 있다. 고위직, 상급직, 중급직, 단순직으로 크게 4개의 대계급으로 나뉘어져 있으며, 각 대계급별로 세분화되어 있다. 총 26개 단계가 있으며 고위직의 경우 14단계, 상급직 5단계, 중급직 4단계, 단순직 5단계로 구성되어 있다. 계급군에 따라 학력 조건이 충족되어야 한다.

공무원, 시험이 아닌 교육제도로 선발하자

계급 또는 등급제도의 변화는 공직 입직 경로 변화와 연계되어야 그 효과를 발휘할 수 있다. 현재 거의 대부분의 인구가 대학을 다니는 현실을 볼 때 5급, 7급, 9급으로 충원제도를 3원화 한 것은 시대에 맞지 않는다. 대부분 대졸인 수험생의 특성과 승진적체에 따른 심리적 스트레스를 모두 고려해야 한다.

우선 수험생의 동질성을 고려한다면 입직경로 수를 줄여야 한다. A, B, C 대계급, 18등급 제도를 도입한 경우, B급과 C급의 두 가지 통로로 공무원을 충원하는 것을 제안한다. A계급은 외부에 공개경쟁을 하기보다 B계급 공무원 중 관리 능력을 인정받은 사람들이 승진하는 방식으로 내부승진을 원칙으로 한다. B계급으로 충원된 공무원 중 매우 출중한 사람만 예외적으로 속진승진(fast track)하는 것은 고려해 볼 만한데, 오늘날 고시와 같이 인원을 정해놓거나 너무 많으면 안 될 것이다. B계급으로 충원된 사람이 평생근무하면 승진할 가능성이 있는 등급은 12개로 현재 5급 고시출신이 거치는 3단계(4급, 3급 또는 고위공무원단) 또는 7급 입직자가 겪는 2단계보다 현저히 는다. C계급으로 충원된 사람이 갈 수 있는 등급 수는 총 6단계로 현재 9급으로 충원된 사람이 올라갈 사다리 4개(9, 8, 7, 6)보다 2개가 더 느는 셈이다.

시험도구로는 공직적성검사와 같은 검증이 안 된 것은 폐지한다. 인적자원이 그리 많이 몰리지 않는다는 미래 상황을 고려한다면, 가급적 공시에 별도로 시간과 에너지를 투자하지 않고도 공직에 들어갈 수 있도록 해야 한다. 1차 선발은 공직관련 강의수강과 학과 추천으로 하는 것이 바람직 할 것이다. 2차 선발은 정책과 행정능력을 측정하는 사례 중심의 주관식 시험으로 하고, 3차는 심층면접으로 한다. 3차 면접시험에 배치될 해당 부처의 인사담당자가 참여하는 것도 필요하다. C계급은 최종학교(고등학교 또는 대학)의 추천으로 1차 인원을 선발하고, 2차는 심층면접 시험을 치르도록 하는 것이 바람직 할 것이다. C계급은 실무를 담당하는 공무원이기 때문에 필요한 경우 자격증 소지 등은 가산점을 부여할 수 있다.

이런 개혁은 대학교육이 정상화된다는 것을 전제조건으로 한다. 그러나 하루아침에 대학교육이 사람다운 인간을 만드는 교육으로 바뀐다는 것은 비현실적인 바램이다. 채용제도가 바뀌면 공직을 준비하는 학생들을 대상으로 바람직한 공무원으로서 필요한 지식과 기술능력을 기르도록 대학도 변화할 것이다. 요즘 교수들의 권위가 떨어져서 편파적으로 학생들을 추천하지 않을까 걱정하기도 한다. 대부분의 교수들은 그렇게 하지 않을 것이며, 그렇다고 하더라도 학교에서 추천과정을 투명하게 하면 문제는 해결된다. 더구나 요즘 학생들의 성향으로 볼 때, 부당한 학생추천은 용납되지 않을 것이다. 학교 추천제가 잘 정착되면, 지역인재할당제도 잘 작동할 수 있을 것이다.

등급과 보직을 분리하자

세분된 등급체계에서 주기적으로 승진(급)의 기쁨을 누리도록 하는 것은 많은 사람들이 동의할 것이다. 그런데 여전히 승진적체와 같은 관료제의 경직성을 유발하는 또 다른 원인은 평생 고용제와 1인 1직위 부여라는 원칙이다. 중도 이직이 적은 한국 정부에서 필연적으로 발생하는 신분상의 승진(급)이 그에 상응하는 상위 자리를 줄 수 없다는 구조적 문제를 어떻게 해결할 것인가의 문제이다.

상위직 자리로 승진한 사람이 많아도 큰 문제가 없는 조직도 있다. 과거에 대학은 정교수 자리 숫자가 정해져 있어서 연령이 꽤 되었어도 부교수인 때가 있었다. 현재는 이런 제한을 없애고, 일정한 요건을 맞추면 정교수 승진을 시키니 많은 학과에서 70~80% 교수가 정교수인 상황을 생각하면 이해가 갈 것이다. 즉, 거의 역삼각형 형태가 된다. 그나마 교수는 조교수, 부교수, 정교수는 거의 형식상의 직급일 뿐 강의하고 연구하는 일에는 상하관계가 없으니 큰 문제가 없다.

그러나 지휘-명령-복종 관계로 이뤄진 공직사회에서는 교수사회와 같은 관계가 불가능하다. 따라서 피라미드 구조에서 각 직급별 자리가 제한되어 있으므로, 사람과 자릿수를 맞추려면 각 부처(인사단위 조직)에는 직급별 정원이 있어서 승진 숫자를 조절해야 한다. 이것은 많은 사람들의 승진욕구를 억제해야 한다는 뜻인데 불가능하다. 즉, 인력구조상의 사다리꼴을 명령통일 원리에 따른 조직형태의 삼각형으로 병존시킬 수 있는 묘안이 필요하다.

획기적인 방법이 있기는 있다. 그것은 '** 자리에는 *급을 임용한다'라는 자리 대 신분간의 1:1 대응관계를 엄격히 하지 말고 허무는 방법이다. 이미 복수직급제, **관 제도 등으로 이런 관계가 일부 완화되기는 했다. 그럼에도 불구하고 실제로 공무원 사회에서는 나는 국장'급', 차관'급'이란 서열 인식이 보편화되어 있다. 이에 어긋나면 사실상 승진 또는 사실상 차별(즉, 강등)이라는 감정을 갖는다.

이를 완화 또는 타파하는 방법은 임용되는 자리를 융통성 있게 하는 것이다. 등급체계를 18개로 세분화하면 과거 9급 체계일 때와 달리, 1:1 대응체계에 여러 가지 예외가 나오는 경우가 보편화되고 서서히 인식의 변화가 있을 것이다. 어떤 경우 하위 등급의 사람을 상관으로 모시는 경우도 생길 것이다. 이것은 오래전부터 이미 연령이 낮은 상관을 모시는 경우(예컨대 젊은 5급 사무관이 상관으로 오는 경우)가 있었고, 오늘날 응시연령제한 폐지로 하위직급에도 간혹 생기고 있는 것을 생각하면 이해할 수 있을 것이다. 즉, 등급은 마치 호봉과 같이 사람에게 붙어 다니는 개인적인 것이고, 보직은 이와 반드시 일치할 필요는 없다는 인식이 보편화되어야 한다.

바꿔 말하면, 등급은 인사행정론 문제고, 보직은 조직론 문제이다. 보직은 보통 당시의 기관장이 하는 것이고, 일종의 예술과 같이 리더십을 발휘하는 것이다. 인사행정은 비교적 예측가능하고 법규에 의하여 이뤄져야 하는 경직적인 것이다. 융통성과 경직성의 조화가 필요하다. 따라서 어떤 개인의 경력이나 직무역량은 뛰어나지만 부하의 관리능력이 부족한 경우에는 지휘하는 자리보다는 오히려 하위등급이 가는 자리에서 집행업무를 담당하는 것이 더 조직에는 도움이 될 것이다.

공무원 직렬을 복수화하자

수직적으로 직위와 직무급의 분리뿐만 아니라 수평적 얽매임도 풀어야 한다. 공무원이 임용될 수 있는 자리, 즉 '공간'을 넓혀야 한다. 많은 비판을 받는 인사행정의 고질적인 문제가 일반 행정직의 지배현상이다. 고위직으로 올라갈수록 기술 직렬이 없어지고 행정 직렬로 합류하게 고안되어 있다. 행정직들은 각 정책분야별 전문성이 없는 일반행정가(generalist)라고 비판받고, 다른 직렬 전문가(specialist)들은 관리직 능력이 부족하다는 비판을 받는다. 이 두 가지 비판은 물론 예외적인 경우도 많지만, 일반적으로 인정할 수 있는 문제다.

그러나 한편 AI가 의사결정에 많이 활용되고, 다른 한편으로는 각 전문지식이 깊이를 더해가고, 넓혀가고, 인접 분야와 혼합되는 과정이 심화되는 미래에는 이런 일반가와 전문가의 이분법적 인적자원관리는 적절하지 않다.

모래시계 모형에서 볼 때, 고도의 의사결정이 필요한 상급직과 일반 국민들을 마치 '가정의' 같이 각각 종합적으로 다뤄줘야 하는 하위직은 행정 전반적인 분야를 잘 아는 일반가적 특성과 특수 분야를 깊이 아는 전문가적 특성을 아울러 갖춰야 할 것이다. 즉, 올라운드 플레이어(All round player) 혹은 두 개 이상 전문분야를 알고 있는 복수 전문가(Double specialist)가 더 가치가 있을 것이다. 대학에서 한 가지 전공자보다는 복수전공자가 더 미래사회에 적합한 것과 같은 이치이다.

개인 역량이 복수 이상의 직렬에서 우수하다면, 현재와 같이 기술직 차별에 대한 불편함은 많이 사라질 것이다. 특정 자리에 '일반행정직 *급'을 임명한다는 식의 임용조건은 가급적 폐지되거나 범위를 넓혀야 한다. 설사 이런 직렬별 지정은 특정 자리에 임용될 수 있는 직렬을 지정해도 이런 자리에 임용될 사람의 자격이 복수 이상 자격을 갖추면 여러 자리에 임용될 수 있기 때문이다.

예비인력군을 활용하자

직급과 직위 간 1:1 원칙에 예외를 두더라도 여전히 문제는 있다. 상위등급으로 올라갈수록 사람 수가 보직할 수 있는 자리보다는 여전히 많을 것이기 때문이다. 이 문제를 해결하는 방법으로 무조건 상설 자리를 만들지 말고, 일종의 예비인력 같은 것을 운영하는 방법을 생각할 수 있다. 슈퍼마켓 계산대를 떠올리면 되는데, 손님이 몰리는 시간대가 따로 있기 때문에 계산대를 늘리거나 줄이는 방법으로 융통성 있게 운영한다는 것이다.

공무원 사회, 일상적인 집행보다는 정책을 담당하는 중앙부처 공무원은 업무량이 고무줄과 같이 늘어날 수도 있고, 줄 수 있는 경우가 대부분이다. 개인의 일처리 방식이나 업무능력이 같다고 해도 정책업무의 성격상 이런 일이 벌어질 수밖에 없다. 하물며 공무원 개인의 업무능력과 방식이 천차만별이니 공무원 개인이 주관적으로 느끼는 업무스트레스는 각양각색이다.

특히, 시급하게 중요한 업무를 담당하는 부서에 근무하는 사람은 인력이 부족함을 느낀다. 일 욕심이 많아서 새로운 아이디어를 짜내는 사람도 마찬가지이다. 이들 눈에는 일을 하지 않고 빈둥대는 공무원을 보면서 분노를 느낀다. 실제 업무의 강도가 매우 낮은 사람들도 많이 관찰되는 것이 현실이다. 상관 입장에서 일 못하는 부하보다는 일 잘하는 부하를 신임하고 새롭고 중요한 업무가 추가적으로 생기면 후자에게 줄 것이다. 이를 업무량의 '부익부 빈익빈'이라고 표현할 수 있다. 즉, 능력이 출중한 사람은 점점 업무량이 늘어나는 반면, 그렇지 않은 사람은 업무 부담을 느끼지 않고도 공직생활을 할 수 있다.

정보통신기술의 발달과 더불어 공무원들의 전통적 업무는 많이 줄었다. 정책 수립 작업을 하는 중앙공무원은 자료조사를 컴퓨터를 통하여 손쉽게 할 수 있다. 국민과의 소통도 마찬가지로 쉬워졌다. 앞으로 AI의 도움은 더욱 업무량을 감소시키고 작업의 내용을 변화시킬 것이다. 이러한 변화는 곧 업무분장표에 따른 고정적인 작업량을 가정하는 기존 관료제의 분담업무방식에 급격한 변화를 가져올 것이라고 예측할 수 있다.

과거와 같이 비교적 일정량의 업무량을 부여하는 자리는 고정적으로 인력을 배치한다. 이런 유형의 자리는 업무수행방식을 개선하면서 점차 줄어들 것이다. 그러나 마치 특수 임무조직(Task Force)과 같이 일정 기간 주어진 임무를 수행하고, 다른 업무에 투입되거나 대기하는 인력군을 별도로 관리할 필요가 있다.

여기에는 민간의 순수한 전문가 집단도 필요할 수 있다. 프리랜서로 일하는 사람들이기 때문에 굳이 직업공무원의 신분을 부여하지 않아도 되고 한시적 계약직 공무원 신분으로 일하게 될 것이다. 임무 수행이 끝나면 민간으로 돌아가든지 다음 취업을 기다리기 때문에 계약 이외의 기간을 굳이 국가가 관리할 필요는 없다.

새 시대의 인적자원 변화를 고려하면 예비군과 같은 개념은 굳이 어떤 조치를 취하지 않더라도 자연스럽게 나타날 것이다. 예컨대, MZ세대는 평생직장이란 개념이 없이 필요에 따라 직업이동을 하는 특성이 있기 때문에 잠재적 예비군이다.

다음으로 공직에서 요구하는 업무특성이 달라지기 때문에 예비군 개념을 도입할 수밖에 없다. 즉, 직무자체가 변하기 때문이다. 예컨대, 전화를 응대하고 일정을 잡는 비서 업무, 단순반복 업무가 AI의 발달로 상당부분 줄어들 것이다. 자율자동차의 발달은 운전기사도 줄일 가능성이 크다. 통계나 자료수집 업무를 담당하는 사람도 빅데이터 시대에 업무량이 줄어들 것이다. 따라서 현재 직업공무원 중에도 일부는 이런 예비직군에 속하도록 재분류하는 것이 필요할 것이다.

이에 비하여, 미래에 새롭게 나타날 수 있는 문제들을 미리 예측하고 대비하는 기능은 국가의 생존과 발전을 위해 필요한 업무이다. 즉, 각 분야별 미래예측 기능이다. 갑자기 커다란 문제가 국가에 생겼을 때 이것을 해결하는 특공대와 같은 인력이 필요할텐데 MZ세대의 뛰어난 재능을 활용할 여지가 있는 부분이다.

오늘날 코로나19로 검사 예약안내, 검사 진행 등에 주말도 없이 공무원들이 동원되어 과로에 시달리고 있다. 그나마 이동이 제한되면서 본래 업무도 줄었기 때문에 일부 공무원이 동원되어 이러한 새로운 업무를 담당하지만, 만약 코로나19 상황이 아니었으면 인력 부족 문제는 매우 심각했을 것이다.

원론적으로 볼 때, 현재 공무원 총 수가 100만 명이 넘고 있는데 이를 인공지능의 시대에 맞게 재조정할 필요가 있다. 교육, 경찰, 소방, 검찰 등도 중간관리층을 줄이고, 현장에서 대민서비스를 담당하는 인력을 늘리고, 서비스 질을 향상시켜야 한다. 나아가서 이들이 어느 한 직렬에 있는 것보다 광범위한 일을 할 수 있는 멀티플레이어인 일반 행정 분야 또는 두 개 정도 전문성이 있는 복수 전문가(double specialist)로 과감히 조정할 필요가 있다.

이들 인력을 종전과 같이 정규직으로 고정하여 직위 하나를 주면서 생기는 경직성보다는 최소한 총 공무원 규모의 10% 정도는 이런 예비인력으로 활용할 필요가 있다. 기존 인력을 더 효율적으로 활용하는 대신 예비인력에 어떤 특정 문제에 대한 조사 분석 업무를 맡긴다든지, 특정 문제 해결을 부여하는 방식이다.

07
한국의 지방 개혁!
이렇게 하면 어떨까?

● 더 좋은 나라, 이렇게 하면 어떨까?
한국 사회가 묻고, 임도빈이 답하다.

지역 불균형과 지방자치는 다르다

2021년은 지방의회부활 30주년을 맞이한 해이다. 내각제였던 장면 정부는 제5차 「지방자치법」 개정을 통해 모든 지방자치단체장을 선출직으로 바꾸었으나 5·16 군사쿠데타가 발생하면서 지방자치는 중단되었다. 1972년 유신헌법은 지방의회는 통일이 이루어질 때까지 구성하지 않는다고 명문화한 바 있다. 이후 노태우 정권에서 1991년 3월 기초의회 의원선거를 하고, 6월에 광역의회 의원선거를 실시하여 비로소 지방자치의 역사가 열렸다. 반면 단체장 선거는 제2기 지방의회 의원선거에서 실현되어 단체장 주민직선을 통한 선출 전에 지방의원 선출이 앞섰다는 특징이 있다. 지방자치단체장과 의원들은 그동안 중앙의 권한을 지방으로 이양시키기 위해 많은 노력을 해왔다.

이러한 노력이 두드러졌던 시기는 노무현 정권으로 2004년에 「지방분권특별법」을 제정하고 2005년에는 원래 명예직이었던 지방의원을 유급제로 바꾸기도 하였다. 이때 주민투표, 주민소송, 주민소환제 등 지방정부 수준에서 직접민주주의 수단도 추가된 시기로 만족스러운 수준은 아니지만 성과도 있었다.

그러나 지금까지의 지방자치개혁에도 불구하고 적어도 수도권과 비수도권간의 경제 격차가 더 커졌다는 측면에서 실패라고 할 수 있다. 전국 광역시도 간의 지역내총생산(GRDP), 일자리, 혁신능력, 재정, 인구 등의 기준에서 평가해 본다면, 지난 30년간 수도권에 경제력이 집중되는 반면, 지역별 경제력 격차는 더욱 벌어지는 결과를 가져왔다(현대경제연구원, 2021).

수도권 내에서 서울 중심의 정책시각 때문에 주변 도시에서 거센 반발이 있었다. 예를 들면, 과천시는 2021년 5월 시장에 대한 주민소환투표를 청구했는데 이는 중앙정부가 내놓은 '8·4 부동산 대책'이 과천시의 공원 등 녹지지대를 침해하는 '중앙정부의 횡포'라고 보았기 때문이다. 경제력 격차의 관점에서 왜 지방자치가 실패했는지는 절대적 수준보다는 상대적 격차를 봐야 한다. 이를 다음과 같이 여러 가지 관점에서 해석해 볼 수 있다.

첫째, 지방자치 개혁 실패론이다. 지난 30년간 지방자치 제도 개혁을 열심히 해 왔지만, 중앙정부의 개혁저항, 기득권의 반발 등으로 무늬만 개혁이었지 실질적 효과는 없었다는 시각이다. 실제로 일부 지방자치단체는 공무원 인건비 충당도 할 수 없을 만큼 재정상태가 열악하여 지방 자체의 사업을 할 수 없는 실정이다.

2020년 전국 17개 시·도의 재정자립도 평균은 50.4%에 불과하다. 더욱 심각한 것은 이 수치가 2017년 53.7%부터 꾸준히 낮아지고 있는 추세다. 광역자치단체 수준에서도 재정자립도 격차가 서울은 81.4%인데 비해, 전남은 28.1%에 그치는 등 심각한 수준이다. 전국 226개 시군구 중 재정자립도가 50% 이상인 곳이 10곳 정도 밖에 되지 못하는 수준이다. 이마저도 서울과 경기에 몰려있다. 2020년 기준으로 거의 절반 정도(104곳)가 재정자립도 20% 미만에 불과하다.

이런 시각에 따른다면, 연방제 수준의 지방분권 개혁을 확실하고 강력하게 추진해야 한다. 재정자립도를 높이기 위해 국세를 지방세로 과감히 이양하는 등의 조치가 필요하다는 것이다.

둘째, 지방자치의 목표 달성론이다. 지방자치의 원래 취지가 지방에 자유와 권리를 더 주고 경쟁시키는 것이기 때문에 이러한 격차는 의도된 결과(intended consequence)라고 할 수 있다. 자유 경쟁에서 부익부 빈익빈이 생길 수밖에 없다. 그렇다면 지방자치개혁은 성공적이었으나 균형발전정책이 잘못된 것이라고 봐야할 것이다. 원론적으로 볼 때, 지방자치란 단체 간 경쟁의 원리이기 때문에 당연히 격차가 발생할 수밖에 없고, 균형발전정책은 반대의 방향으로 형평성을 취하고자 한다. 이런 시각에서 현재 지역격차는 지방자치개혁은 성공했지만 균형정책은 실패한 것으로 설명할 수 있다.

예를 들면 최근 코로나19 재난지원금을 지급할 때 지방자치단체의 재정력에 따라 그 지급여부와 지급규모에서 차이가 났다. 이에 대해 일부 국민들은 형평성 문제를 제기하였지만, 지방자치의 취지라는 입장에서 보면, 이러한 현상은 자연스러운 것이다. 지방자치의 본래 목표가 경쟁에 의해서 더 나은 서비스를 제공하는 지방정부의 창출이라면, 더 나은 복지를 펴는 지방자치단체로 인구가 옮겨가는 티부 가설(Tiebout Thoery)도 성립할 수 있다.

연방국가가 아닌 단일국가인 한국에서는 지방자치단체가 지역을 의미하기도 하고, 기관을 의미하기도 한다. '지방정부'라는 개념은 학계에서는 사용하지만, 법률적으로는 옳지 않은 개념으로 한국에서 '정부'란 중앙정부만을 의미한다는 것을 밝혀둔다(조석준·임도빈, 2019). 또한 티부 가설이란 시민들이 자신의 만족을 극대화 할 수 있는 지역으로 옮긴다는 가설이다. '발로 뛰는 투표(voting with one's feet)'라고도 불린다. 지방간의 경제력 격차 자체가 실패가 아니라, 이를 실패라고 부르는 사람들이 지방자치제도를 오해하는 것이다.

셋째, 지방자치개혁의 제한적 효과론이다. 지방자치개혁을 이렇게 했으니 이 정도 격차인 것이지 만약 지방자치를 하지 않았을 경우에는 현재보다 더 훨씬 차이가 났을 것이라는 해석이다. 지방자치 덕분에 격차가 악화되는 속도를 늦추는 효과를 냈으니 이제 더 강력한 지방분권을 실시해야 한다는 주장이 가능하다. 제한된 지방자치개혁의 효과론을 따른다면, 지금의 정책은 방향성은 옳지만 충분한 행정자원이 투자되지 못한 미완의 정책이다.

넷째, 지방자치 무관론이다. 지방자치개혁과 지역 간 경제격차는 서로 큰 관계가 없다는 시각이다. 시장이 활성화되고 행정의 영향력이 제한적인 선진국에서 지역경제발전이란 여러 가지 요인이 작용하는 복잡한 현상이다. 그런데 지방자치를 지역경제수준의 결정요인으로 보는 것은 너무 단순한 사고라는 것이다. 이러한 시각을 개발연대 시기를 거친 한국에 적용할 수 있는지 의문을 제기하는 사람도 있을 것이다. 그러나 1991년 지방자치제도가 본격화한 이후 30년이란 세월이 흐르는 동안 세계화와 기술의 발전 등으로 행정의 영향력이 점차 약화되어 왔음을 고려한다면 설득력 있는 주장이다.

위의 네 가지 시각 중 어느 것에 동의하는지는 개인의 선호문제일 것이다. 분명한 것은 전통적으로 중앙집권적 체제를 유지해 온 한국에 지난 30년 동안 많은 지방분권개혁이 이뤄져 왔다는 점이다. 지방분권은 노무현 정부부터 본격적으로 작동하기 시작된 균형발전이라는 정책방향과 함께 발전되어 왔다. 경제발전이라는 측면에서 볼 때, 지방분권과 균형발전은 서로 보완적이어야 하지만, 그 정책은 서로 반대의 효과를 노리는 것일 수 있다. 즉, 경제

발전이라는 측면에서 지방분권은 지방간 경쟁을 통해 부유한 곳이 더 부유해질 수 있는 반면, 균형발전은 가난한 곳에 더 혜택을 주는 것이기 때문이다. 이러한 상반된 효과를 정확하게 학술적으로 평가하지 못한 상태에서 지방자치개혁을 더 강화해야 한다는 결론을 내리기에는 어색한 면이 있다.

이제 지방자치의 목표 달성론과 지방자치 무관론의 시각에서도 문제를 바라볼 필요가 있다. 지방자치와 지역경제는 약한 관계는 가질 수 있겠지만 결정적인 변수는 아닐 수 있다. 오히려 지방자치가 강화되면 지역주민에게 정치적 효능감(political efficacy)을 증진시켜서 심리적 만족감을 줄 것이라는 점을 주목해야 할 것이다. 지역방송에서 지역의 고유한 정책 문제를 토론하고, 지방자치단체장과 지방의원들의 활동이 뉴스에 보도되는 것을 보면, 중앙정치가 뉴스를 독점하고 있던 과거에 비하여 지역 단위의 문제 역시 범사회적으로 인식되고 있음을 알 수 있다.

주민을 위한 지방자치로 생각하자

지방자치는 지역주민을 위한 제도적 장치이다. 그런데 이런 제도적 장치를 개혁하면 어떤 사람에게 혜택이 가는지에 초점을 두고 생각해 봐야 한다. 불행하게도 지역주민보다는 지역 정치인과 공무원을 위한 것이 아닌가라는 의구심이 든다. 즉, 한국의 지방자치란 사실상 서울과 비서울 간 격차를 시정하는 수단으로 이해되지만, 실제 일부 정치인들이 정치적 목적으로 이용되어 왔다고 할 수 있다.

1970년대 이후 급속한 경제발전 과정에서 수도권에 치중된 개발을 하며 지역의 발전이 정체되고 지역 간 격차가 심화되었다. 모든 자원이 지방에서 중앙으로 차출되는 현상에 대해서 경제발전 시기에 한국에 머물렀던 미 국무부 직원 헨더슨(Henderson)은 '중앙으로의 소용돌이'라고 말했다. 중앙집권으로의 힘이 이때 작동하기 시작한 것이다.

지방자치가 부활된 후 개혁 초기에는 지방자치를 위하여 개혁을 한다는 구호를 내걸고 실제로는 당시의 '내무부를 위하여' 오히려 지방이 중앙에 더 의존하게 만드는, 즉 결과적으로 집권화하는 개혁을 해온 점도 없지 않아 있었다(임도빈, 2004). 중앙정부는 기능별로 조직되어 있는데, 이에 상응하는 형태로 지방자치단체의 보조기관에 자신의 축소판 조직을 가지는 조직복제현상이 나타났다. 따라서 지방자치단체에 대한 중앙정부의 통제는 조직권, 인사권, 예산까지 광범위하게 이뤄져 왔다.

지방자치는 행정적 측면보다는 정치적 측면에서 접근했다는 문제가 있다. 지역에 기반을 둔 정치적 지형 때문에 실제 정치적 세력을 위한 지방자치개혁이 추진되었다(김동완, 2009). 즉, 한국은 다른 나라에 비해서 비교적 동질적인 민족으로 구성된 사회이지만, 영남과 호남 간 갈등은 정치적 차원에서 시작된 것이다. 특히, 영남 출신 인사는 개발연대시기에 실질적으로 30년 이상 정치권력을 독점하다시피 하였다(김만흠, 1991).

더 많은 권한을 지방에 주겠다는 식의 지방자치개혁은 역대 대통령 선거 공약에서 약방의 감초같이 등장하였다. 지방자치개혁은 그 지역의 표를 얻는 데 도움이 되기 때문에 중요한 공약사항이 될 수밖에 없다. 그러나 결과적으로는 지방자치를 시작했으나 중앙정치의 지형에 종속되는 꼴이 되었다. 대통령 후보자들의 입장에서 본다면, 지방의 엘리트들은 그 지역의 오피니언 리더로 득표에 도움이 될 것이라고 생각한다.

지방이 중앙에 예속되는 현상은 비단 중앙정부의 통제 의지 때문만은 아니다. 지방의 정치세력들은 스스로 자치권력 확보에 치중하고, 그 과정에서 주민은 실종되어 있는 경우가 많았다. 즉, 지방분권개혁이 선출직 공무원과 지방 공무원 등 일부 지방권력층을 형성하고 강화하였지, 실질적으로 지방정치를 활성화하였다고 보기에는 한계가 있다.

특히, 지방의 정치를 활성화하여 지역 언론, 지역의 현실참여 성향의 학자들과 함께 '새로운 철의 삼각관계(New Iron Triangle)'가 형성되었다. 이들의 연합관계는 일반주민과는 유리되어 스스로 증폭되고 강화되어 왔다. 그럼에도 불구하고 아직도 연방주의 수준의 지방분권이라는 명분 아래 지방엘리트의 권력 강화는 더욱 가속화되고 있다. 이들의 문제점은 지방 '주민'은 추상적 개념으로 존재하거나 일부 시민단체의 독식으로 참여시킬 뿐, 무언의 다수 주민들의 입지는 여전히 좁다는 것이다.

문재인 정부는 '우리 삶을 바꾸는 자치분권'이라는 비전을 갖고 2020년 「지방자치법」 전면 개정을 했지만, 지방공직자들의 희생은 찾아볼 수 없다. 희생과 봉사가 공직의 기본 정신이 사라지고, 자신들이 누리던 것을 더 늘려서 지방자치를 하겠다는 생각을 읽을 수 있어야 한다. 중앙정부의 기능과 재원을 지방정부로 대폭 이양하는 여러 개정 항목에 대해서 지방정치 세력은 환호성을 내지만, 정작 주민을 위하여 어떻게 예산을 사용해야 하는지에 대한 논의는 적다. 주민 참여권 강화, 주민조례발안제도, 주민감사 청구인수 하향 조정 등의 주민주권 방안이 존재하지만, 이 역시 상향적인 의사결정 방식의 확대일 뿐 현행 지방자치단체와 지방의회의 의사결정 방식에 대한 논의도 적다.

현재 지방자치단체장들은 지나친 권력을 누리고 있다. 대부분의 단체장의 비서실을 보면, 그동안 상전벽해라고 할 만큼 조직과 인력이 강화되어 있다. 단체장 집무실에 들어갈 때마다 지방의 영주란 느낌이 들었다. 즉, '제왕적 단체장'이란 표현에 대하여 자치단체장 사무실에 가본 사람이라면 동의할 것이다. 특히, 인구가 많은 지역의 시장은 광역단체장을 흉내 내는 모습이 관찰된다.

반면 지방자치단체장들의 정치인으로서 품행은 어떠한가? 최근 안희정, 오거돈, 박원순 등 세 명의 광역단체장이 성범죄 혐의로 인해 임기를 마치지 못하였고, 문재인 대통령 선거관련 불법행위로 김경수 지사도 그만두었다.

단체장이 이와 같지만, 이를 견제하는 지방의원들도 실망스러운 점은 마찬가지이다. 말로는 주민을 위한 활동이라고 하지만 실제 자신들의 권력을 강화하려는 조치들이 많이 관찰된다. 지방의원들은 수당을 점점 올리고 있고, 보좌관이라고 할 수 있는 인력을 2명의 의원이 1명을 고용할 수 있도록 하는 등 '작은 국회의원'이 되기를 모방하고 있다. 조직권, 인사권, 재정권 등 중앙정부의 통제에서 벗어나는 요구만 할 뿐이지, 이들이 어느 정도 견제와 균형의 원칙 아래 그 권한을 행사할지는 고민이 적다. 지방자치의 본질인 선출직 지방공직자가 주민의 손발이 되기에는 거리가 있는 방향의 개혁이다.

주민등록지를 두 개로 허용하자

이제 수도권 과밀화를 방지하고, 진정으로 지방 사람들이 주요 행위자가 되는 직접민주주의 산실이 되도록 지방자치의 내용이 변해야 한다. 즉, 일부 지방정치인이 아닌 일반 주민들이 주체가 되는 지방자치가 이뤄져야 한다. 그렇다면 지방에 사람이 살도록 만드는 것이 가장 큰 선행조건이다. 지방에 사는 사람이 없는데 어떻게 지방자치를 할 수 있는가? 특히, 출산율 감소와 인구도시집중에 따라 많은 지역에서 지방소멸론이 예견되고 있다는 점을 잊지 말아야 한다. 그렇다면 일반주민 자체를 어떻게 확보하느냐가 관건이 될 것이다.

희망이 없는 것은 아니다. 몇 가지 한국 사회의 변화를 주목할 수 있다.

첫째, 국민건강의 증진으로 평균기대 수명이 현저히 늘었고, 그에 따른 아직 활동을 할 수 있는 여지가 큰 정년 퇴임자들이 많이 늘어나고 있다. 이들은 연금생활자이기 때문에, 굳이 재취업이 아니더라도 자신의 전문성과 경험을 바탕으로 보람 있는 일을 하고자 하는 의욕이 있는 사람들이 많다.

둘째, 주로 서울에서 평생을 보낸 사람들이 평화로운 삶을 즐길 수 있는 농어산촌으로 관심을 가지고 있다. 소위 전원주택도 여기저기 세워지고 있다. 아직 정년퇴임을 하지 않는 사람들이 주말에 이런 전원생활을 하는 경우도 있고, 아예 종전의 직업을 접고 귀촌하는 사람들도 있다.

셋째, 코로나19 영향으로 온라인 근무, 온라인 수업이 이제 보편화될 것이다. 한국의 철도와 고속도로는 세계에서 보기 드물게 잘 되어 있어서 거의 전국이 2시간 내 생활권이다.

바로 이런 생활환경의 변화와 인구구조 변화에서 지방소멸을 막는 방법을 찾아야 한다. 과거의 지방자치는 1인 1주민등록지를 근간으로 하는 정주자 중심이었다. 그런데 이것은 지방소멸 등 근본적 문제를 가져오기 때문에 그대로 작동하기 어려운 시대가 되었다.

예컨대, 도시에 3일, 지방에 4일 머무는 '도3지4' 혹은 '도2지5' 등 다양한 주거생활 형태를 장려할 필요가 있다. 이미 주말부부 등의 용어가 말하듯이 이런 사람들이 많이 있다. 이를 정부가 더욱 적극적으로 장려하자는 것이다. 마치 농업사회에서 유목사회로 바뀌는 것과 같은 현상으로 이해할 수 있다.

그런데 현 1인 1주민등록지로 규정하는 주민등록법이 장애물이다. 따라서 주민등록지를 2개로 허용하는 것이다. 이를 합법화하고 이런 사람들에게 적절한 권리와 의무를 부여하자는 것이다. 그에 따라 주민자치를 더욱 실질적으로 실현하고 이에 따른 세금제도도 정비하여 지방세수도 확충하자는 것이다. 즉, 1가구 2주택도 허용이 될 뿐만 아니라 장려될 사안이다.

예를 들면, 서울과 지방에 근거지를 각각 두고 있는 남편과 아내가 2주택을 보유하였다는 이유로 추가 과세 대상이 되어 부동산 투기꾼들과 같은 취급을 받는다면 억울한 일이다. 단지 등기부상의 소유가 아니라 실제로 이런 거주형태라는 시각을 택한다면 말이다.

지방 일부 지역은 집값이 폭락하여 일본과 같이 공동화 현상이 시작되고 있다. 한국도 그렇게 될 가능성이 없다고 단정할 수 없다. 서울이나 대도시에 주택을 소유하는 것보다 지방의 주택을 소유하고 평소에 일정 시간 거주하는 사람들을 활용하여 지방재정에 도움이 될 수 있도록 세제를 개혁할 필요가 있다. 자기가 내고 싶은 곳에 세금을 낼 수 있도록 하는 고향세 같은 개념인데, 더 여러 세원에 적용하고 정교하게 디자인 할 필요가 있다. 하나의 주민등록지에서 탈피하여, 2개의 주민등록지를 동일한 격으로 할 것인지 아니면 주로 거주하는 1차 주민등록지와 부차적으로 거주하는 2차 주민등록지로 할 것인지는 국민적 합의가 필요하다.

고향이든 타향이든 주로 거주하는 곳에서 지방의원은 물론이고 단체장, 자원봉사 등을 할 수 있는 자격과 기회가 부여되어야 한다. 따라서 복수의 주민등록지 간 조세 납부 및 각종 공직선거 참여지역을 선택하도록 하는 것이 필요하다.

물론 모든 제도의 설계는 하나의 주민등록지만 있는 정주인구가 유동인구에 비하여 불이익이 없도록 해야 할 것이다. 일주일에 며칠만 머무는 사람보다는 일주일 내내 그 지역에 머무는 사람이 그 지역의 일에 더 깊이 간여될 수밖에 없는 이치이기 때문이다. 이와 같은 맥락에서 지방정치의 참정권 문제도 깊이 논의되어야 한다. 2주민등록자가 어느 정도 지방선거에 참여할 수 있는 권리를 보장하는 것도 고려해야 하고, 나아가서 피선거권에 관해서도 생각해 볼 필요가 있다. 즉, 토착민이 불리하지 않도록 설계하고 참여도를 높이는 것은 필요하다.

지방에 사는 사람을 늘리고 이들을 잘 활용하는 또 다른 방법으로 다문화 사회에 따른 인구구조변화를 반영하는 것을 생각할 수 있다. 현재 영주권을 취득한 후 3년이 경과한 외국인에게 지방정치에 참여할 수 있는 권리를 주고 있다. 이들에게 2005년부터 지방선거투표권, 2007년부터 주민소환권, 2009년부터 주민투표권, 2009년부터 조례제정개폐청구권, 2012년부터 지방선거운동권을 부여하고 있다. 이렇게 외국인의 참정권을 늘려왔지만, 실제로 이들이 이런 권리를 행사하는 정도는 미약한 것으로 보인다.

그 원인 중의 하나는 현재의 지방자치가 주민을 위한 자치가 아니라 지방정치인들을 위한 자리라는 점으로도 생각할 수 있다. 지방정치의 주역이 될 수 없는 외국인에게 큰 매력이 없는 제도다. 따라서 내외국인을 불문하고 주민을 위한 자치, 즉 정치화가 덜 된 생활자치로 되어야 비로소 이들의 참여도가 활성화될 것이다. 지역생활의 현장에서 참여감을 높이는 것은 영주권을 획득하고 3년 이상이 지난 이들 외에도 더 범위를 넓혀서 적용하는 것도 생각해 볼 필요가 있다(윤영근·정동채, 2012). 영주권 심사가 합리적 기준으로 잘 이루어지면 3년이란 유예기간을 두기보다는 없애든지 단축하는 것도 생각할 수 있을 것이다.

지방자치단체장과 지방의회 관계를 재편하자

지방자치제도의 도입시 기관통합형인가 대립형인가를 놓고 많은 토론이 이뤄졌다. 결국 중앙과 마찬가지로 지방의 통치구조가 단체장=대통령, 국회의원=지방의원 식과 같이 중앙을 모방하는 형태로 결정되었다. 제도의 틀을 유사하게 하니 실제 운영상 단점도 중앙의 것이 모조리 재생산되는 결과를 가져온 것 같다. 따라서 현 지방자치의 문제를 해결하기 위해서는 제도설계를 다르게 해야 할 것이다.

예컨대, 단체장-지방의회와 같이 기관대립형이 천편일률적으로 제도화되어 있는데, 이를 다원화하도록 해야 할 것이다. 마치 내각책임제와 같이 지방자치단체장과 지방의회가 하나로 기능하는 기관통합형, 지방의원은 선출하되 지방자치단체장을 선출하지 않고 전문행정인에게 맡기는 시정관리인형 등 여러 가지가 있을 수 있다.

둘째, 제주도만 제외하고 광역-기초자치단체가 전국적으로 되어 있는데, 이를 단층제 혹은 다층제 등으로 다원화하는 것도 필요하다. 오히려 광역 혹은 기초단위의 기능을 약화시키고, 주민의 생활단위인 읍면동 단위, 혹은 도시의 경우 아파트단지 단위의 자율권을 확대하여 주민중심의 지방자치가 되어야 할 것이다. '도'는 너무 지리적으로 넓기 때문에 시군구인 기초자치단체의 기능으로 수렴을 할 필요가 있는 반면, 광역시는 너무 밀집도가 높기 때문에 자치구의 기능을 약화시킬 필요가 있다.

행정구역은 인위적으로 구획된 것이지만, 주민들의 일상생활은 이와는 다르게 이뤄지는 경우가 많다. 따라서 심리적 혹은 넓은 의미에서 주관적으로 느끼는 주민의 생활권역을 지방자치단위 기준으로 하는 것이 필요하다.

예를 들면, 강원도 춘천에 사는 사람들은 스스로를 '춘천 사람'이라고 하지만, 대전광역시에 살고 있는 사람들은 자신이 '유성구 사람'이라고 하기보다 '대전 사람'이라고 생각한다. 즉, 주민들은 자신의 생활권을 기준으로 지역정체성을 자연스럽게 형성한다. 이를 따라가자는 것이다.

셋째, 지방의회의원 숫자도 그 자치단체의 인구수 등을 고려하여 단계적으로 구성되어 있는데, 이를 일정한 범위를 두고 자율적으로 하도록 해야 할 것이다. 그러나 의원들에게 지급되는 수당이나 보좌관 총수는 제한을 함으로써, 무작정 이를 늘리는 것을 억제하도록 하는 제도적 보완이 필요하다.

지방자치구역을 생활자치 단위로 세분화하자

마치 중앙정부의 권한만 뺏어오면 지방자치가 저절로 이뤄지는 듯 투쟁하듯이 이뤄진 과거의 지방분권 패러다임에서 벗어나야 한다. 중앙정치와는 단절된 상태에서 지방공간 나름의 자치가 일어나야 한다.

여기서 중요한 전제조건은 지방정치의 활성화이다. 중앙당이나 국회의원에 예속관계가 되어서는 안 된다. 지방의원이 중앙정당의 선거운동원 내지 홍보를 하는 수단으로 여겨지는 것은 매우 잘못된 현실이다. 중앙선거가 있을 때, 지방의원들이 분주하게 지역주민을 만나면서 사실상 선거운동을 하는 현실을 보면 지방자치의 목표가 무엇이었는가 회의가 든다.

지역정당을 만든다는 것을 그리 어렵게 생각할 필요가 없다. 중앙당의 조직과 운영을 본받으려고 하지 말고, 지역의 주민을 중심으로 생각을 같이 하는 사람들의 모임이면 족하다. 일본에서는 국회에 의석이 전혀 없는 지역정당이 활성화되어 있다.

현재 한국정치가 가진 문제점을 고려할 때 가장 중요한 관건은 이런 지역정당이 중앙정당과 연계내지 하부조직이 되지 않아야 한다는 점이다. 양자 간 분리가 가장 핵심적인 요건인데, 한국의 인맥구조나 문화를 고려할 때 그리 쉽게 해결될 문제는 아니다. 그러나 뜻이 있는 사람들이 모여 머리를 맞대고 힘을 합하면, 중앙과 절연된 지역정당이 불가능한 것은 아닐 것이다.

너무나 세분된 지역단위가 지방자치의 중심이 되면 경제발전 등 광역적 사고가 필요한 사안에 취약하다는 비판이 있을 수 있다. 이것은 지방자치단체 조합이나 협의체 등으로 해결해야 한다. 국가전체 차원의 조정문제는 궁극적으로는 중앙정부가 하기 때문에 조정문제를 너무 지방자치단체에게 전적으로 의존할 필요는 없다.

이제 진정으로 주민들이 중심이 되어 주민을 위한 생활자치를 해야 하기 위해서는 공간단위도 이에 걸맞게 조절해야 한다. 서울의 경우 구청장, 시장은 이미 몇십만, 몇백만 명 이상을 각각 담당해야 하기 때문에, 매일 만나서 머리를 맞대고 지역문제를 해결하는 식의 직접 민주주의가 불가능할 정도로 공간이 크다. 특히 인구가 많은 대도시의 단체장이나 지방의회는 사실상 간접민주주의를 할 수 밖에 없는 여건에 있다. 지방자치부활 30년이 지난 오늘날에도 지방자치실시의 효과를 피부로 느낄 수 없다는 비판은 바로 이런 자치단위 공간에 관한 문제이기도 하다.

지방자치를 하는 공간단위는 주민일상생활에 맞게 진정한 풀뿌리로 세분화해야 한다. 예를 들어 아파트단지 동대표 등의 활동을 본다면, 생활단위에서 스스로 공동체의 문제를 찾아서 해결할 수 있는 여지를 볼 수 있다. 작은 농어촌의 경우도 이에 해당한다. 읍이나 면에 아파트가 건설되고 거주지역이 특정한 곳에 집중되고 있기 때문에, 오히려 이러한 작은 스팟에 집중하여 주민들이 스스로 자신의 삶의 문제를 결정할 수 있는 시스템을 구축해주는 것이 지방자치의 진정한 정신일 것이다.

특히, 읍면동 기초의원들을 중심으로 한 주민화합 및 문제해결형으로 발전시킬 필요가 있다. 평생 자기분야에서 경험을 쌓은 퇴직자들이 지방의원, 자원봉사자로 지역의 문제해결에 공헌하도록 하는 것은 윈-윈 전략이다. 비교적 경제생활에 큰 문제가 없는 퇴직자를 이런 지방에 참여시켜서 봉사하도록 한다면, 지방의원 유급제도를 과거와 같이 무보수 명예직으로 환원하는 것을 생각해 볼 수 있다. 돈을 받지 않고 봉사하면, 본인도 자부심이 커질 뿐만 아니라, 주민들로부터 그만큼 신뢰를 얻을 수 있을 것이기 때문이다.

공간을 이렇게 생활자치로 맞게 구분하여 실제 일반주민이 중심이 되는 자치로 실현시켜야 한다. 그동안 지역의 교수, 변호사, 몇몇 시민운동가를 중심으로 동네민주주의를 실험해 보려는 노력이 있었다. 세종시의 경우가 성공사례로 보고되곤 하였다. 곽현근 교수에 따르면 세종형 풀뿌리주민자치는 마을조직·마을입법·마을재정·마을계획·마을경제의 5대 분야에 걸쳐 주민자치를 위한 생태계를 조성하고 다양한 권한을 주민에게 부여하는 것이 특징이다. 그러나 좀 더 들여다보면, 이런 비교적 참신한 풀뿌리 지방자치 실험에도 실제로는 지역교수나 외부전문가가 큰 역할을 함을 알 수 있다. 외부전문가는 초기에 아이디어를 제공하는 정도의 역할을 하는 것이고, 실제 주역은 주민이어야 한다.

거꾸로 광역적인 범위에서 지방경제발전은 늘 문제시 될 수 있다. 즉, 현재 광역단위도 너무 작은 공간이기 때문에 이 이상의 큰 공간으로 확대하자는 주장도 있다. 그러나 정부가 진행하고 있는 메가시티 추진은 이러한 점에서 지방자치의 본질과는 거리가 있다. 예컨대 메가시티란 부산·울산·경남,

대전·세종·충남 등을 엮어 총 8개의 초광역권으로 만든다는 구상이다. 경상북도와 대구시는 행정 통합을 위한 연구 용역을 한국지방행정연구원에 맡기고 있다. 둘이 통합하여 특별자치단체를 설립한다는 취지이다. 이 역시 마찬가지로 자치주권의 확보를 위한 길은 아니다. 그러나 메가시티를 형성하여 인접 지방자치와 유기적으로 협력케 한다면 나름대로 효율적인 행정의 달성은 가능할 것이다.

특별지방행정기관 문제를 해결하자

중앙집권적 행정체제에서 지방과의 행정적 의사소통시간을 줄이기 위해 생긴 것이 특별지방행정기관이라는 이름의 조직들이다. 조직단위간에 법령을 다르게 해석하고, 보고하고 통제하는데 걸리는 시간을 행정적 시간이라고 하자. 조직의 계통이 다르면 통일된 정책을 추진하기까지 걸리는 행정적 시간이 길어진다. 과거 '내무부 → 시·도 → 시·군·구 → 읍·면·동'으로 군대와 같이 일사분란하게 이뤄지는 중앙정부의 집권적 집행체제가 행정적 시간을 절약하는 방법이었다. 그런데 각 부처 입장에서 보면, 내무부를 거치면 직접 집행하는 경우보다 행정적 시간이 많이 걸리게 된다. 이를 벗어나기 위해 해당 부처가 지방사무소를 두는 경우에 붙여지는 이름이 특별지방행정기관이다.

특별지방행정기관은 2020년 5월 기준으로 전국에 총 5,137개가 있으며, 그나마 이 숫자는 2000년 6월 기준 7,004개에서 많이 줄어든 숫자이다(국회입법조사처, 2021). 예컨대 국토의 관리에 관한 중앙정부의 지방사무소는 소재한 도시이름을 앞에 붙여 '○○지방국토관리청'으로 불린다. 서울, 원주, 대전, 익산, 부산의 다섯 개 청이 존재하는데 각각 수도권, 강원권, 충청권, 호남권, 영남권을 담당하고 이 각각의 밑에는 ○○지방국토관리사무소를 두고 있다.

특별지방행정기관이 많이 생기는 것은 중앙정부 각 부처의 조직이기주의와 관련이 높다. 자기부처의 정책을 행정안전부(구 내무부)를 거쳐 지방에서 집행하는 것 보다는 직접 자신의 손발을 지방에 두는 것이 좋으니 특별지방행정기관을 앞 다투어 설치하여 왔기 때문이다. 지방검찰청, 지방경찰청, 국방부(사단) 등은 전 국토를 대상으로 빠짐없이 행정업무를 해야 하기 때문에 이런 특별지방행정기관을 두는 것이 불가피한 면도 있다. 그러나 꼭 그렇지 않은 부처도 이런 조직을 신설하고 확대해 오는데 앞서왔다. 사실상 대한민국 전 국토에 행정이 미치지 않는 부처는 없기 때문에 이제 거의 대부분의 주요 부처는 특별지방행정기관을 갖기에 이르렀다. 물론 이면에는 각 부처가 이런 자리를 더 만들어 인사 숨통을 틔우려는 의도도 있었음을 부인하기 어렵다.

그런데 지방자치개혁이 추진된 이후 두 가지 문제가 발생되기 시작했다. 첫 번째는 중앙부처의 기능이 지방자치단체에 이양되면서 중앙-지방간의 의사소통 시간에 문제가 생기기 시작한 것이다. 주민들 입장에서 보면 동일한 분야의 정책이어서 서로 연관이 있는 정책을 어느 것은 해당 특별지방행정기관이 하고, 어떤 것은 지방자치단체가 하는지 혼란스럽다. 두 번째의 문제는 특별지방행정기관간의 수평적 의사소통의 문제이다. 지방에서 이들 간 수평적 의사소통과 정책조정이 쉽게 이뤄지지 않는다. 나아가서 공기업 등 많은 공공기관들도 지방에 사무소를 둠에 따라 이들과의 정책조정 문제가 생기게 되었다.

중앙정부의 특별지방행정기관이든, 지방자치단체이든, 공공기관이든 각자의 목소리를 내지 말고 모든 기관이 서로 시너지 효과를 내는 정책을 추진하는 것이 필요하다. 즉, 진정으로 주민을 위한다는 정책목표를 달성하기 위해서는 동일부처의 여러 하위정책들은 물론이고 심지어 다른 부처의 정책까지도 같은 방향으로 가도록 하는 것이 매우 중요하다.

그러나 현재는 조직계통의 문제와 정책분야의 문제가 혼돈될 수밖에 없는 상황에 이르렀다. 부처의 정책 중 지방자치단체를 통하는 정책은 계층제적인 상명하복의 원리를 이용하기보다는 중앙정부가 얼마의 재원을 지원하는 형식으로 매칭펀드와 같은 형식을 빌리는 경우가 많아지고 있다. 그 당연한 결과로서 일반 국민들은 어느 것이 중앙정부의 업무인지 어느 것이 지방자치단체의 업무인지를 구분하지 못한다.

지방자치를 옹호하는 사람들은 특별지방행정기관을 모두 지방자치단체로 이관하는 것을 주장한다. 정책을 직접 집행하는 것은 지방현실을 잘 아는 지방자치단체가 해야 한다는 논리이다. 그런데 이 논리를 제주특별자치도가 실제로 실험해 보았다. 즉, 2006년 7월 1일 제주특별자치도가 출범하면서 7개 특별지방행정기관을 「제주특별자치도 설치 및 국제자유도시 조성을 위한 특별법」 제24조에 따라 제주도로 이관하였다. 그러나 이 실험결과, 모든 기능을 지방자치단체에 이양하기보다는 오히려 중앙정부의 특별지방행정기관이 하는 것이 더 바람직한 것도 있다는 결론을 얻었다.

특별지방행정기관은 특정한 공공서비스에 대해 전국적으로 균일한 질을 보장하고, 책임을 명료화하며, 최적 규모의 조직 설계 및 중앙정부의 통제 가능성과 같은 장점을 살릴 수 있다. 또한 세계화 시대에 출입국 관리 업무, 공항 및 항만 관리 업무와 같은 업무전문성이 높은 영역은 특별지방행정기관이 필요하다(민기, 2017). 민기 교수는 전국적인 차원에서 규제 및 교류를 하는 업무는 특별지방행정기관이 담당하고, 지역적 차원에서 정책 지원을 하는 것은 지방자치단체가 담당하는 것이 바람직하다고 본다. 만약 앞서 논의한 메가시티가 현실화된다면, 특별지방행정기관이 하나의 광역이나 기초자치단체를 넘어서 정책 업무를 처리할 수 있다.

외국의 사례를 봐도 마찬가지이다. 연방국가의 조직체계는 특별지방행정기관에 해당하는 것이 없이 연방수도에만 있는 것이 아니다. 대표적인 연방국가인 미국도 워싱턴DC 이외 각 주에 연방정부의 조직을 가지고 있다. 아무리 지방자치가 잘 된 나라도 중앙정부의 조직이 수도에만 존재하고, 지방에는 지방정부조직만 있는 곳은 없다. 그렇다면, 양자가 다 필요한 조직이라고 판단할 수밖에 없으며 이는 곧 양자를 어떤 원칙에 의하여 정비하느냐의 문제임을 의미한다. 지방자치단체는 점점 더 조직자율권을 주장할 것이기 때문에, 이들 조직을 어떻게 하라고 구체적인 원칙을 정하기는 어렵다. 중복성이 없고, 지역의 특색에 맞으며, 가급적 효율적인 조직을 하라는 일반적인 얘기밖에 할 수 없다.

국가행정지역청을 설치하자

지방자치가 지방간 경쟁을 시킨다면, 그 결과 생길 수 있는 지방간 부익부 빈익빈을 막기 위해 중앙정부 차원에서 제도가 필요하다. 전술한대로 지방자치가 근린생활권을 단위로 생활자치를 중심으로 하면, 그 경쟁의 결과는 주민이 누리는 생활의 질로 나올 가능성이 크다. 그러나 지역개발, 지역경제와 같은 좀 더 광역적 공간이 필요한 정책분야가 있다. 이를 지역균형발전이라는 측면에서 볼 필요가 있다.

그동안 대통령 직속 국가균형발전위원회는 이런 맥락에서 여러 가지 정책을 시행해 왔다. 노무현 정부에서 성경륭 위원장이 추진한 혁신도시가 이 위원회의 가장 대표적인 정책이다. 「국가균형발전특별법」 제22조에 의해서 국가균형발전위원회는 지역간의 불균형을 해소하고 지역의 특성에 맞는 자립적 발전을 통하여 국민생활의 균등한 향상과 국가균형발전의 효율적 추진을 위한 주요정책에 대하여 대통령에게 자문을 하는 목적을 갖고 있다. 공공기관 지방이전이라는 강력한 개혁안으로 수년간 추진해 왔고, 어느 정도 정착이 된 것으로 보인다. 물론 아직 미흡한 면도 있고, 예상치 못했던 문제점도 발견되고 있다.

이제는 대통령 직속 위원회를 통해 거대한 제도개혁을 하고, 테이프를 끊는 등 전시성 행사보다는, 지방에서 각 조직단위들이 조화롭게 운용되어 주민들의 생활에 도움이 되는 지방자치제도를 정착시킬 때이다. 중앙정부이든 지방정부이든 광의의 행정체제 내에서 엇박자를 내지 않고 작동하며, 걸리는 행정적 시간을 단축시키는 것이 필요하다. 이를 위해서는 중앙정부가 각 부처의 정책집행을 지방현장에서 미세 조정하는 조직이 필요하다.

이와 같은 자치를 30년 동안 실시해 오면서 조직론적 차원에서 정비할 것이 있다. 그것은 지방자치단체와의 특별지방행정기관의 분업관계와 이들 간 조정-협조관계이다.

우선, 지방에 지나치게 산재해 있는 특별행정기관을 정비할 필요가 있다. 정책의 집행현장성이란 측면에서 볼 때 기초자치단체 구역수준 이하의 단위에서 하는 것이 정책반응성을 확보할 수 있을 것이다. 인구밀집도가 높은 광역시는 좀 다르겠지만, 도의 경우는 이 기준을 적용하여 기초자치단체 행정구역 수준으로 조직을 정비하는 1층제로 정비될 수 있다고 본다. 즉, 권역별로 묶은 2층제 행정조직의 경우 상위단계를 없앰으로써 1단계 조직이 된다. 이해를 돕기 위하여 군대의 예로 든다면(군대는 실제 적용사례가 될 수는 없겠지만) 전국의 군단장, 사단장 계층을 없애고 대대 정도를 기본 단위로 하자는 것이다. 그렇게 되면, 중앙정부의 해당 '과 → 광역·특별지방행정기관 → 특별지방행정사무소'의 3단계에서 중간단계가 사라지는 것이다. 특별행정기관은 직제상 1, 2, 3차 기관으로 분류된다. 1차는 업무총괄기관, 2·3차 기관은 업무수행기관이다. 2차와 3차기관이 특별지방행정사무소라고 보면 된다. 2차와 3차 기관은 관할 지역의 규모와 범위에 따라 분류된다. 전자정부시스템의 발달로 중앙정부의 과가 이를 새로 설치되는 국가행정지역청을 통하여, 230여 개의 기초지방단위의 지방조직과 업무를 집행하는데 큰 문제가 없을 것이다.

다음으로 중앙정부의 기관만이라도 각 지방차원에서 통일된 목소리를 내고, 시너지 효과를 낼 수 있도록 상시 조율이 될 수 있도록 개혁해야 한다. 여기에 공기업 등 공공기관의 지방사무소도 포함하면 더욱 좋을 것이다. 물론 중앙정부 차원에서 국무회의 등 부처 간 의견조정이 이미 이뤄진 정책이 집행에 들어가는 것이기는 하지만, 상시적으로 지방수준에서 수평적으로 미세 조정을 하여 정책집행을 하면 훨씬 정책효과가 높을 것이다.

막상 지방에서 보면, 중앙정부에서 수립한 정책이 현실에 완전히 맞지 않을 수도 있고, 지방자치단체와의 정책협력을 하여 상호보완적인 효과를 내게 하는 것이 필요할 수도 있다. 특히 대통령과 지방자치단체의 소속정당이 다를 때 정파 간 이해관계 차이에 대한 피해는 그 지방주민에게 갈 가능성이 크다.

이를 위해서 각 부처의 특별지방행정기관들을 지역(혹은 권역)수준에서 통할하는 국가행정지역청을 신설할 필요가 있다.

우선 너무 숫자가 많으면 비효율의 문제가 생길지 모르니 17개 광역시와

도를 합한 10개 정도가 바람직할 것이다. 현장 접근성을 중시하는 행정단위이므로 자동차로 이동하는 시간범위를 고려하여 공간을 구획하는 것이 중요하다. 예컨대 서울, 경기 남, 경기 북, 인천, 충남, 충북, 전라남, 전라북, 경상남, 경상북, 강원으로 11개의 권역별로 공간을 나눈다.

둘째, 각 권역에 **국가행정지역청을 신설한다. 청장 밑에 소속되는 국에는 일반행정은 물론이고, 감사, 조세, 공안, 현업, 노동, 공정거래, 기타 행정을 담당하는 국을 둔다. 예를 들면, 국민안전국, 국민생활국, 산업경제건설국, 일반행정국 등이다. 담당국은 아래 그림과 같이 기능적으로 통합되어 있을 수도 있고, 각각의 국을 설립할 수도 있다.

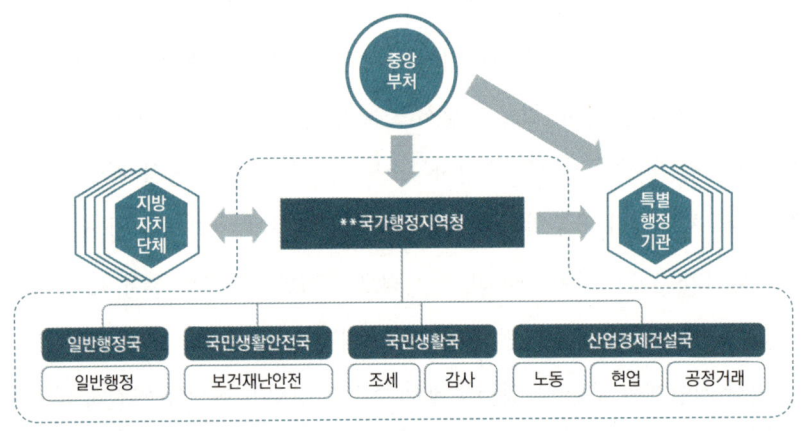

중앙정부 국가행정지역청간의 관계

국민생활안전국에는 감사원의 직원이 파견되는 감사과를 둔다. 이들은 해당 지역의 지방자치단체의 감사실과 유기적으로 협조하여 지방자치단체 및 특별지방행정기관들의 회계의 투명성과 합법성을 제고시킨다. 또한 공정거래과, 노동과 등은 경제생활과 직결되는 문제를 현장에서 단속하고, 문제를 직접 해결하는 역할을 한다. 이것은 국민들의 요구에 즉각적으로 반응하는 시간효율적 서비스 행정으로 변모하는 것을 의미한다.

셋째, 이 청의 직원은 마치 청와대에 각 부처 고위직 관료가 파견되듯이, 각 해당부처에서 파견된다. 즉, 지역청에는 지역현실과 밀접히 관련하여 정책을 추진해야 하는 주요 부처의 간부급들이 파견되어 근무하게 한다. 현재의 주요 특별지방행정기관의 광역단위를 압축한 것을 여기에 옮겨놓는 식이 될 것이다. 즉, 현재 존재하는 특별지방행정기관의 단계를 줄이고 실제 현장 근무 인력은 늘리는 것이 병행되어야 한다.

넷째, 각 국장과 과장은 한편으로는 관할 부처의 지휘를 받되, 다른 한편으로는 지역국가행정청장의 지휘 하에 있는 두 상관을 거느리는 격이 된다. 이들이 다른 부처에서 나온 관료들과 현장에서 지역실정에 맞는 종합 및 조정된 행정서비스를 제공하는 느슨한 조직(loosely coupled organization)으로 운영되어야 할 것이다.

이들 국에는 각 해당 부처의 공무원이 임용되어, 수직적으로는 중앙정부와 (기초단위)해당 특별지방행정기관을 필요시에 조정하고, 수평적으로는 다른 부처의 특별지방행정기관 그리고 지방자치단체와 협력하는 역할을 수행한다.

지역청장은 현재 직급상 2급정도의 고위공무원으로 임용하고, 임기를 2년정도로 보장하여 정치적으로 자주 교체되는 일이 없도록 해야 한다. 구체적인 실행방안은 다음과 같다.

① 이런 개혁을 계기로 자리가 늘어나는 경우을 방지하기 위하여, 국가행정지역청이하에 존속되는 특별지방행정기관들은 슬림화한다. 이미 중간관리급 이상 자리 숫자가 팽창되어 있기 때문이다. 그리고 현재의 각 부처

특별지방행정기관의 인력 및 운영예산의 10%를 감축하는 것을 기준점으로 한다.

② 신설되는 국가행정지역청이 사실상 권력이 집중되는 중간계층이 되지 않기 위해서, 각 부처는 (기초단위)특별지방행정기관이 직접 정책집행을 하는 것을 기본원칙으로 한다. 예컨대 지방국토지역청의 경우, 기초단위에 있는 **지방사무소에 인력을 집중배치하고, **국가행정지역청에는 최소 인력을 배치 한다. 집행의 문제가 있거나 조정의 문제가 있을 것으로 예상되는 정책을 이 신설기구에서 다루게 하기 때문에 많은 인력이 필요하지는 않다.

③ 국가행정지역청에 임용되는 각 부처의 국장 이하 인력들의 인사권은 각 부처 장관이 아니라 국가행정지역청장에게 주어 조정권한을 강화한다. 인사평가에 가점 등이다. 여기에 근무하는 각 부처의 국장이하 직원들은 사실상 하부 조직을 잘 지원하는 역할을 해야 한다.

④ 행정고시와 같이 간부급으로 중앙부처에서 일할 공공인재는 연수기간 중 혹은 임용 후 첫 1~2년은 국가지역행정청에서 근무하도록 하여, 지역실정을 알도록 한다. 이들이 향후 중앙정부에서 탁상행정을 하는 것을 막는 효과가 있을 것이다.

더 알기 쉽게 설명하면, 현재에도 비공식적으로 있는 각 지역의 기관장 회의 같은 것을 공식적 조직화하자는 아이디어이다. 그동안 누리던 특별행정기관장의 지위를 이 청의 국장이나 과장으로 소속시켜서 중앙정부부처간 현장성을 통일적으로 하자는 것이다. 궁극적으로는 사무실 공간도 같은 공간에 배치함으로써 인접부처간의 의사소통시간을 줄이자는 아이디어이다.

08
한국의 정책 개혁!
이렇게 하면 어떨까?

● **더 좋은 나라, 이렇게 하면 어떨까?**
한국 사회가 묻고, 임도빈이 답하다.

정부는 없애지 말고 영리하게 만들자

정부는 규제덩어리이어서, 차라리 없는 게 낫다는 사람들이 많이 있다. 예컨대, 정부 규제 때문에 드론산업이 중국에 뒤떨어졌다고 한다. 상업용 드론을 개발하는 스타트업 회사는 연구 개발을 위해서 수백 번의 비행 테스트가 필요하지만, 매번 1주일이 넘는 정부의 승인을 기다리느라 즉각 시험이 불가능하다는 이유다. 드론이 미래 성장 동력과 일자리 창출 가능성을 위해 8대 선도 사업으로 지정되어 정부가 지원한다는 말은 무색하다.

인공지능(Artificial Intelligence: AI)과 자율자동차도 세계 경쟁에서 뒤지고 있다는 등 규제에 대한 비판이 커지고 있다. 인공지능은 단순한 신기술이 아니라 산업·사회 구조의 광범위한 변화를 불러오는 혁신 기술이며 국가경쟁력 강화를 위한 4차 산업혁명의 핵심 동력이다. 자율자동차도 글로벌 시장 규모가 오는 2035년 약 1,311조 원을 넘어설 것으로 예상된다. 그렇지만 국내 기업의 경쟁력이 약해 정부의 규제 개선이 필요하다고 지적되고 있다. 환경은 빠르게 변화하고 있는데 정부가 기업의 발목을 붙잡고 있다는 비판이 지배적이다.

정부 주도의 경제발전을 하던 때와 달리 세상은 많이 바뀌었다. 기업가적 정신이 강한 사람들은 정부 때문에 하고 싶은 일을 제대로 하지 못하고 있다. 언론 보도는 정부나 관료를 질타하고 있다. 언론 입장에서 보면 정부란 가장 손쉬운 먹잇감이다. 어떤 커다란 사회적 이슈가 있으면, 일단 정부를 비판하고 대책을 요구하는 것이 국가 주도형 경제발전을 해왔던 한국의 대표적인 불만족 해소 방법이다. 그래도 현실이 크게 바뀌지 않으면 그 정부 부처를 없애야 한다는 주장, 차라리 정부가 없어지는 편이 낫다는 주장이 설득력 있다.

대표적인 것이 교육부 폐지론이다. 입시경쟁을 한 번 치러 본 대부분 사람들은 정부 교육정책에 분노한다. 지금까지 과감한 교육개혁을 하겠다는 대선 공약을 내세우지 않은 대통령이 없었다. 문재인 정부도 혁신적 포용국가 사회정책으로 교육부가 더 공정한 사회를 구현했다고 주장하지만, 교육의 빈익빈 부익부 현상은 오히려 심화되는 추세이다. 통계청이 발표한 사교육비 통계조사는 소득수준별 사교육비 지출 격차가 이미 5배를 넘었다고 밝히고 있다.

교육정책의 일관성도 문제다. 고교학점제는 학생에게 다양한 과목선택권과 절대평가를 추진하는 제도지만, 동시에 수능비중을 확대하기 때문에 시험 대비에 유리한 과목으로 쏠리는 등의 정책 간 충돌도 일어나고 있다. 이러한 정책 혼란으로 눈에 넣어도 아프지 않을 자식이 괴로워하는 모습을 보는 부모들이 정부에 대해 분노를 터트리는 것은 어쩌면 당연한 일일지도 모른다.

그런데 정부가 문제의 원인이라고 해서 완전히 정부를 없애버린다면 어떤 상황이 벌어질 것인가? 홧김에 이런 말을 하는 것인지, 이에 대한 답을 진지하게 생각해 본 사람은 얼마나 되는지 궁금하다. 만인의 만인 간 투쟁인 자연 상태에서 평화를 찾기 위해 리바이어던(Leviathan)이란 괴물, 즉 정부를 만들었다고 보는 17세기 영국 사상가 홉스(Hobbes)의 말을 생각해 보아야 한다. 그의 주장은 서로를 위협하는 무한 경쟁 상태에서 여러 사람이 합의하고 각각 계약을 맺어 '정부'라는 아이디어를 창조해 냈다. 질서를 유지하지만 언제든 악랄해질 수 있는 괴물 리바이어던은 역사 속에서 독재를 부리기도 하고, 권력을 잃고 종잇장 같은 형태로 전락하기도 했다. 사회계약론을 지지하는 사람들의 시각에서는 리바이어던이 지나치게 강력하거나 약해졌을 때 모두 시민이 감수해야 하는 불편이 크다.

반면, 마르크시즘에 뿌리를 둔 무정부주의(anarchism)는 자본계급이 지배하는 국가를 부정하는 것이고, 이런 정부가 없는 사회에서도 다른 대체적 질서가 있다고 주장한다. 즉, 무정부주의자들이 무질서와 혼란을 추구하는 것이 아니고, 다른 질서를 유지하는 사회를 꿈꾸는 것이다. '누구도 나를 억압할 수 없는 사회'가 이들이 꿈꾸는 이상 사회이지만, 과연 가능할지는 알 수가 없다.

그렇다면 인류 역사에 등장한 현실에서 그 답을 찾아봐야할 것이다. 과거 숨도 못 쉬는 정도로 억압적인 규제 사회에서 탈출하여 그야말로 자유로운 사회를 만들겠다고 했던 대표적인 나라가 미국이다. 자유주의 사상에 기반을 두고 작은 정부를 이상으로 했었다. 즉, 무국가성(stateless)을 암묵적으로 전제하고, 권력기구 간의 견제와 균형 원리를 제도화하여 정부 권력의 손발을 묶으려고 헌법을 제정하였다. 지금까지 국가의 개입을 방지하기 위해 여러 가지 제도를 갖춰 왔다. 오늘날 미국의 눈부신 발전은 곧 작은 정부 때문이라고 주장하는 사람도 많다.

그러나 오늘날 미국이 초대형국가로서 세계를 지배하는 것이 바로 이런 제도적 우수성 때문이라고 치부하는 것은 너무나 단순한 논리가 아닌가 한다. 즉, '작은 정부 → 경제 발전'이라는 인과관계가 그리 선명하게 성립하는 것은 아니다. 다른 요인이 더 크게 작용한 것이다. 거꾸로 정부가 유능해서 미국이 세계에서 가장 유리한 위치를 점하는 전략을 구사해 왔다.

예컨대, 미국이 필요로 하는 인적자원을 대거 외국에서 들여왔다. 무고한 흑인들을 강제로 들여와 노동력을 착취하여 부를 이뤘음은 누구나 다 알고 있다. 미국은 '이민자의 나라'라고 불리지만 역사 속에서 이민자에 대한 혐오를 보였다. 1917년 입국하는 이민자에 대한 문맹 퇴치 요건을 설정하고 대부분의 아시아 국가에서 이민을 중단하기도 했었다. 그 이유는 질 높은 인력을 유입하려는 이민정책이었던 것이다.

미국은 세계대전을 겪으면서 군사적 우위를 차지했으며 지구상 국제정치의 주인공이 되었다. 경쟁력 있는 정부가 영리하게 정책을 장기적으로 추진해 온 결과이다. 무역질서를 비롯한 국제규범을 자신들의 기준으로 맞춤으로써 다른 나라에 일종의 규제를 부과하여 왔다. 1944년 브레턴우즈 협정에 따라 달러를 기축통화로 한 것도 경제 질서의 주역이 되는데 크게 기여하였다. 미국 헌법은 미국 의회에 돈을 빌릴 수 있는 권리를 부여하고 있으며, 의회는 연방 준비 은행이 종이 지폐를 유통하도록 허용한 장본인이다. 국가 간의 무역전쟁에서 미국에게 유리한 여건을 만든 것은 바로 미국정부이다.

정부의 규모는 작아도 될지 모르지만, 아예 정부가 없거나 사회를 통제하는 능력이 결여된 정부밖에 없는 나라는 살아남기 어렵다. 평화기금(the Fund for Peace)에서 매년 발표하는 취약국가(fragile state) 보고서를 보면 어느 정도 상상이 가능하다. 이 보고서는 세계 여러 국가들의 취약국가지수를 120점 만점으로 하는 지표로 평가하는데, 점수가 클수록 취약한 국가이다. 2021년 보고서에서는 세계에서 가장 취약한 국가가 111.7점을 받은 예멘

(Yemen), 그 다음이 110.9점을 받은 소말리아(Somalia), 110.7점을 받은 시리아(Syria)가 있다.

국제뉴스를 보더라도 이들 국가가 일반 국민들의 일상생활도 제대로 보장해주지 못하는 무능한 정부임을 알 수 있다. 치안유지를 못하여 길거리에서 스스로 신변 안전을 고민해야 하고, 의식주를 해결하지 못하여 인간다운 삶을 포기하고 사는 사람들이 수두룩하다. 이들 국가의 국민들이 얼마나 유능한 정부를 원하는지는 당해보지 못한 사람은 이해하기 힘든 정도이다. 유능한 정부는 유능한 규제를 해야 한다. 우리나라는 32.5점으로 세계에서 20위로 안정된 국가이고, 미국보다 13단계 우위를 점하고 있다.

정부신뢰를 정부 경쟁력만큼 높이자

최근 30년간 신자유주의의 영향으로 정부 활동 범위나 기능을 축소하여 작고 효율적인 정부를 구현하기 위한 다양한 행정혁신이 이뤄졌다. 그럼에도 불구하고 오히려 정부에 대한 요구와 기대 수준은 지속적으로 증가해 역설적으로 정부 활동의 범위와 기능은 넓어지고 있다.

무정부주의는 아무래도 정부의 부정적인 측면에 사로잡힌 일부 사람들이 펼치는 현실적으로 가능하지도 바람직하지도 않은 극히 이상론에 치우친 것임을 알 수 있다. 무정부주의는 폭력적 또는 비폭력적이든 간에 상관없이 모든 인간관계에서 권위와 위계를 인정하지 않는다는 점에 기초하고 있다. 어차피 모든 국민으로부터 완벽한 정당성을 갖춘 정부는 이 세상에 존재하지 않는다. 권한(authority)과 자율(autonomy)은 근본적으로 충돌하는 개념이다. 최소 권한이 없는 사회가 존재하지 않는 가운데, 무제한의 자율 역시 주장할 수 없다. 어떤 작은 조직조차 권위와 위계가 아예 부재할 수는 없기 때문이다.

그렇다면 정부무용론에 대한 질문은 어떻게 하면 정부를 유능하고 다른 나라에 비하여 경쟁력 있게 만들 수 있는지라는 질문으로 바꿔서 답을 찾아야 할 것이다. 정부를 무능하다고 비판을 하는 것은 쉬울지 모르지만, 과연 어떤 기준으로 정부가 부족하며 그 부족을 채우는 방법이 무엇인지에 답을 제시하기는 쉽지 않다.

사실 우리 정부는 지금까지 경쟁력이 낮지는 않았다. 개발 연대 시기에 한국은 가장 유능한 인재들이 관료 엘리트로 유입되어 다른 개발 단계에 있는 국가에 비해 상대적으로 적은 부패 규모를 유지하면서 나라를 경제적으로 발전시켰다. 이러한 성과는 한국인의 '선비적' 기질에 일부 기인한다. 리 콴유(2000: 686)도 한국인을 '역동적', '부지런하고', '심지가 굳은', '능력 있는' 국민이라고 극찬한 바 있다.

한국인은 성취지향적인 사람들이다. 유럽과 같은 선진국에 거주하는 재외동포들도 한국 영사관에 가면 "1분 1초도 낭비하지 않고 업무를 처리한다."며 혀를 내두른다. 업무의 신속한 처리보다 삶의 여유를 중시하는 선진국의 문화에 익숙해졌다가 이따금씩 영사관이라는 한국 정부기관에서 민원 처리를 할 때 오히려 한국의 '빨리빨리' 분위기를 느끼는 것이다.

더욱 놀라운 것은, 이제 '빨리빨리'만 강조하는 것이 아니라 "빨리하는데 완벽하게 잘 해야한다."는 사회적 압박이 생겨났다는 것이다. 즉, 국민은 정부에게 더 많은 것을 요구하는 사회가 되었다. 이렇게 선비적이고 성취지향적인 한국인의 특성 덕분에 한국 정부가 유능해졌고, 오늘날 한국사회가 세계가 깜짝 놀랄만한 발전이 있었다. 물론 이러한 한국인의 특성은 공공서비스를 이용하는 시민들에게도 마찬가지로 적용된다. 최근 코로나19 백신을 접종하는 우리나라 국민들이 자체적으로 어떤 옷을 입고 가야하는지에 대한 매뉴얼을 공유하는 것이 인터넷 유머로 퍼진 적이 있다. 또한 접종 현장에서도 미리 팔을 걷어 부치고 완벽한 거리 유지를 하며 일렬로 대기하는 모습이 마치 컨베이어벨트 같고, 1명 당 1초 만에 접종이 이뤄진다는 우스갯소리가 있다.

그럼에도 불구하고 "한국이 정부 경쟁력이 높다."는 말에 동의하지 못하는 사람들이 적지 않다. 그것은 정부에 대한 신뢰가 낮기 때문이다. 정부신뢰란 정부에 대한 국민의 감정적·평가적 정향으로 정부 능력에 대한 기대 또는 윤리적 믿음이다. 일반 국민들의 눈으로는 정치인에 대한 신뢰와 행정에 대한 신뢰가 구분되기 어렵기 때문에 정부신뢰가 낮게 나타나는 면도 있다. 결과적으로 국민들이 신뢰를 점점 낮췄기 때문에 그만큼 경쟁력이 낮아지는 비용을 지불해야 한다는 사실이 중요하다. 정부신뢰가 낮으면 정부가 국민으로부터 받을 수 있는 정서적·물질적 자원이 줄어들고, 정책의 단기적 실패에 대해서 지나친 비난을 받을 수 있으며, 궁극적으로 장기적인 공익 달성이 어려워지기 때문이다. 따라서 정부신뢰를 회복하여 정부 경쟁력을 더욱 발전시키고 문제점을 개선하는 것이 필요하다. 최근 OECD가 발표하는 정부신뢰도 조사에서 한국은 37개 회원국 중 20위에 올라 역대 최고 순위를 기록한 바 있다. 그럼에도 불구하고 다른 OECD 회원국에 비해서 아직은 낮은 수준이다.

그렇다면 이제 정부가 우리 사회에서 일어나는 모든 일을 책임지려고 하지 말고, 꼭 해야만 하는 것만 해야 한다. 정부가 담당해야 하는 최소 기능이 있을 수 있지 않을까 논의해 봐야할 것이다. 비교적 최근 행정학자의 시각으로는 케틀(Kettle, 2015: 226-227)이 주장한 정부의 최소 간여 분야에 대한 논의가 있다. 그는 행정이 민간에게 모든 것을 넘겨주더라도 정부가 수행할 기능으로 다음과 같은 내용을 꼽았다.

첫째, 공동체를 대신해 추구할 가치를 규정하는 것이다.

둘째, 국방·치안 등 국가의 기본적인 바탕을 확립하는 것이다.

셋째, 평등을 보장하는 것이다.

넷째, 사회적·경제적 목표실현을 위해 인센티브를 제공하는 것이다.

다섯째, 위험재난관리이다.

후쿠야마(Fukuyama, 2005)는 국가 기능을 최소 기능, 중간 기능, 적극적 기능으로 분류했다. 중간 기능과 적극적 기능은 정부의 야심찬 목표에 따른 깊이 있는 것이라면, 최소 기능은 정부가 반드시 수행해야하는 기능이라 보았다. 그가 최소 수준으로 정부가 담당해야 한다고 한 것은 공공재 제공의 차원에서 국방, 치안, 질서, 공중보건, 재산권, 거시경제 관리, 공평성 증대, 빈곤 보호 등이다. 재산권 보호는 자본주의 국가인 미국적 시각이지만, 거시경제 관리, 공평성 증대, 빈곤 보호 등을 최소 정부기능으로 본 것은 주목할 만하다.

각 분야 혁신으로 정부 경쟁력을 갖추자

정부가 경쟁력을 높이려면 혁신을 해야 한다. 정부 시스템을 과감하게 바꾸어야 한다. 행정 조직 측면에서 필요한 원칙은 정부 시스템 내의 분권화(decentralization)이다. 우리나라는 지방자치단체에 권한을 위임하는 것을 분권화라고 하지만, 정부의 각 기관이나 공무원에게 분권화를 하는 것도 분권화이다. 제왕적 대통령제에서 벗어나 각 부처의 장에게 실질적으로 행사하도록 분권화해야 한다. 제도는 설계되어 있지만, 실제 운용이 그렇게 되지 않는 경우가 많다.

가장 중요한 원칙은 권한-책임일치다. 휘두르는 권한의 크기가 크면 클수록, 그에 상응하는 책임이 따라야 한다. 그런데 한국 정부 내부에서는 이런 원리가 잘 작동하지 않는다. 예를 들면, 권력을 가진 상급 기관이 하급 기관에게 행정적 책임을 강요한다. 전자는 뒷면에 숨고 후자가 전면에 나서는 결과를 초래하여 겉과 속이 같지 않은 행정이 될 수 있다(조석준·임도빈, 2019). 하급 기관의 관료들이 좌절할 수밖에 없고, 일을 열심히 하지 않을 수밖에 없다. 권력을 갖고 있는 기관이 하급기관을 이렇게 지배한다면 분권화는 형식적인 것이 되어버린다. 겉으로는 민주적인 분권화가 이뤄진 것처럼 보이지만, 실제로는 '힘'의 논리가 작용한다.

경제 부문에 정부가 개입하는 것은 오히려 시장을 왜곡할 가능성이 있으므로 가능한 손을 떼는 것이 좋다. 그러나 시장의 실패에 따라 생길 문제를 사전에 예방하는 제도를 만드는 것이 정부의 기본적 역할이다. 정책 추진에서도 정부가 혼자 하려고 하지 말고, 시장의 원리를 잘 활용하고, 민간의 능력을 적극 참여시켜 정책목표를 달성하는 것이 필요하다. 시장의 힘은 북한의 장마당에서 보는 바와 같이 '김 씨' 독재자의 무소불위의 힘도 이겨낼 정도로 엄청나다. 북한 정권은 2009년 '화폐개혁'이라는 매우 급진적인 '반 시장 조치'를 단행했지만, 주민생활의 마비와 민심 이반으로 1달 정도밖에 그 효과를 지속시키지 못했다.

그러나 아무리 민간부문이 성장하고, 시장이 합리적인 것으로 진화하더라도 시장은 시장일 뿐이다. 순수하게 수요와 공급의 원리에 의해 시장가격이 결정되는 완전경쟁시장이라는 이상적 형태의 시장은 아주 까다롭고 성립하기 어려운 조건을 전제로 한다. 우리는 대부분 불완전경쟁시장의 세계에 살고 있다. 재화와 서비스가 더 적게 또는 더 많이 생산되기도 하고, 독과점이 이뤄지기도 하며, 부정적인 외부효과가 일어나는데 해결책이 부재하기도 하다. 즉, 시장은 정부와 마찬가지로 늘 실패의 소지를 안고 있다. 따라서 1차적으로 자유 시장 방임주의(laisser faire) 상태로 두고, 문제가 생기면 비로소 국가가 개입하는 '공정한 심판'으로 정부의 기능을 제한한다는 생각은 위험성을 내포하고 있다. 일단 시장이 바람직한 방향으로 작동하지 않는 순간 돌이킬 수 없는 피해를 보는 사람들이 나올 수 있기 때문이다. 정책 문제의 사후 교정 패러다임은 행정학의 발달 역사 속에서도 1910년대 이전의 것으로 낡아도 너무 낡은 논의다. 선제적이고 때로는 공격적인 정부의 시장 개입 정책이 요구된다.

나아가서 경쟁력 있는 정부는 국민 개인을 위험에서 보호하는 역할을 해야 한다. 정부의 역할은 위험사회에서 더욱 강조될 수밖에 없다. 울리히 벡(Ulrich Beck)은 위험의 사회적 생산과 배분이 사회변화 동력이라고 강조했다. 코로나19와 같은 재해는 사회에 체계적인 위험을 야기한다. 장기간의 일상에 위협을 미치고 있는 이러한 대규모 재해는 예측하지도 못했고 해결책도 없다. 후쿠시마 원자력 발전소 사고 같은 재난은 과학적 원리를 무시한 채 무리한 운영을 하여 지진이라는 자연재해에 의한 엄청난 피해를 입은 것으로 해석할 수 있다. 지진대라는 일본의 특수성을 고려한 원전건설과 운영도 제대로 안 된 것이다. 그 사고는 아직까지도 복구하고 있으며 방사성 물질이 지속적으로 유출될 수 있는 가능성이 있다. 세월호 참사도 최소한의 규제와 과학적 상식이 지켜졌다면 발생되지 않았을 것이다. 정부는 이런 위험으로부터 국민들이 안심하고 살 수 있도록 삶의 환경을 만들어야 한다. 안전의 공공성을 강화하고, 재난에 대한 국가의 책임의무를 강화하고, 안전정책에 대한 사회적 합의의 중요성을 깨우쳐야 하는 것이다.

각종 재난으로부터 목숨을 위협받지 않도록 하는 것에서 그치지 않고, 최소한 인간다운 삶을 살도록 보장해주는 것도 정부의 역할이다. 세대 간, 빈부 간, 노사 간, 남녀 간, 인종 간 차별이 낳은 양극화를 완화하는 역할을 해야 한다. 격차의 원인이 세계화와 기술변화 때문이라고 생각하는 것은 변명에 불과하다. 우파적이고 시장친화적인 성향의 정부가 등장할 때 역 누진세, 민영화, 노동 보호와 거리가 먼 정책들이 시행되고 양극화가 더 심해질 수 있다. 정부는 사회적 안전망을 통해 사회적 약자도 인간적인 삶의 기준에 부합하는 삶을 살 수 있도록 도와주는 역할을 해야 한다.

이렇게 다양한 역할을 바탕으로 정부는 경쟁력을 키울 수 있다. 정부 경쟁력은 국가경쟁력 개념에서 정부의 역할과 기능을 시장경제 활성화라는 경제부문으로 한정하는 것과 달리, 정부가 국민의 삶의 질, 행복 향상을 위해 구체적인 정책적 노력을 기울일 때 올라갈 수 있다. 물론 민간의 능력이 신장되면 될수록, 제도와 문화가 어떤 정책을 실시하는데 큰 저항이나 의도치 않은 효과가 나오지 않을수록 정부는 간여할 필요가 없다. 그러나 분권화되고 복잡해지는 사회, 위험이 높아지는 사회에서 기업과 시민의 역할은 제한적이다. 정부 경쟁력은 정부가 모든 문제를 해결해야 한다는 것이 아니라, 다른 정책 주체들과 효과적으로 협력할 수 있는 경쟁력을 갖춰야 한다는 것이다. 특히, 공공 가치가 무엇인지 방향성을 설정하고, 이를 추가하는 역할이 요구된다.

포퓰리즘과 폴리페서를 경계하자

포퓰리즘은 민주 정치의 극단적인 경우로서 정치적 결정이 그 대안의 합리성과는 무관하게 오직 대중적 인기를 기준으로 결정되는 체제를 의미한다. 인기영합주의라고 불리며 이러한 현상은 1인 1표제를 기반으로 하는 다수결 원리가 작동하기 때문에 어쩔 수 없는 면도 있다. 과거 계급 사회와는 달리 국민의 교육수준이 올라가서 누구나 올바른 판단능력이 있기 때문에 다수가 원하는 것이, 곧 가장 좋은 정책이라고 생각할 수 있다. 이 관점에서 포퓰리즘이 그리 나쁘다고 볼 수 없다는 주장도 가능하다.

그런데 정책의 영역은 다르다. 정보화 사회에서 사람들이 정보를 편협하게 이용, 유통, 정보소통 도구를 악용하는 경우가 많아지면서 문제가 생기게 된다. 정부도 정책결정시에 많은 이해관계를 골고루 반영하기 위해 각종 단체의 대표성이 있는 사람들을 직간접적으로 참여를 확대시켰다. 즉, 정책결정시스템이 민주화된 것이다.

20년 전까지, 정부의 각종 위원회의 숫자가 적었고, 그 위원은 각 분야 유명한 교수들이 위촉되는 경향이 있었다. 위촉된 전문가들의 발언권도 높아서, 관료들을 가르치는 경우도 많았다. 교수(**전문가**)와 관료(**정책가**)간 지식의 차이가 컸기 때문이기도 했다. 그런데 민주화가 진행되면서 위원회의 구성도 분야별 전문성보다는 그 사람의 대표성을 고려하기 시작하였다. 약 20년 전 어느 부처 공무원이 전화를 하여, 자문위원을 해달라고 간청한 적이 있다. 공부할 시간이 줄어들어 사양하였지만, 계속되는 설득에 거의 수락한 상태였다. 그런데, "교수님, 고향이 어디시죠?"라는 질문과 위원님들이 출신 지역을 기준으로 안배하기 때문에 위원위촉이 안 될 수 있다는 말에 그만 아연실색하였다.

시간이 지날수록 정책 조언도 전문성보다는 민주적 대표성이 더 중요시되는 방향으로 진화되어 왔다. 위원구성을 보면, 진지하게 연구를 하여 그 분야에서 인정받는 사람들보다는 지역을 고려해 대학교수를 안배하는 경향이 점점 더 심해지고 있다. 여성차별문제가 이슈화되는 시점에서 여성위원을 모시느라고 관료들이 땀을 빼는 모습도 관찰되었다. 여성교수 자원이 부족하니 어느 여성교수는 수십 개 위원회에 참여하는 때도 있었다. 이들 각 부처에서 자문회의가 많이 잡히니 지방에서 서울로 오는 시간이 어려워 아예 당시 종합 청사가 있던 광화문 근처에 오피스텔을 하나 얻었다는 말도 직접 들었다.

상황이 이렇게 변하니 대학교수들이 정부의 각종 위원회에 들려고 로비하는 경우도 많아졌다. 그런데 학자들 중에는 진지하게 학문분야 연구에 전념하는 사람들도 있지만, 연구보다 관공서 주위에 오가며 정치나 정부에 영향을 미치는 것에 더 관심을 가지는 사람들이 많아졌다. 소위 대학의 폴리페서(polifessor)와 연구소의 폴리리서쳐(poliresearcher)가 나타났다.

폴리페서는 잠시 세상을 속일 수는 있지만, 영구히 속일 수는 없다. 정권이 바뀌거나 상황이 바뀌면, 그 실력이 탄로 나기 때문이다. 이들이 전문가로서의 권위를 땅에 떨어지게 하는 장본인이다. 각 분야 전문가보다는 민주적 대표성이 강한 평범한 사람이나 교수 이외의 집단이 정책과정에 더 많이 위원으로 참여한다. 정부위원회에 시민단체대표 등 각 유관단체의 대표가 주를 이루게 되고, 거꾸로 실력있는 교수들의 비중은 상대적으로 줄고 있다.

이들 민간위원들의 자질을 문제시하는 것은 아니다. 각자 가지고 있는 장점이 다를 것이기 때문이다. 이런 말을 하는 이유는 정부 정책시스템이 바뀌었다는 점을 강조하고자 하는 것이다. 이들이 전문성을 갖고 조언하는 것보다 국민에게 수용성을 중심으로 조언할 가능성이 커진다. 즉, 포퓰리즘적 정책결정이 일어날 가능성이 더 커지고 있다는 뜻이다. 이제 누구든 10분만 검색하면 어떤 질문에 대한 답을 찾을 수 있고, 하루 이틀만 투자하면 그 분야 전문가인 것처럼 행동할 수 있는 시대다(Nichols, 2017). 사리사욕을 채우려는 행위 때문에 전문가다운 전문가가 설 자리가 현저히 축소된다. 가짜뉴스가 판칠 수 있는 시대라서 평생을 한 분야에 매진한 진짜 전문가들이 정책과정에서 일정한 역할을 할 수 있는 제도를 도입해야 한다.

정책조정 전문학술단을 구축하자

인기영합주의 정책결정의 반대는 전문가주의라고 하겠다. 학문의 발달은 사회발전에 지대한 기여를 하였다. 우리나라도 대학과 연구원 등지에서 학자와 연구자들이 그들의 전문 분야를 오랫동안 깊이 있게 연구하고 있다. 1960년대 고도경제 성장기에 대학교수가 국외 연구동향을 재빨리 파악하는 일이 자신의 연구 분야 축적에 상당부분을 차지했다. 국가의 발전이 뒤처져 있던 상황에서 학계의 이러한 노력이 행정 실무계와 적극적인 협력과 더불어 사회발전에 기여한 것도 사실이다. 1960년대 행정학자들이 먼저 실무에 기여하고 이러한 행정의 발전이 밑바탕이 되어 교육학, 경제학, 기타 자연과학 등의 분야로 확장되어 왔다.

학계는 진리탐구를 지향하면서 서로 경쟁하는 전문 직업군이 모인 집단이다. 개인 또는 팀이 연구하여 어떤 결과를 얻으면 학문공동체의 검증을 거친다. 학술대회에서 구두로 논문을 발표하면 유사한 연구를 했거나 하고 있는 사람들이 비판하고, 그 발표문을 다시 정리하여 학술지에 기고하면 익명의 심사자로부터 호된 비판을 받은 후에 통과되어야 비로소 학술지에 논문을 게재할 수 있다. 이런 비판 과정을 거치면서 자신의 학문세계가 구축된다.

행정학, 정치학, 물리학, 건축학, 화학, 공학, 수의학 등 각 학문 분야별로 학술단체가 결성되어 학술회의를 개최하고, 전문 학술 논문집을 발간한다. 같은 분야의 연구를 하는 사람들이 모여서 이와 같은 활동을 하려면 학회장을 선출하고, 학회장은 자신을 돕는 사람들을 모아서 학회의 업무를 분담한다. 대부분 각 학회는 학술비판을 통하여 전문성을 축적하는 생태계가 작동하고 있다. 이제 학회가 수없이 많지만, 대체로 역사적 뿌리가 깊은 학회는 자기 분야의 학문적 자존심과 건전성을 가지고 있다.

이들 각 분야에서 축적된 지식이 우리나라 정부의 주요 정책결정에 적극 활용되어야 한다. 우수한 각 개인 학자가 일시적으로 두각을 나타내기도 하지만, 각 학회의 학문 세계에서는 수 세기, 수백 년을 거친 큰 흐름이 있다. 특히, 인기영합주의로 몸살을 앓는 정책의 경우, 이들 전문가들의 목소리를 반영하는 절차를 제도화할 필요가 있다. 사회공론화 위원회가 포퓰리즘의 문제를 건전한 상식을 가진 사람들의 시각에서 정화하려는 것이라면, 그 분야를 평생 연구한 학자 의견이 정책 최고점에서 반영되도록 하는 안전장치도 필요하다.

그 위치는 대통령보다는 국무총리가 낫다. 이 책에서 제왕적 대통령제를 탈피하는 것이 개혁의 기본 방향으로 정했기 때문이다. 현재 각 부처에서 여러 갈등과 이견 조정이 안 되어서 생긴 안건에 대해 국무총리가 조정하는 체제를 발전시켜야 한다. 이미 국무조정실은 각 부처의 업무 분야를 묶어서 행정부 내 업무갈등을 조정하는 역할을 한다. 그러나, 대통령 중심의 정책추진이 이뤄져왔으므로, 중요한 문제는 국무조정실보다는 청와대에서 업무를 조정하는 경우가 더 효과적이었다. 어떻게 보면 국무조정실과 청와대는 기능중복이 되어 있는 조직이라고 볼 수 있다.

국무조정실의 현 기능을 축소하거나 유지하면서, 전문가들의 의견을 취합할 통로로서 '정책조정학술전문단'을 두고, 실무지원조직으로 국무조정실 조직을 활용하는 방법을 생각할 수 있다.

신설하는 정책조정학술전문단은 자문위원회가 아니라 의사결정권한이 있는 행정위원회와 같은 특수한 법적 카테고리를 만들 필요가 있다. 그 위원은 30명 정도로 하며, 임기를 3년(1회 연임 가능)으로 하여, 안정성을 확보하는 것이 필요하다. 이들은 이해관계자의 요구, 압력, 정권의 이익, 정치적 고려 등에서 벗어나 순수하게 자신의 전문가적 능력을 발휘할 수 있게 해야 한다. 예를 들면, 단순히 다수의 건전한 국민이 어떻게 생각하느냐보다 관련 전문가의 의견이 반드시 필요한 원자력 발전소 폐지 같은 것은 이런 위원회에서 다루는 것이 더 적합하다. 이 조직을 실질적으로 운영하기 위해서는 두 가지 조건이 충족되어야 한다.

첫째, 전문가들의 합의제 기능을 확고하게 하도록 자문과 같은 기능이 아니라 실질적 결정권을 주어야 한다. 통상의 위원들이 자주 만나면 일주일에 한 번 모여 한 두 시간 형식적인 회의를 하는데, 이는 의사결정과정을 성실하고 충실하게 밟아나가기 어려운 구조이다. 통상적으로 위원회 밑에 더 젊은 사람들로 구성된 실무(분과)위원회를 두어 위원회는 형식적인 기능만을 하는 경우가 많다. 이를 방지하기 위하여, 이 위원회는 분과위원회를 두지 말아야 한다. 위원들은 3년 임기제이면서 주 2일 근무하는 시간제(별정직 등) 공무원 신분으로 임용해야 한다.

둘째, 국무조정실 자체나 각 부처의 관료주의적 입김에서 벗어나야 한다.

현재 국무조정실장을 장관급으로 하여 주로 경제부처출신 고위공무원이 오고, 다른 자리로 승진하여 가는 자리로 되어 있다. 이를 차관급 정도로 하향 조정해야 한다. 정책조정학술전문단과 같이 일을 하는 각 분야별 조정관(심의관)도 직급을 내려야 한다. 반면에 위원들을 사실상 차관급 이상으로 하여 실질적으로 의사결정하고, 국무조정국 직원은 일주일에 2일 정도 상근하는 위원들을 보좌하는 기능을 해야 할 것이다.

전문가의 심오한 전문적, 학문적 판단이 기초로 정책문제를 해결하려면 진실성이 높은 학자가 필요하다. 겉으로 다 같은 학자같이 보이지만, 성실하게 학자의 길을 걷는 사람과 학자 본연의 임무보다는 정치권이나 행정부처의 인사와 교류에 더 관심을 갖는 폴리페서가 있다. 폴리페서는 이미 자신의 능력으로 정치행정 과정에 참여하고 있으므로 이를 과도하지 않게 적절히 조절할 수 있도록 통로를 확보하는 것이 중요하고 굳이 정책조정학술위원회 조직에 참여시키지 않아도 된다. 자연과학계에서도 연구비를 많이 확보하기 위해 관가를 오가는 일종의 폴리페서들이 많아지고 있는데 이들도 주의해야 한다. 적어도 학술단체의 학회장을 했던 사람들은 그 분야에서 학자로서 어느 정도 인정을 받는 사람이다.

정책혁신랩으로 부작용을 예방하자

문재인 정부에서 추진한 소득주도정책, 주택정책 등이 모두 실패했다고 보는 사람들이 많이 있다. 그런데 정책실패가 무엇인지 정의하기 어렵다. 우리는 정부실패, 정책실패 등의 용어를 쉽게 사용하지만, 행정학적으로 보면 어떤 정책이 과연 실패한 정책인가 결정하는 것은 어려운 문제이다(임도빈 외,

2015). 어떤 정책이 소기의 목적을 충분히 달성하여 폐기되는 일은 드물다. 엄격한 관점으로 보면 실패하지 않은 정책도 없다. 긍정적인 효과도 있고, 부정적인 효과도 있는 것이 보통이다. 지속적으로 수정 보완해서 국민들에게 주는 좋은 효과를 극대화하는 것이 중요하다.

관료들이 정책을 집행하는 행정 현장은 많은 변화를 겪고 있다. 과거 개발 연대에는 정부가 정책을 수립하고 집행하면 국민들은 그대로 순응 내지 협조하는 분위기가 있었다. 이제는 국민들의 교육수준이 올라가고 주인의식도 커져서 스스로 판단하고, 정부 정책보다 더 선제적인 행동이 나오는 경향이 있다. 국민들이 많은 지식과 정보를 실시간으로 얻고 온라인에서 의견을 교환하는 경향도 커져서 이들이 여론을 형성한다. 즉, (정부의)정책이 있으면, (국민의)대책이 있다. 과거의 '정부 → 시민' 일방적 관계에서 이제는 '정부 ⇄ 시민' 상호작용을 하는 관계가 되었다.

따라서 아무리 좋은 의도로 만든 정책이라고 하더라도 국민들의 반응에 따라 천지차이의 결과를 가져올 수 있다. 설익은 정책은 오히려 의도했던 것의 역효과가 나올 수 있다. 문재인 정부에서 추진한 주택정책이 대표적인 예이다. 주택의 가격을 낮춰 미래에 걱정이 많은 젊은이들에게 희망을 주려하였지만, 거꾸로 주택가격과 전세가격이 폭등한 것이다.

이제는 주요 정책을 수립하는 단계에서 그 정책이 세상에 나왔을 때 어떤 반응을 가져올 것인가에 대한 실험적 연구가 필수적인 시대가 되었다. 이러한 정책 집단과의 반응을 연구하여 정책을 효과적으로 집행하는데 도움이 되는 것이 정책혁신랩(policy innovation lab)이다. '정책랩'은 이론적인 측면에서 보았을 때, 행동경제학에서 말하는 것과 같은 내용을 행동 행정학적인 시각에서 적용해야 할 것이다. 즉, 합리성과 대비되는 비합리성, 탈합리성 영역에서 이루어지는 인간의 의사결정에 대한 패러다임을 적용할 필요성이 있다.

영국, 핀란드, 덴마크, 미국 등에서 정책랩을 활용한 바 있다. 정책랩은 사회 변화를 이끌기 위해 정부, 민간싱크탱크, 다학제 연구자, 시민사회 등이 참여하는 협력적 정부혁신 활동으로 정의할 수 있다. 정책을 실험적으로 설계해서 비교집단과 실험집단으로 나눠서 그 효과를 측정하는 형태로 이뤄질 때가 많다. 우리나라도 국가적으로 중요한 주택정책, 교육정책 등 문제에 대해서 이러한 과정을 거쳤으면 오늘날과 같은 문제의 누적이 없지 않았을까 하는 아쉬움이 있다.

정책혁신랩은 청와대보다는 국무총리실에 설치하는 것이 좋을 것이다. 그 정책을 담당하는 부처에 설치하는 방법도 생각해 볼 수 있으나 부처 이기주의가 많이 반영될 것이기 때문에 총리실 이상에 설치하는 것이 바람직하다. 그러나 기구가 클 필요는 없다. 10명 안팎의 조직이면 될 것이다.

정책혁신랩은 새로운 정책아이디어를 얻거나 중요 정책의 집행 시에 적절한 수정을 하기 위한 것이다. 그 정책집행을 담당할 과장, 대학 전문가, 그 정책의 정책집단이 있을 경우, 이해관계자 약간 명으로 구성되는 네트워크형 팀 조직이 바람직하다. 대학이나 국책연구원에서 실무를 보좌하는 역할을 하도록 하는 것이 좋다.

그 운영 방법으로는 국가적 난제를 10개 정도 선정하여, 정권 내내 지속적으로 모니터링하는 것을 권한다. 정책은 너무 작지 않도록 부처의 국 이상이 담당하는 대분류로 한다. 그 정책은 중분류, 소분류 하위정책이 있을 것이므로 이들 간 정책체계도(policy tree)를 그려 놓고, 상충관계를 평가해야 할 것이다.

다음으로 주요 이해관계자를 정책실험에 모두 포함시켜야 한다. 이들을 정책혁신랩의 정규 멤버로 포함시킬 필요는 없다. 그러나 실험에서 제외되어서는 안 된다. 이들 간 상호작용을 보는 것이 정책혁신랩의 핵심 임무이다. 아울러 실험효과를 보기 위하여 유사한 비교집단도 확보해야 한다.

한 가지 유의할 것은 이해관계자의 인식의 차이를 보는 것뿐만이 아니라 이해관계자의 행동변화를 보는 것이다. 어떤 정책은 이해관계집단의 인식 변화만으로도 효과를 낼 수 있다. 즉, 프레임이론(frame theory)에서 말하는 바와 같이 사람들의 생각만 바꿔도 변화를 가져올 수 있다(최인철, 2021).

정책혁신랩이 궁극적으로 이루고자 하는 것은 우리 사회에 의도된 변화를 가져오는 것이다. 주택가격을 낮추려고 한다면, 어떤 정책을 실시하여 실제 주택가격이 낮아져야 하는 것이지 결과적으로 주택가격이 올라가서는 안 된다. 이런 점에서 의도하지 않은 효과(unintended consequence)를 찾아내는 것이 정책혁신랩의 중요한 기능이다.

정책혁신랩의 성공여부는 장기적 모니터링에 있다. 기존 정책의 단기적 실패에 대한 사후약방문격 처방이 여론과 정치적 압력 등에 따라 일관되지 않았던 것이 핵심 문제였다. 문재인 정부가 중점적으로 추진한 주택정책이 27번이나 바뀐 것이 대표적이다(중앙일보, 2021). 문재인 정부가 야심적으로 추진한 주택정책이 시장의 힘을 무시한 불에 기름 붓기였는지, 근본 문제에 대한 답을 찾기 위한 하나의 과정이었는지는 그 주장하는 근거가 되는 자료나 시각에 따라서 달라진다(이창무, 2020).

정책혁신랩에서 중시하는 기준은 어떻게 하면 '어떤 정책에서 의도한 것이 현실로 나타나느냐'이다. 예컨대, 주택정책은 실수요자들이 큰 걱정을 하지 않고 주택을 마련할 수 있는지가 핵심이다. 보수-진보의 정치적 이념 해석의 차이가 되어서는 안 된다. 사실 모든 중요한 정책의 변화는 이러한 시각에서 검토하여 입안되고 집행하면서 모니터링 되어야 한다. 따라서 정책의 중요도에 따라서 각 부처 수준에서 정책디자인과 정책집행시에 정책혁신랩의 원리를 활용해야 할 것이다.

규제개혁위원회를 개혁하자

규제개혁은 정부가 가만히 있어야 할 부문에 잘못된 방법으로 간여하여 민간의 창의성과 발전가능성을 억제한다는 논리에서 주장된다. 주로 경제성장을 최상의 목표로 하고 자유방임국가를 신념으로 믿는 사람들이 주장하는 경향이 있다. 주로 과학기술개발과 기업가 정신의 경제활동을 지지하는 사람들이 자유방임국가를 이상향으로 생각한다. 시장주의를 국가형성의 기반으로 하고 있는 미국을 본받을만한 국가라고 여기는 (신)자유주의 경제학자의 주장도 맥락을 같이 한다.

우리나라도 이런 문제를 인식하여 불필요한 규제를 발굴, 폐지하는 활동을 1998년 「행정규제기본법」의 시행부터 시작하였다. 가장 대표적인 논리는 소위 전봇대 규제로서 예전에 공장 입구에 세워져 있었던 전봇대가 교통흐름 등을 방해해서 옮겨져야 하는데, 막상 관료들은 다양한 이유로 불가하다고 하면서 전봇대는 계속 존치되었다. 대체로 규제도입 당시 의미가 있었으나 시간이 지나면서 상황이 바뀌어 필요가 없는데도 그대로 존재하는 경우 웃음거리가 되는 규제이다.

현행 규제와 새로운 규제에 대해서는 자신이 처한 입장에 따라 찬반이 극명하게 나뉘는 경우가 많다. 안전사고 발생 시에 최고 경영자를 구속하도록 하는 중대재난방지법은 열악한 노동환경에 있는 사람 입장에서 보면 당연히 도입하여 억울한 죽음을 방지해야 하는 것이 맞다. 대기업은 최고경영자가 그 수많은 노동자의 안전을 일일이 책임지고 감독할 수 있느냐의 논리를 편다. 또한 중소기업은 사장이 구속되면 회사가 문을 닫게 될 가능성이 높아서 오히려 다른 노동자에게 더 피해가 될 것이라고 주장한다. 양쪽 모두 타당성이 있는 주장이다.

　이런 상반된 주장에 대해 내리는 결론은 명료하다. 민간의 창의력과 효율성을 최대한 발휘하도록 경제적 규제, 특히 진입규제는 없애야 한다는 것이다. 다른 한편으로는 불특정 다수의 국민들이 위험에 빠지지 않도록 사회적 규제는 강화해야 한다. 그러나 사회적 규제와 경제적 규제가 서로 상충될 때가 문제이다. 실제 사안을 보면 각도에 따라 판단이 달라질 수 있다.

　규제는 나쁘다는 전제 하에 규제개혁을 담당하는 조직은 점점 증대되었다. 국무총리와 민간위원장이 공동으로 위원장을 맡고 있는 규제개혁위원회는 규제개혁에 관심이 많은 민간위원들로 구성되어 있고, 국무총리실에 규제조정실이 있다. 각 부처에도 부처 규제개혁위원회가 있고, **(명칭은 다양하나)** 규제개혁을 담당하는 과 정도 규모의 조직이 있다.

　2021년 9월 기준으로 청·처·위원회·부에 소속된 규제개혁법무담당관은 최소 255명이다. 경찰청, 공정거래위원회, 보건복지부는 규제개혁법무담당관 혹은 규제개혁조직이 존재하지만, 홈페이지 기준 인원수가 명시되어 있지 않다. 행정안전부는 지방규제혁신과, 국방부는 규제개혁법제담당관이라는 이름의 조직에서 일하는 인력을 합산하였다. 총리실의 규제조정실 정원은 「국무조정실과 그 소속기관 직제」에 따라 규정하며, 최근 신산업 규제혁신 업무를 추진하기 위하여 필요한 인력 1명, 신기술이나 신산업에 등에 대한 규제 특례 업무를 추진하기 위하여 한시적으로 증원한 인력 2명의 존속기한을 2년 연장한 바 있다.

규제개혁담당 인력의 인건비가 만만치 않고, 이 외에도 조직 운영비용 등이 추가될 것이다. 정부 입법에서는 규제영향평가라는 절차를 만들어 정책형성의 시간을 지연시키는 역할도 하였다. 오랫동안 많은 노력을 해왔는데, 그 성과는 미미하다. 이제 현재의 규제개혁시스템을 재평가 해 볼 때가 되었다.

규제개혁위원회의 성과는 객관적으로 모든 사람들이 받아들일만한 평가를 내리기 어렵지만, 만족스럽지 않은 것은 공통적이다. 첫째, 정부규제의 필요성에 대해서 평소 생각하는 것이 사람마다 다르다. 둘째, 대부분 실제 규제현장에 대한 정보를 부분적으로 가지고 규제활동을 평가한다. 따라서 규제개혁위원회의 존폐를 논하기도 어렵지만, 개혁은 해야 한다.

국회의 규제입법을 줄이자

서로 양면적인 규제제도에 대해 내릴 수 있는 처방에 대해서 다른 차원에서 접근해야 한다. 규제생산의 주체를 행정부보다 국회로 전환하는 것이 대표적이다. 국회가 입법하면 행정부가 하위 행정규범을 만들기 때문에 국회에서 규제를 내용으로 하는 입법을 자제토록 하는 것이 필요하다. 특히, 의원입법을 통해 국회의원들끼리 상호 경쟁하다보니 규제가 양산되는 측면도 있다. 정부 입법도 결국 국회에서 통과되지 않으면 안 되므로, 적어도 규제를 담은 법에 대한 제·개정은 행정부가 아닌 입법부가 해야 효과적일 것이다.

국회가 점점 법을 많이 만들어서 규제를 생산하고 있는 것은 부정할 수 없는 사실이다. 역대 국회가 2만 개 정도 법률안을 발의하여 심의하고, 1년에 천 개 정도의 법안이 가결된다. 이들 법안의 대부분은 규제와 연관되어 있다.

규제를 만들어내는 시초인 법안이 탄생하는 국회에 눈을 돌릴 필요가 있다.

지금까지 국무총리실에서 운영한 규제개혁위원회는 행정부만을 대상으로 하였기 때문에 문제의 근원을 접근하지 못했다. 한강 수질오염문제를 다루려면, 한강 상류의 수원을 관리하여야 하는 것과 같은 이치이다. 입법 단계에서부터 규제문제가 다뤄지고, 행정부의 집행단계에서도 다시 다뤄줘야 할 것이다. 이런 문제를 고려하여 생각해 볼 수 있는 대안은 다음과 같다.

첫째, 현재 국무총리 산하의 규제개혁위원회를 그대로 유지하고, 국회 내부에 국회규제개혁위원회를 민간 공동으로 만드는 것이다. 둘 사이에 유기적인 협조를 한다면, 입법부와 행정부 차원에서 2중으로 걸러내는 작업이 이뤄질 수 있다는 장점이 있다. 그러나 만약 두 위원회 간에 협조가 잘 안된다든지, 정치적 이념논쟁에 사로잡힌다면 오히려 비효율성만 높일 가능성도 있다.

둘째, 국무총리수준에서 벗어나 대통령 직속이나 범정부적 독립위원회로 규제개혁위원회를 승격하는 것이다. 물론 대통령 직속으로 하면, 특정 이슈가 되는 규제 문제에 대하여 정당·정치적 논란의 우려가 있다. 이를 벗어나기 위해서는 현 방송위원회와 같이 위원을 정당에서도 추천하는 등 대통령과 독립된 위원회로 만드는 것도 방법이다. 그러나 이 경우에도 규제가 정당정치의 희생물이 될 위험성이 있다. 이를 벗어나기 위한 적절한 위원구성 등의 원칙이 필요하다.

셋째, 국민권익위원회나 감사원과 같은 기존 독립 기구에 규제개혁위원회를 병설하는 방법이다. 모든 조직은 자율적으로 개혁하기에 부족하므로 외부화해야 된다는 논리이다. 따라서 각 부처청에 있는 규제개혁담당관도 없애고, 외부기관을 만드는 것을 의미한다. 마치 회사에서 준법감시관으로 변호사를 채용하듯이, 규제개혁을 담당하는 직원이 그 부처청 소속 직원이 아니고 별도의 직원이어야 한다. 현장 감각의 중요성을 고려하여 국가행정지역청에 규제담당업무를 담당하는 것이다.

　종합해보면 규제개혁 관련 인원과 조직은 커졌지만 성과는 미미하므로 일단 축소가 필요하다. 이미 조직 학습이 일어났기 때문에 허리띠를 졸라매고 더 작은 조직과 인력으로 유사한 업무를 할 수 있을 것이다. 규제 관련 조직의 발전적 해체와 새로운 틀을 제시하는 리더십이 요구된다.

09
한국의 공공부문 개혁!
이렇게 하면 어떨까?

● **더 좋은 나라, 이렇게 하면 어떨까?**
한국 사회가 묻고, 임도빈이 답하다.

정체된 정부 조직을 바꾸자

조직이란 사람을 일정한 '공간'에 위치시켜서, 그 사람의 시간을 특정 업무에 쓰도록 강제하는 틀이다. 공간이란 사무실과 같은 물리적 공간을 의미하지만, 다른 사람(직원)과의 관계를 위치시키는 보이지 않는 공간도 의미한다. 복수 이상의 사람들은 이런 공간에서 협업한다.

중앙정부 공무원 47만 8,110명(2020년 기준)이 큰 경기장 같은 공간에 모두 모여서 함께 일할 수 없기 때문에, 적당히 나눠서 배치하여 칸막이를 치고, 일하게 하는 장소가 필요하다. 정부가 수행할 일들이 수없이 많은데, 이들에게 업무를 적절히 나눠주고 업무상 준수해야 하는 법률의 범위에서 정책을 만들어내어 집행하는 단위가 조직이다.

보건복지부, 환경부, 행정안전부 등 우리나라 정부 '부' 조직은 소속 공무원의 승진 전보 등 인사, 예산을 편성하여 지출하는 정부 조직의 중요 단위이다. 이외에도 청, 처, 본부, 원 등 다른 단위조직에서 일하는 공무원들은 정식의 '부'로 승격되는 것이 가장 큰 소원이다. 2021년 9월 현재 정부조직은 18

부 4처 18청 7위원회, 2원 4실 1처(54개)로 구성되어 있다.

'부'는 법률안 제안 등 행정행위를 독자적으로 할 수 있는 독립성을 가지고 있기 때문에 대외적으로 힘 있는 조직단위이다. 대통령은 '부' 조직을 지휘하는 장관을 통하여 정책을 추진한다. 이에 비하여 처는 국무총리에 속해 있고, 청은 부에 속해 있는 일종의 하위조직이다. 따라서 독립성과 자율성을 가지고 정부업무를 추진하는 사람은 처·청장보다는 장관이다. 방송통신위원회 등은 장관 혼자 결정하기보다 복수 이상의 위원회를 통하여 주요 결정을 하는 위원회 위원장도 조직의 위상으로 보면 장관과 유사하다.

이렇게 힘 있는 자리이기 때문에 장관과 위원장은 정부 밖 정치의 장에서도 돋보이는 존재이다. 이들에 힘을 실어주기 위해 국회 인사청문회를 통하여 윤리·도덕적 기준과 정치성을 검증하고, 언론은 이들의 일거수일투족에 주목한다.

부가 힘이 있기 때문에, 처와 청의 관료들은 자신이 속한 조직이 부로 승격되기를 원하고, 부의 관료들은 일부를 키워서 다른 부로 독립되기 원한다. 물론 사회가 발전하면서 정부 일이 많아지고, 정부의 활동 방법이 다양해지면서 특정한 문제를 다루는 정부의 '부'급 기관이 있어야 한다는 논리도 설득력 있다. 즉, 부로 끊임없이 '분화'하려는 원심력이 작용한다. 특히, 대통령 선거 등 정권 변동기에는 관료들의 조직보호 내지 조직분화 주장이 엄청나게 거세진다.

다른 한편으로는 너무 많은 부처를 만들어 놓으면 이들 간 갈등과 조정의 문제가 생기기 때문에 부처의 수를 줄여서 통합해야 한다는 '통합'의 논리가 있다. 일부 정치인이나 학자들이 구심력을 주장한다. 가장 쉬운 논리가 유사 중복 조직을 통폐합하는 식의 효율화이다.

그런데 우리나라 정부 조직을 자세히 들여다 보면 1948년 정부수립 시 생긴 조직들이 끊임없이 분화되어 왔음을 알 수 있다. 특히, 경제성장기에 조직팽창은 당연시 되었다. 성장의 패러다임 지배적이고 경제 성장을 하는 시기에는 겉으로는 조직팽창을 억제하는 듯 하지만 실제로는 팽창을 거듭하고 있다.

그러나 장관의 수는 무한대로 커질 수는 없다. 장관이 국무위원을 겸하기 때문인데, 대한민국 헌법 제88조에서는 국무위원 수를 15인 이상 30인 이하라고 규정하고 있다. 국무위원이 아닌 장관은 존재할 수 없으므로 '부'의 수는 최대 30개라고 할 수 있다. 2021년 현재 장관은 18인이다.

대통령의 입장에서 보면, 정부 조직이란 자신이 그리던 이상적인 사회를 실현시키기 위한 도구이다. 따라서 새 정부가 출범하면 가장 중요하게 생각하는 일은 국정 철학을 실현할 수 있도록 정부 조직을 개편하는 것이다. 조직 개편 규모나 소요 시간에서 차이가 존재하지만, 역대 정부에서는 계속 조직 개편이 단행되었다.

그러나 2021년 현 정부의 조직은 이명박 대통령 취임 시 개편한 것을 부분적으로 손질한 것이다. 박근혜 정부 출범 시 국회의 반대로 소폭으로 개편했고, 문재인 정부는 대통령직 인수위 없이 출범하면서 역시 소폭으로 개편하였다. 따라서 현 정부 조직은 13년 이상 유지되면서 안정성은 있지만, 그 이면에는 조직의 단점도 계속 누적되어 왔다. 마치 고인 물은 썩듯이 조직이 그대로 있으면 부처 이기주의는 더욱 강화되어 철옹성으로 변한다. 따라서 나름 새로운 시도를 할 때가 되었다.

세월이 지나면서 특정 업무가 늘어나거나 유사한 영역에서 새로운 기능이 생기면, 제로베이스에서 합리적인 검토 없이 기존의 힘이 센 특정부처에

부가하여 부서가 커지고 새로운 부서가 신설되는 방식으로 정부 조직은 진화해 왔다. 따라서 A부서에 있을 실국과가 B부서에 있기에 비효율성을 초래하는 경우도 종종 발견된다. 결과적으로 이런 저런 이유로 어떤 부처는 조직이 비대하고 어떤 조직은 빈약하여 독립된 조직단위로서 생존이 어려운 상태도 생겼다. 이런 문제를 감안하여, 새로운 환경변화에 맞게 유사업무를 이관할 필요가 있다.

정부조직개편 과정에서 특히 주의할 것은 지나친 포퓰리즘이다. 국민 중 특정 이해집단들이 특정 부처의 존폐에 과도하게 의견을 표출하고, 이를 반영할 수밖에 없는 상황을 피해야 한다. 다른 하나는 관료들의 이해관계에 종속되는 관료 포퓰리즘도 피해야 한다.

요컨대 행정적·조직적 합리성이 정치적 논리보다 우선시되어야 한다. 정부 조직이란 그 자체에 목적이 있는 것이 아니라 정책실현 도구이기 때문이다. 과연 국민 모두의 행복이 증진되기 위한 수단으로 정부조직개편의 원칙이나 기준이 무엇인가를 생각해 보아야 할 것이다. 따라서 차기 정부에서 부, 처, 청을 다시 조직화하는 원칙은 다음과 같이 제시하고자 한다.

첫째, 변화의 원칙이다. 대대적으로 크게 변화시켜야 한다. 지금까지 대폭 개편이 어려웠던 것은 부처 신설보다는 폐지가 어렵기 때문이었다. 정부 담당 업무는 점점 많아지고 중요해지기 때문에 이를 전담하는 부처를 신설해야 한다는 논리가 설득력이 있다. 반대로 현존하는 부처를 폐지한다고 하면 마치 정부가 그 업무를 통째로 포기하는 것으로 받아들여 정부 내외의 반대가 매우 심했다. 지금까지 조직변화는 한번 생긴 정부의 기능은 완전히 사라지지 않고 정부나 준정부기관 어디인가에 남아있는 경우가 대부분이다.

따라서 반대에도 불구하고 과감하게 부처 폐지를 추구해야 한다. 부처 관료들을 중심으로 통폐합에 대한 대대적인 반대의 목소리를 극복해야 한다. 부처명에서 사라지거나 달라지더라도 대부분의 경우 정부가 그 분야에서 완전히 손을 뗀다는 것은 아니다. 즉, 강조점의 차이며 비중을 조정하는 정도로 상징적인 의미가 더 크다.

둘째, 조직간 권력론의 원칙이다. 부처 조직 간의 관계는 서로 '힘'을 겨루는 경쟁의 장으로 보기도 한다. 그런데 정권이 바뀌더라도 큰 틀을 그대로 유지해 온 부처 간에 권력이 심하게 불균등하게 배분되는 결과를 초래하였다. 세월이 지나면서 권력이 센 부처는 더 세고, 약한 부처는 더 약해지는 권력의 빈익빈 부익부 현상이 생긴 것이다. 정부내에서는 어느 한 부처가 지배해서는 안 되고, 부처 간 권력을 균등하게 서로 견제하게 해야 한다는 원칙을 지켜야 한다. 모든 정부 조직은 자신의 목표를 추구하면서 다른 부처가 반대하면 이를 이겨야 한다는 논리 때문에 갈등이 생긴다.

권력론의 입장에서는 우선 이들 양 부처의 힘을 균등하게 하고 하나의 부처로 통합을 제안할 수 있다. 어느 부처가 과도하게 커져서 정부 내에서 힘이 강한 반면, 어느 부처는 규모가 너무 작아서 큰 부처의 한 실이나 본부 정도의 규모이기 때문에 실제 업무추진에 한계가 있다. 따라서 부처의 규모를 가급적 비슷하게 조정할 필요가 있다.

따라서, 권력론 입장에서 견제와 균형의 원칙을 작동시켜 정책조정을 효율화해야 한다. 구체적으로 부처 간 갈등을 부처 내 갈등으로 내재시켜서 정부전체의 효율성을 높이자는 것이다. 예컨대, 환경부는 환경보호라는 조직목표를 향해 정책을 수립하고 추진하며, 국토교통부는 국토를 잘 활용하기 위해 사회간접자본을 건설하는 것을 정책목표로 한다. 자연보호와 환경훼손은 서로 대립되는 목표라고 할 수 있다. 이들 부처가 각각 업무를 추진하다가 서로 정책 갈등이 있으면 부처 간 조정이라는 과정을 거쳤다. 이 경우 정책추진 부처에서 타 부처의 반대 논리를 철저히 예상하여 정책을 수정하든지 반대 논리를 고안하는데 큰 노력을 해야 했다.

그런데 악마의 대변인(devil's advocate) 혹은 레드팀(red team) 등이 한 부처 내부에 있으면 그 정책은 부처 간 조정 단계에서 살아남을 가능성이 커진다. 악마의 대변인은 의도적으로 반대 의견이나 태도를 취하는 역할을 담당하는 사람을 의미하며, 레드팀은 조직의 취약점을 찾기 위해 적(또는 경쟁자)이 취할 수 있는 전략을 구사하도록 역할을 부여받은 고도로 훈련된 개인이나 팀을 의미한다.

권력론의 입장에서 반대의 목소리를 한 부처 내부에 두자는 것이다. 정책의 양면성을 고려하여, 의도적으로 서로 대립되는 목표를 추구하는 부처를 하나로 통합하여 그 부처 내부에서 갈등요소를 조정할 필요가 있다.

예를 들면, 공적개발원조(ODA)를 둘러싸고 기획재정부와 외교부의 갈등의 골이 깊다. 심지어 한국을 대표할 국제회의장에서 부처가 언쟁을 벌이는 사건까지 있었다(연합뉴스, 2015.03.03.). 기획재정부는 ODA도 경제적 논리가 적용되어야 하며 개발도상국에 유상으로 지원해야 한다는 입장을 보였다. 외교부는 국제적 위상, 트렌드 등을 고려하여 무상지원을 주장한다. 일본도 한국과 유사하게 유무상 원조와 관련하여 외무성과 재무성을 비롯한 관련 성청 갈등을 겪었다. 이러한 갈등을 해결하기 위해 유무상 원조를 조정할 수 있도록 일원화된 조직을 출범시켰다.

셋째, 국민중심으로 정책집행을 효율화해야 한다는 원칙이다. 정부 조직은 대통령의 수단이지만, 궁극적으로는 실수요자인 국민을 만족시켜야 한다. 조직개편 논의에서 이런 필요성이 간과되는 경향이 있다. 고도 성장기는 새로운 정책기획이 정부의 주요 활동이었다고 한다면, 이제는 정책집행이 실제 현장에서 제대로 이뤄지는데 더 강조점을 두어야 한다. 정책형성이나 평가하는 머리에 해당하는 '부'의 조직에서 손발에 해당하는 '청', '처' 조직에 더욱 힘을 실어줘야 한다.

같은 맥락에서, 상위 부처의 이기주의가 일선 집행 현장에 오면 매우 큰 장애요인이 되고 있음을 인정하고 개편해야 한다. 오늘날 대부분의 정책문제는 단일부처에 완전히 종속되기보다는 타 부처의 임무와 연관되는 다층 연관성을 가지고 있다. 예를 들면, 외국인 유입의 증가는 출입국 관리, 이민, 다문화, 노동 등 다양한 영역에서 한국 사회에 영향을 미치며, 여러 부처가 관여할 수밖에 없다. 이처럼 해결하기 어려운 정책 문제를 사악한 문제(wicked problems)라고 표현하기도 한다.

이런 문제를 해결하기 위해서는 기존 조직운영방법을 탈피해야 한다. 예컨대, 청이 꼭 하나의 부 밑에 있어야 하는지에 의문을 제기할 수 있다. 오히려 두 개 이상 '부'의 업무를 수행토록 하는 새로운 유형의 조직이 필요하다. 정책집행단계에서 서로 다른 부처의 정책이 만나게 되어 있기에 새 정부는 청의 숫자를 적절히 늘리지만 부처 간 관계를 더 다원화하는 제도적 보완이 필요하다.

청와대 조직을 반으로 줄이자

매번 대선후보는 제왕적 대통령을 지양하겠다는 공약을 내세우지만 해결되지 않았다. 실제 법률상의 권한을 보면, 권력이 대통령에게 그리 많이 집중되어 있지 않은데, 운영에서 이런 결과를 초래한다. 그 이유는 인적 요소와 조직적 요소가 있다. 인적 요소는 최순실 사태에서 보는 바와 같이 비선 또는 실선의 일부가 권력을 남용해 모든 권력이 이들을 우회할 수 없는 것처럼 사람들이 인식하는 순간 대통령의 권력이 비정상으로 크게 인식된다.

조직론으로는 특정 조직이 존재하면 반드시 일을 더 만들어내고 권력을 행사한다는 기본 원칙이 작동된다. 청와대 조직은 국회의 통제 없이 대통령의 재량권에 속하는 것인데, 각 분야별 수석자리를 만들고, 각 부처의 유능한 공무원들을 대표로 파견 근무하는 방법으로 행정부의 조직에 '옥상옥' 조직이 되기에 문제였다. 이런 조직이 존재하면 각 부처가 최고 권력자(대통령)의 눈치를 많이 보고, 대통령의 분신인 청와대 조직이 권력을 행사한다. 옥상옥 형태의 조직을 없애는 것이 제왕적 대통령제를 막을 수 있는 조직론적 처방이다. 이렇게 하면, 청와대의 규모가 현재의 절반이라도 가능하다.

특히, 노무현 정부 이후, 비서실장(및 수석) 이외에 대통령 핵심 의제를 담당하는 정책실장 자리가 생기면서 대통령의 행정부에 대한 권력은 더 증가되었다. 부처 입장에서 보면, 일상적인 행정업무는 관련 수석 또는 비서관을 통하고, 대통령이 중점적으로 추진하는 정책에 관해서 정책실장의 지휘를 받은 것이다. 따라서 수석비서(chief secretary)라는 직책명은 장관 이상으로 권위적인 모습을 가질 수밖에 없었다.

이제는 명칭부터 수석보다는 수석자문(advisor)으로 하는 것을 제안한다. 군림하는 자리가 아니라 대통령의 두뇌 역할을 하는 보좌역할에 그치게 해야 한다. 대통령비서실장에게 연결통로가 되는 수석-비서관 라인은 없애는 것이 옥상옥 현상을 줄이는 방법이다. 같은 논리로 국무총리가 일상적 행정관리를 책임지게 하기 위해서는 오히려 옥상옥 형태의 조직을 국무총리실에 만들고 강화하는 것이 필요하다. 반면, 대통령이 임기동안 중점적으로 추진하고자 하는 대통령 어젠다를 챙기는 실장은 필요하다. 이것은 대통령은 국가수반으로서의 역할에 집중하고, 행정부 수반으로서의 임무를 국무총리에게 많이 넘겨준다는 것을 의미한다.

국가원수로서의 임무를 수행하기 위한 조직은 정비되어야 한다. 현재 국가안보실의 기능은 보강할 필요가 있다. 즉, 대통령 실장 아래 외교안보 수석자문관을 두고, 대통령의 정책 색깔에 따라 다른 분야의 수석자문관의 이름을 부여하여 신설한다. 예컨대, 일자리 수석자문, 인구정책 수석자문, 환경 수석자문 등이다. 우후죽순격으로 생긴 대통령 직속 각종 위원회도 정비되어야 한다. 지방자치분권위원회 등과 같이 오랜 기간 지속된 것은 정규 조직으로 흡수하고 새로운 대통령 관심사에 대한 자문기구로서 위원회를 설치하는 것이다.

실세 국무총리를 만들자

제왕적 대통령에서 벗어나기 위해 염두에 두어야 하는 가장 큰 원칙은 대통령의 실질적 2인자를 청와대 밖에 둔다는 것이다. 장관책임제로 다수 장관에게 많은 권한을 주는 것도 필요하겠지만, 이는 대통령으로 권한집중이 되는 구심력을 막지 못한다. 따라서 구심력이 작용되는 것을 받아줄 제2인자가 필요하다.

구체적으로 현재 청와대가 독점한 권력을 거의 통째로 국무총리실에 주는 것을 고민할 필요가 있다. 조직론적으로 본다면, 각 부처에서 청와대에 파견되는 엘리트 관료들로 구성되는 각 수석실의 조직을 거의 그대로 국무총리실에 옮기는 안이다. 현재 국무조정실도 몇 개 부처를 묶어서 관할하는 형태로 되어 있으므로, 외형상 현재와 유사하나 실제 권력은 강화된다. 부연한다면, 청와대의 각 수석실의 기능이 폐지되고 사실상 국무조정실이 국정조정실이 되는 것이다.

앞에서 설명한대로 현재 규제개혁실은 개혁되어야 하고, 실제로 규제개혁은 각 부처의 업무추진과정에서 이뤄지고 이를 조정 확정하는 과정에서 국정조정실의 일상 업무로 내재되어야 한다. 국무총리실에서 국무회의 상정안건을 조정하는 과정에서 이를 검토하는 것이 가장 효과적일 것이기 때문이다.

국무총리가 일상적 정책을 추진하려면, 장관들이 대통령이나 청와대에 직접 달려가지 않게 하고, 각 부처에서 필요 자원이나 수단을 통제할 수 있어야 한다. 이를 위해서 현재 집행업무를 주로 담당하지만 여러 부처에 연계되어 한 부처에 속하기 어려워 총리 아래의 처로 있는 식약처나 조직 위상 때문에 총리 아래 소속된 국가보훈처 등은 과감하게 특정 부처 소속으로 하고, 실제 총리가 직접 챙겨서 장관에 대한 권력이 강화될 수 있는 것은 처로 할 필요가 있다.

부처 간 권력 균등을 추구하자

조직이란 공무원이 그 속에서 일하는 '틀'에 불과하고, 실제 움직이는 것을 보면 살아있는 유기체와 같다. 한 부처의 공무원들은 같은 건물에 근무하면서 다른 부처와 경쟁하며 업무를 수행한다. 정부 각 부처는 균일한 하나의 조직체인 것 같지만, 그 내부는 본부, 실·국·과 담당관 등이 있어 이들 간에 경쟁 또는 협력하는 복잡한 존재이다.

관료들이 일하는 심리 상태를 요약하는 말이 경쟁심이다. 인간으로서 갖는 보통의 감정인 배고픔은 참아도 배 아픈 것은 못 참는다는 속담과 같다. 조직에서 평생을 근무하는 공무원들도 의식적이든 무의식적이든 이런 감정을 가지고 있다.

어떤 공무원은 자기 개인 중심으로 생각하여, 조직 내 모든 사람을 경쟁자로 여긴다. 대인 경쟁심이 강한 사람들이다. 반대로 어떤 사람들은 자기 부처라는 조직에 더 동일시하여 다른 부처와의 경쟁을 중시한다. 부처 간 경쟁심이 강한 사람들이다. 조직 권력이 강한 부처에서 근무하는 사람들은 조직 단위에서 엘리트 의식과 같은 것이 생기고 그에 따라 동료의식이 강화된다. 그 반면에 개인 간의 경쟁심은 그렇지 않는 부처에 비하여 상대적으로 약화된다. 그 반대의 경우도 마찬가지이다. 즉, 권력이 약한 부처의 공무원들은 자신들이 개인 차원에서 살아남기 위하여 대인 경쟁심이 그렇지 않은 부처에 근무하는 사람들보다 약하다.

이러한 경향은 2021년 서울대학교 행정대학원 정부경쟁력센터에서 29개 정부 부처 공무원을 대상으로 실시한 설문조사 결과에서 잘 나타난다. 관료들의 대인 경쟁심은 부처별로 차이가 존재하는 것으로 나타났다. 이때 대인 경쟁심이란 타인과의 비교에서 타인을 뛰어넘고자 하는 욕구라 할 수 있다. 경쟁심은 긍정적인 면과 부정적인 면 모두 존재한다. 여기서 대인 경쟁심은 부정적인 면이 강조되는 개념이다. 대인 경쟁심이 높은 사람들은 윤리적 기준이 낮으며, 이기고자 수단과 방법을 가리지 않는 측면이 있다. 한편, 개인 발전 경쟁심은 자신의 발전을 위해 스스로가 정한 목표와 경쟁하고, 윤리 등 보편적인 가치를 중요시하는 측면을 강조한다.

대인 경쟁심이 강한 상위 5개 부처는 산림청, 기상청, 인사혁신처, 식품의약품안전처, 농촌진흥청 등으로 처, 청 단위의 조직이었다. 힘이 약한 부처에 있는 공무원일수록 각자 도생 방식으로 살아간다는 얘기고 부처 이기주의가 약할 것이라는 것을 의미한다. 이에 반해 대인 경쟁심이 약한 하위 5개 부처는 보건복지부, 과학기술정보통신부, 통일부, 환경부, 고용노동부 등 부 단위의 조직으로 나타났다. 이들 부에서 일하는 관료들은 거꾸로 부처단위 이기주의가 더 클 가능성이 높다.

경쟁심이 높은 사람들은 자신뿐만 아니라 자신이 속한 조직이 경쟁 조직보다 높은 위치에 있는 것을 중요시한다. 소속 조직을 위해 기꺼이 상대 경쟁조직을 대상으로 비윤리적인 행동을 한다(정윤진, 2021). 따라서 정부 전체로 보면 부처 이기주의 등이 생겨서 부정적인 결과를 초래한다.

관료 개인과 정부 전체를 고려한다면, 필요한 것은 부처 간 권력 균등의 원칙이다. 새로운 정부의 국정 과제로 부처 간 칸막이와 이기주의를 없애고, 협업을 내세우지만 쉽게 해결되지 못하는 이유는 결국 권력 불균형 때문이다. 조직, 인사, 예산 면에서 지나치게 작은 부처는 이런 원칙에서 피해자가 될 수밖에 없다. 부처 간의 권력 불균형은 그 규모, 예산 규모 등의 차이를 보면 알 수 있다.

기획재정부는 권력이 크기 때문에 대인 경쟁심이나 부처 간 경쟁심 양쪽모두 높지 않다. 굳이 경쟁심을 크게 느낄 필요가 없다. 여성가족부 직원은 333명인데, 기획재정부 공무원은 1,300명이 넘는다. 교사(교육부), 우편집배원(과학기술정통부), 외교관(외교부), 경찰, 소방 등 특수직렬 공무원이 많은 부처를 제외하면, 본청 수준에서는 기획재정부의 규모가 큰 편이다. 기획재정부 공무원 1인이 평균 약 248억 원의 예산을 담당하고 있다. 단순히 예산 자체만 본다면 보건복지부의 예산이 가장 크지만, 복지부가 담당하고 있는 사업 수, 범위 등을 고려한다면 그렇지 않다.

나아가서 기획재정부는 부처에 예산을 배분하는 권한이 있어 부처 위에 군림하는 슈퍼 부처라고 할 수 있다. 결국, 보건복지부 예산도 기획재정부에서 결정되는 부분이 크다. 이렇다 보니 다른 부처는 예산을 따기 위해 기획재정부 비위를 맞춰주고, 기획재정부 담당 공무원을 만나기 위해 시간을 허비한다(동아일보, 2013.09.01.).

미래 변화에 맞게 공무원 정원을 고민하자

우리나라 공무원은 많은 것인가? 이 질문에 그렇다고 답하는 사람이 많을 것이다. 주위 공무원 가운데 빈둥거리는 것처럼 보이는 사람들이 많이 있기 때문이다. 이에 대한 더 정확한 답을 찾기 위해 공무원 1인당 국민 수 등의 수치로 국제비교를 해 볼 수 있을 것이다.

그러나 공무원의 정의가 나라마다 다르기 때문에 어느 나라보다 큰 조직인지 아닌지를 수평적으로 비교하기는 어렵다. 유럽 국가는 의사, 간호사 등 의료인력 직군이 공무원 신분의 한 직군으로 되어 있는데 우리나라는 국공립병원 의사만 공무원으로 통계에 잡힌다. 초·중등·대학 교원도 마찬가지이다. 이런 차이를 고려하더라도 대략 우리나라 공무원이 OECD 국가에 비하여 지나치게 많다고 하기는 어렵다.

그렇다면 얼마나 빠르게 관료제가 팽창되었는지 의문을 제기할 수 있다. 개발 연대 이후에 우리나라에 여러 문제를 해결하기 위하여 정부 기능이 확대되었다. 그에 대한 정부 관료제 팽창이 얼마나 적절하게 이뤄졌느냐의 문제와 연결할 수 있다. 업무량과 관계를 보기 위해 경제지표인 국민총소득 등을 정부 업무량의 증대를 요구하는 대략적인 비교 기준이라고 본다면, 우리나라 정부의 규모가 급속히 팽창하였다고 보기는 어렵다. 문재인 정부에 들어와서 더 빨리 증가하기는 하지만 말이다.

일단 급속한 발전을 고려할 때 우리나라 정부 공무원 수의 증가속도는 비교적 잘 통제되어 왔다고 할 수 있다. 그 이유는 정부에서 독특한 조직관리 기법을 사용해 왔기 때문이다. 구체적으로 조직과 인원이 적정규모가 유지되도록 대통령령인「행정기관의 조직과 정원에 관한 통칙」에서 정하고 있다. 이를 기준으로 행정안전부 조직실에서 각 부처의 조직팽창을 억제하는 역할을 하고 있다.

그러나 이러한 논의는 모두 상대적인 것이고, 우리 정부 규모가 크지 않다는 것을 말해 주는 것은 아니다. 2020년 말 현재 총 공무원 수는 1,131,796명인데, 여기에는 입법부, 사법부, 헌법재판소, 선거관리위원회 등 행정부 공무원에 포함되지 않은 사람 수가 포함되어 있다. 근래에 들어 행정부에 속하지 않는 헌법기관들의 인력 증가가 크다.

나아가서 이들 공무원들의 업무량이 비슷하지 않다는 점도 고려해야 한다. 어느 부처는 업무량 과다인데, 다른 부처는 그렇지 않다. 예컨대, 선거관리위원회는 2,903명이 정원인데 대선, 총선, 지방선거 등 큰 선거가 치러지지 않는 해에는 딱히 수행할 업무가 없다. 더구나 전 세계에 이렇게 많은 수의 선거만을 관리하는 공무원이 상시적으로 고용된 나라는 우리나라 밖에 없다.

다른 측면에서 인력과잉을 가늠해 볼 만한 것은 AI와 같은 미래사회 변화이다. 예컨대, 통계청은 2,000여 명의 사회조사요원이 전국에 있다. 코로나19로 면접조사가 없어진 이후, 이제 가구를 방문하여 면대면 조사는 점점 사라질 것이다. 빅데이터 시대에 신용카드 사용액으로 소비를 측정하는 등 간접적으로 할 수 있는 영역이 점점 늘어날 것이다. 따라서 통계청 인력이 과잉으로 남을 것이므로, 재훈련 또는 재배치해야 할 것이다. 업무효율화를 제대로 한다면 아마 공무원의 수를 절반 이하로 줄일 수 있을 지도 모른다.

우후죽순 생겨나는 그림자 정부를 감시하자

더구나 우리 정부가 작은 정부라고 단정하기 어려운 불편한 진실이 있다. 즉, 공무원 규모, 정부 부처 수로만 정부 조직 운영 관리가 효율적으로 이루어졌다고 자화자찬하는 것은 신중을 기해야 한다. 여기에 속하지 않는 다른 형태의 공공인력이 계속 늘고 있기 때문이다. 소위 '그림자 조직'이 매우 많이 생기고 팽창했다. 대표적인 것이 공기업이며, 특수법인 등의 형태를 띤 ○○정보원, ○○개발원, ○○진흥원 등도 마찬가지다.

2021년 현재 일정 요건을 갖추고 기획재정부 장관이 지정한 공공기관은 총 370개(본부기관: 350개, 부설기관: 20개)이다. 공공기관은 목적, 재원 등의 기준을 통해 시장형 공기업, 준시장형 공기업, 기금관리형 준정부기관, 위탁집행형 준정부기관, 기타 공공기관 등 5개 유형으로 구분된다. 2021년 시장형 공기업은 16개, 준시장형 공기업은 20개, 기금관리형 준정부기관은 13개, 위탁집행형 준정부 기관은 83개, 기타 공공기관은 218개이다. 기타 공공기관 수의 변화가 가장 컸으며, 정부 부처들이 기타 공공기관 지정을 통해 규모를 넓히고 있음을 짐작할 수 있다.

주무 부처별 공공기관 수를 살펴보면, 과학기술정보통신부가 59개로 가장 많았으며, 산업통상자원부(40개), 문화체육관광부(32개), 보건복지부(29개) 순으로 담당 공공기관이 많았다. 공공기관에 종사하는 인력 현원은 과학기술정보통신부, 문화체육관광부, 산업통상자원부가 많았는데 그림자 조직이 권력의 힘이 큰 부에 더욱 과다하게 팽창되어 있다는 사실을 알 수 있다. 이에 비해 청 단위 조직 소관 공공기관의 경우는 그 규모도 작았다. 부익부 빈익부 현상이 여기서도 발견된다.

어느 부처가 거느리고 있는 공공기관이 많다는 것은 그 기관장 자리 및 간부직에 자기 사람을 보내어 인사 적체를 해소할 수 있다는 것을 의미한다. 물론 이런 고위직 인사를 장관이 독자적으로 하는 것이 아니고, 청와대와의 교감 아래 실행되기는 하지만 말이다. 인사적체를 해소할 수 있으면서 동시에 이들 공공기관을 간접적으로 지배할 수 있어서 조직의 힘은 커지는 것이다. 인사숨통이 트이는 것에 대해서 직원들의 사기도 올라간다. 따라서 이런 기관의 숫자 불균형 때문에 부처 간 부익부 빈익빈 현상이 심화된다.

즉, 공공기관의 숫자가 많을수록 사회의 적폐라 불리는 있는 '관피아' 문제도 많이 발생하기 마련이다. 대표적으로 산업통상부가 담당하는 40개의 공공기관 중 절반이 산업통상부 출신 퇴직 공무원이 기관장이었다. 이들은 평균 약 2억 1천만 원의 연봉을 받고 있었다. 의도적으로 공공기관을 늘려 퇴직 이후 갈 자리를 만들고, 높은 연봉을 책정하도록 하는 일이 드문 것은 아니고, 당사자들이 일종의 보상으로 인식한다는 점에서 문제가 된다.

이러한 부익부 빈익빈 현상은 다른 시각에서 보면 예산과도 연결되어 있다. 소속공공기관의 규모는 직원의 숫자로 짐작할 수 있지만, 사람이 곧 그 부처 조직의 힘을 나타낸다고 보기에는 부족하다. 이를 위해 그 기관들이 쓰는 돈(예산)의 규모로도 가늠할 수 있다. 부처의 본예산을 제외한 소속 공공기관 수입지출 총합을 보면 어떤 부처 그림자 조직의 규모가 큰지를 알 수 있다.

주무부처별로 살펴보면 산업통상자원부, 금융위원회, 보건복지부, 국토교통부, 기획재정부 순으로 돈의 규모가 큰 것으로 나타난다. 기획재정부는 어떤 기준으로든 슈퍼 부처이며, 다른 부처들은 경제 부처라는 점을 알 수 있다. 돈이라는 자원이 소위 힘센 경제 부처가 거느린 소속 공공기관을 통해 집행되고 있다.

공공부문 전체를 제대로 관리하자

그림자 정부의 팽창에 대한 답은 간단하다. 국민 세금이 들어가고, 공적인 기능을 하는 공공부분(public sector)의 인력은 예외없이 체계적, 종합적으로 관리해야 한다. 공공기관 종사자들은 일반인이면서 공무원에 준하는 일을 하는 사람의 의미로 '준공무원'이라고 불리기도 한다. 엄밀히 말하면 공무원 신분이 아니기 때문에 공무원 정원 관리 등의 대상에 해당하지 않는다. 한편으로는 과거 관료제의 경직성을 탈피하는 진화된 조직이라고 할 수 있지만, 다른 한편으로는 일종의 편법적 조직 팽창이라고 할 수도 있다. 금융감독원은 일종의 은행권에 대한 경찰인데, 이런 중요한 국가행정을 담당하는 직원이 법적인 측면에서는 공무원이 아니다.

그림자 정부가 아닌 본체의 정원을 억제하는 것이 총정원법이다. 국가공무원총정원령 제2조 ①항에 행정기관에 두는 국가공무원 정원의 최고한도를 29만 3,982명으로 못 박아 놓았다. 교사, 경찰 등 특수 업무에 종사하면서 별도로 정원이 관리되는 공무원은 제외된다. 이를 근거로 각 부처의 정원팽창을 억제하는 역할을 하는 것이 행정안전부 정부혁신 조직실이다. 또한 지방자치단체 등은 총액인건비제를 통해 억제한다. 인건비 총액을 기준으로 하고, 사람 숫자를 융통성 있게 하자는 이 방법도 장단점을 모두 가지고 있다. 그렇지만 지방공무원 숫자가 억제 되지 않고 계속 늘고 있는 것은 사실이다.

가뜩이나 공무원 숫자가 많은데 이런 용도로 조직 '실' 규모의 인력을 두어야 하는가에 대해 의문을 제기하는 사람들이 많다. 부처에게 자율권을 주면 스스로 인력증가를 억제할 것이 아닌가라는 논리이다. 그러나 정부 조직은 독립채산제가 아니고 아무리 예산이 어려워도 인건비를 별도로 벌어오지 않아도 되기 때문에 스스로 인력을 억제할 동기가 없다. 과장해서 말하면 공공부문에서는 조직은 망해도 인건비를 걱정할 필요는 없다. 행정에서는 장사가 안 되면 당장 인건비 걱정을 해야 하는 기업과는 근본적으로 다르며 정부 각 부처 조직에 파산은 없다.

따라서 조직실은 더 영리하게 조직관리를 하면서도 더욱 강력하게 해야 한다. 즉, 조직팽창을 억제하는 악역을 더욱 강하게 해야 한다. 특히 더 강화할 것은 정부의 관리 밖에 있는 공공인력을 포함시키는 문제이다. 즉, 약 29만 명으로 한도를 정한 조직실의 통제 밖에 있는 공공부문의 인력이 너무 많다. 그림자 정부 조직으로 우후죽순으로 커지는 공공기관의 정원은 여기에 포함되어 관리되어야 한다.

현재는 조직실이 관리하는 부처 공무원 범위는 말만 '총정원법'이지 실제는 '부분정원법'이라고 해야 맞다. 금융감독원처럼 법률상 공무원이 아닌 인력도 당연히 제외된다. 그림자 조직이 너무 많이 크고 있기에 우리나라 전체의 공공부문의 인력 규모가 철저히 관리되어야 한다.

공공기관은 그 관리 방법이 약간 다르다. 공공기관운영에 관한 법률에 근거하여 공공기관운영위원회도 설치하고, 매년 경영평가를 하여 공공기관의 효율적 운영을 점검하고는 있다. 하지만 기관의 수도 늘고, 기존 공공기관도 점점 비대해지는 것은 막지 못하고 있다. 예컨대, 유사 공공기관을 통폐합하여 효율성을 높이자는 취지 아래 토지공사와 주택공사가 2009년 통합되어 LH공사가 되었다. 당연히 통합 직후 한 지붕 두 가족과 같은 상태여서 잉여 인력이 있었고, 이를 자연퇴직 등을 활용하여 감축되도록 계획되어 있었다. 특히, 택지개발이 이제 거의 이뤄져서 (구)토지공사부문의 조직이 많이 구조조정이 되어야 한다는 것이 전문가들의 입장이었다. 2009년 통합 당시, LH공사 임직원 수는 7,300여 명이었다. 이후 2015년 6,418명이던 직원이 2020년 2분기 9,435명으로 50% 정도 증가하였다. 이렇게 인력이 느는 것은 관료제의 무한한 팽창 성향을 지적한 파킨슨의 법칙도 작용했겠지만, 일자리 창출이 되지 않자 급한 대로 공공기관 일자리를 만들도록 정권 차원의 압력도 작용하였다. 앞으로도 이런 일이 반복되지 않을 것이라고 장담할 수 없기 때문에 예방하는 장치가 필요하다.

문재인 정부에서 공무원뿐만 아니라, 공공부문에서 약 10만 명을 증원한 것이다. 효율성을 추구한다는 입장에서 불필요한 인력을 상시 점검해서 작은 정부를 만든다고 해놓고, 다른 한편으로 공공부문의 인력을 늘려왔다. 청년 일자리 창출의 문제뿐만 아니라 새로운 정책을 추진하려고 하면 더 유능한 인력의 증원이 필요하다는 논리다. 공공기관 정규직 신규채용을 살펴보면, 2015년에서 2019년까지 신규채용이 꾸준히 증가하였다. 특히 2018년 약 1만 1,100명 큰 폭으로 증가하였다. 이를 효율적이고 체계적으로 관리할 필요가 있다. 빅데이터 시대에는 이들을 추가적인 행정비용을 들이지 않고 현황 파악을 잘 하고 이 자료를 일반에 공개한다면 비정상적인 팽창은 어느 정도 억제할 수 있을 것이다.

공공기관으로 분류되는 조직 외에 여러 가지 행태로 정부의 그림자 역할을 하는 조직은 존재한다. 국책연구원이 그 예이다. 이들을 법인으로서 특수한 지위를 부여하고, 독자적인 방식으로 운영되는 것을 굳이 막을 필요는 없다. 공공부문 규모계산에 포함되지 않는 경우 가급적 조직 역사와 공직자에 대한 태도를 고려하여, 이들을 어떻게 관리할 것인가에 대한 답을 찾아야 할 것이다. 그 조직 역사를 고려하여 조직의 계속성을 유지하는 것이 바람직하고, 이 경우 소속기관 등과의 관계도 명확히 해야 할 것이다.

국책연구원의 고급두뇌 낭비를 막자

중앙정부 부처는 1개 이상의 국책연구원을 가지고 있다. 2021년 공공기관으로 지정된 연구개발이 목적인 기관은 총 74개이다. 기획재정부 등의 힘이 센 부처일수록 국책연구원의 수가 많고, 이들 연구원은 박사급 연구원 수, 예산 등이 큰 경향이 있다.

부·처·청은 물론이고, 심지어 공공기관에도 거의 한 개 이상의 연구소(원)가 있다. 정부부처의 산하에 있는 연구소는 과학기술부와 국무총리실(즉, 이공계 연구소는 국가과학기술연구회, 인문사회계 연구소는 경제인문사회연구회)이 각각 총괄하여 관리하고 있다. 이들 연구회는 연구소(원)장의 선임 등 관리를 총괄하는 옥상옥 조직이다. 각 국책연구원의 설립 역사나 연구용역 발주를 보면, 사실상 각 연구소는 특정 부처에 속해 있다고 봐도 과언이 아니다. 그리고 이들 국책연구원 숫자는 힘이 센 부처일수록 많다.

기획재정부는 KDI한국개발연구원, 대외경제연구원, 조세재정연구원이 있고, 이들 3개 연구원의 각각 인력규모나 예산이 다른 부처 연구소보다 크다. 예컨대, KDI한국개발연구원은 자신이 연구할 연구대상 영역을 확장하는 방법으로 조직을 팽창시켰다. 그리고 경제문제뿐만 아니라 모든 정부 부처의 정책 분야를 다루고 있고, 연구소로는 유일하게 석박사 학위도 수여하는 문어발식 경영을 하는 조직이다(조석준·임도빈, 2019: 578-579). 이것이 가능한 것은 이를 관할하는 기획재정부가 힘이 세기 때문이다.

국책연구원에는 관련 분야를 깊이 연구한 박사급 연구원 외에 석사급 연구원, 연구보조원, 직원이 있고, 원장 이하 계서제적 조직이 이뤄져서 나름대로 연구를 많이 하고 있다. 보통 국내외 박사학위를 받은 사람들이 이들 연구원에 부연구위원으로 들어가고, 일정 기간이 지나면 정년 심사를 거쳐서 연구위원으로 승진한다. 이들 중 많은 박사들이 대학교수로 옮겨가기를 원하는데 이런 꿈을 실현시키는 사람도 있지만 그렇지 못한 사람들도 많이 있다. 그런데 학자로서의 청운의 꿈을 갖고 출근한 젊은 박사들은 현실이 그렇지 않음을 너무 뼈저리게 느낀다. 즉, 신진인력들은 국책연구원에 가서 그동안 닦은 학문의 방법을 적용해서 논문을 쓰는 등 꿈에 부풀지만 국책연구원은 순수한 연구조직이라기보다는 소속된 부처조직의 일부라는 점을 금방 알아챈다. 아무리 그 분야의 국가'정책'을 연구한다고 하더라도 순수학문 연구의 열정을 사르기는 너무나 거리가 멀다.

가장 자존심이 상하는 것은 소속(?) 부처 공무원들의 태도이다. 이들은 연구원 박사들을 마치 자기의 조교같이 생각하듯이 업무를 요청하고, 연구보고서의 내용에 콩 나와라 팥 나와라 하는 것이다. 이미 원하는 결과를 들고 와서 구색을 맞춰달라는 일도 드물지 않다. 물론 모든 공무원이 이렇고 모든 박사들이 이런 경험을 한다는 것은 아니다. 이런 갑을관계는 단지 공무원의 태도 문제라기보다 일부 이런 '관'과의 밀접한 관계를 원하는 박사들 때문이라는 점도 받아들여야 한다.

국책연구원의 파행은 정권에 줄을 댄 사람이 원장으로 임명되는데 근본 원인이 있다. 특히, 진보-보수 대립이 심한 최근 정권 색깔이 강한 사람이 원장으로 임명되어 정권의 입맛에 맞는 정책개발과 보고서 작성을 강요(?)하니 문제가 생기는 것이다.

국책연구원은 '국가' 차원의 정책을 연구하는 기관이지, '정권' 차원의 정책을 연구하는 곳이 아니다. 따라서 연구원은 학문성을 저해하지 않는 범위에서 정책을 연구해야지 정권의 입맛에 맞는 보고서만을 생산해서는 안 된다. 정권이 바뀌면 쓰레기통으로 갈 수 밖에 없는 보고서는 아예 생산하지 말아야 한다. 정권의 방향과 반대로 가더라도, 국가 이익에 맞는 것이라면 과감히 주장하는 보고서가 나와야 국책연구원의 존재가치를 증명하는 것이다. 비록 정부의 돈으로 운영되는 기관이지만, 미국 브루킹스 연구소와 같은 세계적 연구기관으로 발돋움해야 한다. 국책연구원의 정치화를 방지하고, 연구원다운 연구원으로 만드는 방법은 다음과 같다.

첫째, 국책연구원을 총괄하고 있는 국가과학기술연구회와 경제인문사회연구회의 조직을 축소하고 기능을 약화시켜야 한다. 이사장을 상근직으로 하는 것은 잘못된 것이므로 비상근직으로 하고, 정권의 입맛에 맞는 사람보다는 중립적인 인사로 한다.

둘째, 연구원장의 자격을 관련 분야의 박사학위를 소지한 자로서, 관련 학술단체의 추천을 받은 자로 한다. 정치인이나 관료출신의 낙하산 인사를 막기 위하여 연구 혹은 교육경력을 15년 이상으로 자격제한을 하는 것도 생각해 볼 수 있다. 아무런 관련도 없는 비전공자가 임명되거나, 관료, 폴리페서가 임명되는 경우를 막기 위해서이다.

셋째, 연구원장이 연구원들의 연구를 지나치게 간섭하는 것을 막기 위한 방책의 하나로서 일정 규모 이하인 것은 유사한 것과 통폐합한다. 규모가 작으면 그만큼 미시적으로 간섭을 할 가능성이 높기 때문이다. 통폐합을 하면 얻을 수 있는 부수적인 효과는 그 연구원이 하나의 소속부처와 1:1관계를 맺지 않게 되므로, 약간의 자율성을 얻을 수 있을 것이다.

넷째, 연구원의 재정적 정부의존성을 줄여야 한다. 연구원 예산을 매년 출연금으로 충당하도록 한다. 매년 출연금을 확대하여 매년 정부예산에서 오는 부분을 점차 줄여가야 할 것이다. 연구원장들은 예산을 늘리기 위하여, 국회의 예산심의 기간에 국회로 출근하고 국회의원들에게 지나치게 굽신거려야 하는 문제가 있기 때문이다.

다섯째, 박사급 연구위원이 작성하는 보고서의 숫자를 제한한다. 현재 연구원마다 차이는 있으나 많은 경우 연간 7~8개의 보고서를 작성하는 경우도 드물지 않다. 이런 상황을 표현하여 머리에 든 것을 "쥐어짜는 것 같다."는 표현을 하는 연구원도 있다. 자료도 많고 연구다운 연구를 하고 싶어서 연구원에 들어왔는데 상황은 전혀 그 반대라는 사람도 있다. 아무리 능력이 출중하다고 하더라도 지나치게 많은 보고서를 만들면 그 만큼 질이 떨어질 수밖에 없다.

10

한국의 중앙 정부 조직 개편!
이렇게 하면 어떨까?

● **더 좋은 나라, 이렇게 하면 어떨까?**
한국 사회가 묻고, 임도빈이 답하다.

새로운 정부 부처를 제안한다

무엇보다도 새 시대에는 중앙부처조직이 대통령보다는 국민들에게 더 가까이 가도록 해야 한다. 현재까지는 부 수준의 조직만 앞다퉈서 키우려 하였다. 따라서 머리만 키우고, 손발을 키우려하지 않는 것이 문제이다. 이제 일반 행정직의 많은 인력들은 국민 가까이 투입되어야 한다. 세종시의 본청에 있는 인력의 규모는 정예화하는 대신 줄이고, 신설되는 국가지방행정청을 통한 지방소재에 많이 내려가야 한다.

또 하나의 방법은 '부' 조직은 억제하고 집행기능을 담당하는 '청'의 위상을 강화하고, 자율성도 높이는 것이다. 현재 청장은 차관보다 하나 낮은 차관급으로 간주되고 있는데, 이를 높일 필요가 있다. 일정 규모 이상의 반복적인 정책의 집행은 청 단위에서 하도록 하면서, 일상적으로 일어나는 문제를 스스로 처리할 수 있도록 해야 한다. 현재는 부가 집행까지 담당하고자 하여 비대화되는 경향이 있는데, 이제는 각 부 본청의 기능은 정책수립에 집중하여 정책대안 마련이라는 차원에서 심층적인 연구를 하는 기능을 강화하고, 집행을 청 조직에 넘겨줘야 한다.

정부 부처는 권력으로 볼 때 각종 고질적인 문제를 안고 있다. 특히, 힘이 센 부처와 그렇지 않은 부처 간의 불균형, 권한-책임 불일치 문제 등이 크다. 이러한 문제를 해소하고자 전술한 변화의 원칙, 권력균형의 원칙, 국민중심 서비스의 원칙 등을 고려하여 정부 조직의 새로운 모습을 그려보기로 한다. 그 가운데서도 고질병인 부처 이기주의, 칸막이를 허무는 것이 성패의 관건이다.

그 방법 중의 하나는 서로 대립되는 조직 목표를 가진 부처를 하나로 통합하는 것이다. 물론 기존 '부'의 틀을 고수하려는 세력들의 거센 반대가 예상된다. 하지만 관료들 이익이 국민들의 이익을 앞설 수는 없기 때문에 새로운 시대를 맞이하기 위해 방향을 제시해보기로 한다. 정부 조직에서 '부'는 소관 분야의 정책 수립과 평가를 주로 해야 하지 현재처럼 집행 권한을 휘두르는 권력기관이 되어서는 안 된다. 우리나라의 당면한 사회문제를 다루기 위해서는 신설 내지 독립해야 하는 부처의 예를 모색해보기로 한다.

국제관계부(Department of International Relations)

현재 외교부의 중심 기능을 유지 발전시키면서 새로운 기능을 추가하는 것이다. 외무부, 외교부, 외교통상부 등 '외교'라는 단어는 오래 사용하였지만 단어 자체를 고수할 필요는 없다. 문자 그대로만 본다면 외무(external affairs)는 내무(internal affairs)와 반대되는 개념으로 선명한 의미를 담고 있다. 그러나 오늘날 각 부처는 그 기능을 수행하기 위하여 외국과의 관계를 다양하게 맺기 때문에 외무(교)부가 이를 독점적으로 담당할 수 있는 시대는 지났다. 결국, 정치적 차원에서 다른 나라와의 관계를 이 부가 독점적으로 담당하기 때문에 국제관계부가 더 정확한 이름이 될 것이다.

　이제 대한민국은 무역 등 경제부문에서 세계 10위권을 넘나들고, G7에 초대될 만큼 세계에서 중요성을 인정받는 나라다. 정무적인 차원의 국제문제가 상당부문 경제통상과 연관이 된다. 따라서 현재 통상교섭본부를 다시 국제관계부로 이관하는 것도 생각해 볼 만하다. 그러나 정부 내에서 통상교섭본부만이 무역에 관한 모든 것을 독점적으로 다루는 것은 아니고, 현재 산업통상자원부도 업무 수행 경험이 있기 때문에 굳이 국제관계부로 올 이유도 없다. 더구나 국제관계부에 통상교섭 기능까지 온다면, 슈퍼 부처를 만들지 않으려는 원칙에 어긋날 수도 있다. 즉, 국제관계부가 정부 내에서 너무 큰 조직이 될 위험성이 있기 때문에 배제해야 한다.

　오히려 국제관계부는 기존 외교부 역할을 넘어서서 새 정부의 중심적 역할을 해야 한다. 이제 외국과의 관계와 국제기구에서의 역할을 강화하기 위하여 국제관계부의 위상을 재정립 할 필요가 있다. 여기에 현재 통일부가 담당하고 있는 대북정책을 다루는 북한정책실을 한반도 평화교섭본부에 흡수 통합시키는 것도 바람직할 것이다. 대북정책은 한반도를 둘러싼 4강을 비롯해 국제관계에서 다뤄야하기 때문이다.

국립망향의 동산관리원

　보건복지부에서 국제관계부로 이관할 필요가 있다. 국립망향의 동산관리원은 일제강점기 자신의 의사와 상관없이 고국을 떠날 수밖에 없었던 해외동포들의 유해가 안장되어 있는 곳으로 현재 보건복지부 소속이다. 그러나 국제관계부로 옮기는 방안을 생각해 볼 필요가 있다. 현재 외교부는 해외 주재 영사관 및 대사관을 통해 세계 각국 해외 동포들에 대한 정보를 수집할 수 있다. 이에 국내에 안장되기를 원하는 이들의 자손들이 쉽게 접근할 수 있다. 그런데 묘지라는 이유로 보건복지부 소속으로 치부하는 것은 비효율적인 처사이며 묘지의 관리는 시행규칙 등의 제정 또는 개정으로 해결 가능하다.

경제 및 복지부(Department of Economics and Welfare)

과거부터 경제부처는 경제성장을, 복지부는 분배를 조직목표로 하는 대립적인 정책 방향을 가지고 서로 경쟁하는 관계였다. 여기서 항상 경제부처가 승자의 위치에 있었다. 과거 경제성장기에는 경제기획원을 중심으로 주식회사 대한민국호가 수출을 향해 매진하게 하는 컨트롤 타워 역할을 하였고, 이 전통은 현재의 기획재정부에서 승계하고 있다.

그러나 최근 양극화가 심화되고, 복지의 중요성이 커지면서 정부의 역할이 대폭 커지고 있다. 이제 경제(성장)와 복지(분배)는 동전의 양면과 같이 되어 있어서 서로 분리하기 어려운 시대가 되었다. 경제규모가 커지고, 산업구조의 다양화가 요구되면서, 동시에 선진국의 복지 프로그램이 많이 도입되어 복지지출의 효율성에 대한 의구심도 커지고 있다.

이미 기획재정부는 부총리급 조직이고, 두 부 모두 많이 확대되었다. 따라서 두 부를 합하면, 슈퍼부가 될 것이다. 따라서 두 부처를 통합하면서 동시에 조직규모를 줄여야 한다. 이 조직은 현재의 기획재정부의 예산실(총리실 정부행정처로 이관), 국제금융국, 개발금융국, 국고국(재정금융부로 이관), 대외경제국(무역부로 이관)을 제외한 대부분의 조직과 현재의 보건복지부의 복지 관련 조직으로 구성할 수 있을 것이다.

공공보건 및 건강부(Department of Health)

국민 개인의 건강의 기본 요건은 국가가 보장해야 하고, 전염병과 같은 공공의료가 필요한 부분을 담당하는 부처가 필요하다. 국내에서 싸고 질 높은 의료서비스 제공과 질병 예방은 물론, 의료의 산업화를 통해 국제경쟁력을 높이는 일을 더 잘 할 수 있다.

보건복지부에서 보건 부문을 독립시키는 것이기 때문에 통합하는 다른 부처에 비하여 작은 조직이 될 것이다. 그러나 고령화 시대를 대비하여, 코로나19 등 공공보건이 중요해지고 정신건강문제가 심각해지고 있는 추세를 감안하여 부로 독립하는 것이다. 현재 환경부에 있는 환경보건국 기능이 이 부로 이관될 수 있다. 환경보건국은 생활환경에서 건강에 위협을 가하는 살균제 등과 같은 화학물질, 석면 등에 대한 위해성을 조사하고 안전사고에 대비하는 역할을 하고 있다.

2020년 9월 질병관리본부에서 승격한 질병관리청은 감염병 대응 및 예방, 만성질환, 희귀질환 관리 등 기존 역할을 유지하되 공공보건 및 건강부 산하로 이관할 수 있다. 식품의약품안전처는 현재 식약처 기능을 보완 개선한 것으로 농수산 식품부와 공동 관리하도록 한다.

건설토목 및 환경보호부(Department of Construction and Environmental Protection)

국토의 난개발을 막고 체계적이고 지속가능한 이용을 도모한다. 국토의 공간적 활용을 잘 하고, 국민들의 정서 생활에 도움이 되고, 행복한 삶을 누리도록 하는데 목표를 설정하여야 한다. 국토의 효율적 활용에만 중점을 두어 더 크게, 더 빠르게 등 올림픽 정신으로 정책을 추진하였다면, 이제 지속가능성에 중점을 두고 장기적 관점에서 정책을 추진토록 한다. 도시미관, 환경보전 가치가 중요하게 부각되는 시대이므로 무분별한 건축과 토목공사는 대폭 줄이고 정작 필요한 건물과 사회간접자본이 역사적으로 남을만한 가치로 건설되어야 할 것이다. 환경부 환경보건국의 기능은 공공보건 및 건강부로 이관되고, 국토교통부의 주택기능은 내무, 주택 및 사회통합부로 이관한다.

정부 혁신과 데이터부(Department of Administrative Reform and Data Management)

인공지능과 빅데이터 시대에는 정부 관료제의 새로운 차원에서 개혁을 선도할 수 있다. 현재 정부 혁신과 관련된 역할은 인사혁신처, 기획재정부, 행정안전부 등의 여러 조직에 분산되어 있다. 이들을 정부 혁신과 데이터부로 이관하여 인사, 조직, 재무 등 정부 전체 차원을 고려하고 일관성 있는 정부 혁신 방안을 논의할 수 있도록 하는 것을 목표로 한다. 구체적으로 행정안전부의 정부혁신조직실, 인사혁신처의 인사혁신국, 기획재정부 공공정책국의 공공혁신심의관 등의 역할을 하도록 한다. 데이터와 관련하여서는 행정안전부의 디지털 정부국, 과학기술정보통신부의 정보통신정책실, 네트워크 정책실 등이 이곳으로 이관될 것이다. 과거 전자정부의 변화를 주도하였던 경험을 바탕으로 빅데이터 시대에 맞는 정부 플랫폼 등을 마련하는 역할을 담당할 수 있다.

현재 기획재정부 아래에 있는 통계청은 정부 혁신과 데이터부에 속하는 청으로 하든지 통계본부 정도로 축소하여 향후 조직정비를 준비할 필요가 있다. 통계청은 극단적인 경우까지 고려하면 폐지를 포함한 큰 변화를 겪어야 할 조직이다. 경제 분야 통계는 오랫동안 축적되어서 안정화되었다고 볼 수 있다. 앞으로 국민들의 삶의 질 향상에 정부가 더욱 힘을 기울여야 하므로 사회분야통계가 확장되고 공고화되어야 한다. 예컨대 가장 중요시 될 정책집단이 청소년과 청년들인데 이들 삶의 현실에 대한 통계가 많이 부족하다. 기획재정부의 고위직들이 청장으로 오른 관례를 없애는 동시에 소속 부처를 바꿀 필요가 있다. 통계청은 2,300여 명의 직원을 두고 각 지방통계사무소에 조사원까지 두고 있는데, 이들의 업무는 미래에 여러 부문에서 필요 없을 수도 있다. 국민들의 사생활 보호만 확고하다면, 스마트폰 연결을 통해서 국민 개인 소비생활, 문화생활 등에 관한 정보가 실시간으로 축적될 것이고, 이것이 곧 주요 통계자료로 사용될 수 있다.

우정사업청

현재 우정사업본부는 「우정사업 운영에 관한 특례법」에 근거해 과학기술정보통신부 소속 기관이지만 중앙행정조직은 아니다. 주요 기능은 우편, 예금, 보험 등을 취급하고 있다. 우정사업본부는 직원이 3만 3천여 명에 이르는 큰 규모이며, 청 이상의 조건을 갖추었다. 과거보다 우편기능의 비중이 줄어들기는 하지만, 농어촌 부문 등을 포함한 전국적으로 기본 우편, 통신, 금융 서비스를 제공하는 역할을 수행토록 한다.

무역, 산업 및 노동부(Department of Export, Industry and Labor relations)

산업 진흥을 도모하는 전통적인 산업정책은 고도화하면서 동시에 노동자 입장에서 노동권을 보장하는 역할을 해야 한다. 이해관계가 상반된 정책고객 집단을 대상으로 하는 부서가 같은 부에 두고 정책조정을 효과적으로 하도록 한다.

통상교섭본부 조직도 여기에 속하도록 한다. 우리나라 산업은 수출위주의 구조를 가지고 있기 때문이다. 즉, 수출 의존형 경제구조를 감안하여 무역

부분도 담당해 시너지 효과를 얻을 수 있도록 한다. 구체적으로 기재부의 대외경제국과 산업통상자원부의 통상교섭본부의 조직이 이관 조정되어 우리나라의 무역을 총괄하는 역할을 담당한다.

공정거래청

공정거래 질서를 확립하고, 시장의 질서를 현장에서 신속히 집행하기 위하여 청으로 조직을 개편한다. 물론 논란이 되는 부분에 대해서 청장이 단독으로 결정할 수 없으므로 비상설 위원회를 청 차원에 설치하여 현재의 판결기능을 한다. 위원회에서 청으로 변경되는 것은 공정거래정책을 등한시 하자는 것이 아니고, 오히려 국민들이 있는 집행현장에 더 가까이 가자는 취지이다.

중소기업에너지부(Department of Small and Medium enterprises and Energy)

중소기업 및 벤처 기업의 진흥을 통한 산업생태계 진작, 에너지원의 확보 및 친환경 에너지 방향 전환업무를 담당한다. 현재 중소기업관련 정책은 중소벤처기업부에서 담당하고 있으며, 대기업에 대한 경제 의존도가 높은 국가이다. 그러나 미래에는 대기업뿐만 아니라 새로운 기술을 개발할 수 있는 다양한 기업이 존재할 수 있는 생태계를 만드는 것이 중요하다. 중소기업이 기술개발을 적극적으로 주도하고, 그 권리를 지킬 수 있도록 지원과 제도를 마련하는 역할을 담당하는 조직이 필요하다. 따라서 중소벤처기업부의 역할을 중소기업에너지부에서 이어받고, 특허청을 산업통상자원부에서 이 부로 이관할 수 있다.

최근 지속가능한 에너지의 중요도가 높아지고, 천연자원이 부족한 우리나라는 새로운 에너지원을 찾아야 한다. 어느 특정 에너지원에 의존하기에는 한계가 있을 수밖에 없다. 최근 폭염, 한파 등으로 에너지 수요가 증가하였고, 앞으로 이상 기온 등의 문제가 지속될 것이라는 예측이 많다. 이에 안정적인 에너지 수급이 어느 때보다 중요해지고 있다. 에너지정책을 주도할 부처를 신설하여 체계적인 관리가 필요하다. 현재 산업통상자원부의 에너지산업실, 자원산업정책국, 원전산업정책국, 원자력안전위원회 등의 역할을 '부' 수준에서 관리할 필요가 있다.

재정금융부

돈의 흐름에 대해 총괄하는 부이다. 기재부의 개발금융국, 국제금융국을 이곳으로 이관하여 정비한다. 경제 및 복지부가 너무 커지는 것을 막기 위하여 국고국도 여기에 소속되도록 한다. 금융위원회 조직도 여기에 흡수시켜서 금융정책 수립과 추진에 중심적인 역할을 담당하도록 한다. 위원회 조직으로 만들어진 금융위원회는 그 중요성에도 불구하고 굳이 위원회라는 조직형태로 두어야 하는 이유가 그리 크지 않다. 실제 금융정책과 실물경제정책은 동전의 양면같이 연계되어 정부가 두 가지를 잘 조합하여 활용해야 하는 정책수단이다. 금융정책업무와 금융감독업무를 같은 부에 소속해 담당할 필요가 있다.

실제로 금융위원장이 국무회의에 참석하고, 현안 경제정책과 관련하여 다른 경제부처와 조율하는 것이 일상화되어 있다. 따라서 독임제 행정기관으로서 '부' 형태로 하되 행정위원회로서 금융위원회를 이 부에 설치하여 정치적으로 중립적인 판단이 필요한 경우에만 위원회에 상정하고 나머지 업무는 통상의 부에서 장관이 처리토록 한다.

금융감독원에서 금융감독청으로 전환도 고민할 부분이다. 현재 금융권에 대한 경찰로서 경제 질서를 담당하는 금융위원회 소속 금융감독원은 실제로 직원이 경찰과 같이 공권력을 행사하지만 신분상으로는 공무원이 아니다. 법인으로 되어있지만 이를 금융감독청으로 하여 명실상부한 위치를 가지도록 하는 것이 필요하다. 직원의 비대화, 보수의 관대화도 다른 공무원과 유사하게 맞출 필요가 있다.

사법 및 국민안전부(Department of Justice and Safety)

법치주의 확립과 대한민국 국민의 최소한 권리보호를 위한 법률적 접근을 총괄하는 부처이다. 법률이라는 수단을 관리하고, 공권력 활용을 통해 국내의 안녕질서와 국가의 계속성을 보장하는 역할을 담당한다. 현재 법무부의 국가를 대표하는 소송을 담당하는 업무, 법정책에 관한 업무, 교정업무 등을 담당토록 한다. 그러나, 이민정책담당 업무는 내무, 주택 및 사회통합부로 이관한다. 법제처의 업무를 개편해 정부 전 부처에 법률서비스를 지원해 주도록 한다. 청 형태로 하는 것보다는 법률지원본부의 형태로 이관하면 다른 부서와의 시너지 효과를 기대할 수 있다. 즉, 각 부처 입법에 전문가의 조언과 검토를 하는 법제처 업무도 여기로 이관해 유권해석과 같은 활동을 통한 시너지 효과를 얻도록 한다.

현재 법무부 소속인 검찰청은 사법 및 국민안전부에 소속토록 한다. 검찰청은 국민 인권을 보장하고, 정의 실현을 위한 진실 발견 등의 고유 업무를 담당한다. 현재 소방청은 행정안전부 아래 있는 조직으로, 국민의 안전과 밀접하게 관련된 소방정책, 화재, 긴급구조 정책 등을 담당하고 있다. 실제 소방조직을 통해 구조 재난 복구를 지휘하는 것이 꼭 이 부의 법률서비스와 크게 관련이 있다고 할 수는 없지만 국민을 중심으로 사고할 때 생명 및 안전권을 보장한다는 의미에서 이 부에 속하는 것이 상징적 의미는 있다.

내무, 주택 및 사회통합부(Department of Housing and Social Integration)

국가의 구성 요소 중의 하나인 인구를 보전 발전시키고, 이들이 한국 사회에서 유대감을 가지고 살 수 있도록 지원해 주는 업무를 담당한다. 행정안전부의 조직혁신실과 재난안전관리본부 부문을 제외한 부서조직을 이 부의 중심 조직으로 한다. 이에 더하여 복지부의 인구정책실 중 사회통합에 관한 사무, 법무부의 이민정책본부 중 정책 부분을 담당한다. 건설교통부의 주택토지실의 주택관련 부서를 이곳에 소속 시켜 전체적인 주택정책은 물론이고, 주거 취약 계층에 대한 주택정책을 펴도록 한다. 아울러 법무부의 이민정책본부의 기능을 이 부로 이관하여 다문화시대의 다른 민족과의 사회통합을 촉진하는 정책을 추진하도록 한다. 여성가족부의 다문화가족에 관한 정책기능도 여기서 담당토록 한다.

보훈청

현재 국가보훈처장이 장관급이지만 상징성이 있을 뿐이다. 청장은 굳이 여기만 장관급으로 정하기가 어색하므로 차관급으로 하되 조직의 기능을 강화할 필요가 있다. 보훈청은 국가유공자, 제대군인 등에 대한 지원을 담당하도록 한다.

이민청

외국인 및 북한 이탈주민 등 한국 사회의 새로운 구성원이 되거나 그럴 예정인 사람들을 대상으로 필요한 행정서비스를 제공하는 역할을 한다. 외국인등록관리를 포함해 전국에 거주하는 외국인들의 영주권, 국적 취득 등에 관한 실무를 담당한다. 향후, 이중 국적 취득을 적극적으로 허용하면 행정수요가 많아질 것이다. 나아가서 일시적 거주에서 영주권, 국적 취득 등으로 외국인이 단계적으로 대한민국 사회에 적응하고 통합될 때 이를 체계적으로 관리하는 것이 필요할 것이다. 일반적인 외국인들의 관리를 위한 출입국 관리소, 외국인등록관리소 등의 집행업무는 물론이고, 북한이탈 주민을 위한 관리(하나원) 등도 체계적으로 해야 할 것이다. 현재의 여성가족부에서 담당하는 다문화가정에 관련된 업무도 여기서 담당토록 한다.

자치균형발전청

지방자치 활성화를 도모하는 동시에 지방-수도권 혹은 지방 간 지나친 격차를 해소하고 지역별로 특색 있는 발전을 할 수 있도록 정책을 집행하는 역할을 한다. 현재 대통령 직속의 위원회는 집행권이 없어서 관련 부처의 손발을 빌려야 한다. 지방자치활성화에서 중앙정부의 역할은 지방자치단체 간의 경쟁을 시키고, 경쟁을 할 수 있는 여건을 마련해 주는 것이다. 국가가 해야 할 더 중요한 역할은 지역 간 경제적 불균형이 심화되지 않도록 재원을 마련하고 집행하는 것이다. 노무현 정부 이후 그동안 균형발전위원회에서 균형발전이라는 개념을 도입하고, 계획을 세워서 범정부적으로 노력하는 실험을 해 왔다고 한다면, 이제는 위원회 차원의 조직은 폐지해도 될 것이다. 그 대신 청 조직을 통하여 실질적인 차원에서 효과적인 정책집행을 하는 것이 필요하다.

경찰청

현재 경찰청 조직을 유지한다. 2021년 국가수사본부가 신설되었고, 국가

수사본부는 기존 수사 관련 부서(예, 형사과) 기능과 더불어 국정원에서 넘겨받은 대공 수사권 기능을 안보수사국에 두고 있다. 경찰의 기능과 권한이 확대되었다고 볼 수 있으나, 자치경찰과의 역할 분담을 통해 국민들의 안전을 보장하는데 기여하게 해야 할 것이다.

농업임업수산식품부(Department of Foods)

국민의 먹거리 안전성을 보장하며, 질 높은 식생활을 할 수 있도록 종합적으로 관리하는 부이다. 농업, 어업, 임업, 수산업을 진흥한다. 이러한 먹거리를 생산하는 산업을 육성하고, 농어산촌의 생태계를 보호하는 정책을 수립한다.

식품과 관련한 안전은 현재 식약처에서 담당하고 있다. 이 조직을 농림식품부 소속의 청으로 바꾸면 가장 큰 문제는 정책을 지휘하는 부가 의약품 정책을 담당하는 보건부와 관련된다는 점이다. 식품안전과 의약품안전을 다루는 부서를 나누어 각각 소관 부의 국으로 하는 방법도 가능하기는 하다. 그런데 이것은 관료적 입장이다. 국민의 일상 입장에서 본다면 매일 식사를 하고, 아프면 약을 먹고, 병원에 가는 등 몸에 해당하는 것이다. 따라서 한 조직에 합해 놓는 것도 그 정당성이 있다.

따라서 정책과 집행과의 연결을 위해서 실험적으로 식약청은 보건부와 농림식품부 두 부의 수직적 계서관계를 갖는 조직으로 운영해 볼 필요가 있다. 구체적으로 인사 측면에서 청장과 차장은 각각 다른 부에서 오도록 하고, 번갈아 청장-차장을 임명토록 한다. 그리고 두 부처의 행정위원회로서 국민식품의약품안전 위원회를 구성하여, 위원장은 청장이 아닌 부의 차관이 하도록 한다. 이런 실험방법이 성공을 한다면, 앞으로 이런 유형의 청이 많이 나올 것이다.

산림청

현재 농림축산식품부 소속인 산림청은 산림 자원 개발 및 활용, 산림보호, 산림생태계 보호 등을 위한 정책집행을 담당한다. 특히, 친환경적으로 보존하면서 동시에 사람들이 활발하게 이용토록 하는 역할 등 다양한 정책을 추진한다.

항공해양육상 교통부(Department of Transportation)

국토교통부의 교통물류실, 항공정책실, 도로국, 철도국 등에서 담당하고 있는 교통 관련 정책을 분리하여 항공해양육상 교통부를 신설하는 방안을 고려할 수 있다. 항공교통, 해양교통에 관한 정책과 행정을 담당한다. 영토 내의 교통뿐만 아니라, 전 세계의 공중, 해양을 위한 운송에 적극적으로 활동하는 것이 필요하다. 항공우주산업 및 기술의 발달에 따라 장차 우주산업의 발전에도 대비할 필요가 있다.

수상안전청

현재 해양수산부 소속으로 해양구조, 해상경비, 해상교통관리, 해상범죄 예방, 해양오염 방제 업무 등을 담당하는 해양경찰청을 항공해양육상 교통부로 이관한다. 외국 선박의 불법 조업과 우리 어선에 대한 위협 등이 증가하고 있으며, 선박 사고 방지 및 구조 역할의 중요성이 부각되고 있다. 과거 해양경비안전본부로 격하된 경우도 있으나 중요성에 따라 외청으로 두는 것이 바람직하다.

문화예술부(Department of Culture and Arts)

국민의 문화예술활동을 증진하고 국제적으로 한국의 문화예술을 보급하여 국위를 선양하는 역할을 수행한다. 국민에게 폭넓게 문화예술활동을 지원하여 문화예술 상품을 생산토록 하고, 모든 국민들이 이를 향유할 수 있도록 한다.

국방부(Department of Defence)

외부의 침입으로부터 국가의 안보를 담당한다. 안보 개념이 물리적 영역을 넘어 사이버 영역까지 확장되었으며 시간 장소와 상관없이 공격이 가능하다는 점 등을 고려한다면 앞으로의 국방은 안 보이는 기술과의 싸움이라고 할 수 있다. 각 군이 따로 행동하기보다는 통합된 정보를 활용하는 등의 협력이 중요해지고 있다. 또한 징병제에서 모병제로 전환을 준비하기 위해, 병력자원의 소수 정예화를 통하여 실질적인 국방력 증진을 도모한다.

국방부에는 병력자원관리청과 국방산업청을 둔다. 병력자원관리청은 군에 입대할 자원이 부족하여 징병제가 유지되지 못할 수 있다는 예측이 나오고 있다. 남북관계에 따라 통일이 될 경우 징병제가 폐지될 수 있다. 모병제로의 전환을 대비하여 현 병무청 조직을 정비하여 병력자원관리청으로 하고 미래에 모병제 전환을 대비한다. 국방산업청은 군수품 조달, 방위산업 육성 등과 관련된 업무를 소관하는 방위사업청은 기존과 동일하게 유지한다.

국민생활시간부(Department of Time)

모든 국민들의 정신적, 심리적 행복을 증진시킨다는 것을 조직목표로 하는 조직이다. 이를 구체적으로 추진하는 기준 및 평가기준으로서 시간사용

(time use)이라는 정책수단을 가지고 있다.

오천 만 국민의 1년 시간은 총 4,380억 시간(24시간×5,000만명×365일)이다. 국민 개개인이 어떻게 시간을 보내는가에 따라 국가 경쟁력이 달라질 수 있다. 과거 경제성장 시기와 같이 12시간씩 노동을 투입하여 생산성을 기대하는 산업의 시대는 지났다. 잘 쉬는 사람이 일도 잘한다는 말이 있듯이 국민의 시간 생활이 풍요로워질 수 있도록 하는 역할을 국민생활시간부에서 담당할 필요가 있다. 정부가 개인의 활동을 통제한다는 의미가 아니라 평생학습, 문화, 예술, 체육과 같이 개인이 즐기고 향유할 수 있는 여건을 만들어 주는 기능이 추가된다고 할 수 있다.

이 부처의 규모는 클 필요가 없으며, '시간행정국'과 '국민시간국'을 두고 공원 등과 같이 국민이 시간을 보낼 수 있는 장소, 시설을 마련하는 역할을 할 수 있다. 1인 가구와 고령 인구가 증가하고 있는 한국에서도 인간의 생애주기, 생활 패턴 변화 등에 대한 접근이 필요하다. 일례로 영국은 '현대인들의 고독' 문제를 의제화하여 2018년 '외로움 장관(Minister for Loneliness)' 직을 신설한 바 있다.

실제로 다른 부처와 기능이 중복되는 문제이다. 그럼에도 불구하고 시간관리라는 측면에서 접근하는 것이 정부활동을 보는 새로운 시각을 갖고 정책을 효율적으로 추진하는 것이 필요하다. 주요 정책집단은 경제적 자본은 적으나 시간자본은 남는 청소년, 주부, 노년층으로 하고, 사회복지 서비스, 문화체육활동을 진작시키는 접근이 필요하다. 이에 체육청소년청, 여가관광청 등을 여기에 소속시키는 것을 고려해 볼 필요가 있다.

국민생활시간부에 체육청소년청을 두어 청소년들의 시간생활을 자기발전에 유용하게 활용토록 하는 정책을 수행한다. 각 체육시설을 관리하고, 생활체육의 향상으로 육체적 건강을 도모하도록 한다. 여가관광청은 국민들이 여가시간을 어떻게 활용하게 할 것인가에 대한 정책을 집행한다. 국내외 관광산업을 통하여 국민들의 여가시간을 유용하게 활용할 수 있는 정책을 집행한다.

인적자원부(Department of Human Resources)

국가의 인적자원을 총체적으로 관리하는 업무를 담당한다. 초중고 교육의 규제와 지원업무는 교육청에 대폭 이양하고, 대학의 지원업무는 별도의 대학청에서 담당한다.

대학청

대학청은 대학이 고등 교육과 연구가 제대로 이루어질 수 있도록 지원, 관리하는 역할을 담당한다. 고등학교 졸업생의 70~80%가 대학에 들어가고, 2019년 현재 409개의 대학이 존재하고 있다. 2021년 대학역량평가에 따른 재정지원 중단대학이 발표되어 대학에 변화가 예상된다. 우리나라는 국공립대학보다는 사립대학이 더 숫자가 많지만 정부의 교육 정책이 힘이 있는 나라이다. 등록금 동결정책이 그 예이다.

이런 대학조직의 효율적 관리라는 측면도 중요하지만, 이제는 학생들의 관점에서 대학을 어떻게 관리할 것인가를 고민할 때가 왔다. 초중고와 대학이 연계되어 있지만, 대학만을 분리하여 따로 적절한 정책을 수립하고 집행하여 정책의 시기를 놓치지 말아야 할 것이다.

국가과학기술위원회

국가과학기술위원회는 물리, 화학, 컴퓨터 등 과학 분야별로 학회의 장으로 구성되는 위원회(비상근)와 사무국으로 구성한다. 현재의 조직을 더욱 보강하고, 운영을 실질적으로 하여 국가연구의 방향을 설정하는 역할을 해야 한다. 연구를 실제로 활발히 수행하는 학자들을 비상임으로 참여토록 하는데, 이들이 위원회 행정업무에 시간을 뺏기지 않도록 위원회를 운영해야 한다. 국가가 전략적으로 진흥해야 하는 분야를 설정하고, 시대의 변화에 따라 민간이 해야 하는 역할을 분담하도록 진흥한다. 이 위원회의 업무를 보좌하기 위한 조직으로 연구청을 신설한다. 연구청은 연구재단과의 업무 조정을 통하여, 효율적인 연구진흥이 이뤄지도록 해야 한다.

국가인재위원회

국가인재위원회는 고위 정무직 인사에 관하여 인재를 관리하고 최종 3인을 대통령에게 올릴 수 있는 사전과정을 담당한다. 청와대 인사수석실을 폐지하고, 민정수석실의 인사 검증 기능을 이곳에 이관하여, 정무적 자리에 임용될 국가의 인재를 종합적으로 관리하는 기구이다. 국무위원 임명의 경우는 헌법에서 명시하고 있는 대로 실질적으로 국무위원 제청권을 보장한다. 이를 위해서는 국가인재위원회에서 실무를 담당하도록 한다. 이 경우, 인사검증기능도 국무총리의 지휘 하에 이뤄지도록 해야 한다.

총리산하에 두는 처

총리에게 권한을 많이 부여하여 제왕적 대통령제를 막기 위해 정부운영에 필요한 처를 적절히 배치해야 한다.

먼저 국가물적자원관리처는 현재 기획재정부 하의 조달청이 국유재산을 관리하고 정부에 필요한 물품을 구매하는 등의 역할을 담당한다. 정부가 재화를 직접 구매하는 중요한 주체로 조달(procurement)은 점점 중요해지고 있다. 청년기업인, 여성기업인, 중소기업인들이 큰 시장의 진입장벽에 불리함을 극복하는데 도움이 될 수 있도록 정부가 구입해 주는 역할은 양극화 시대에 매우 중요한 정책수단이다. 우리나라의 유지를 위해 필수적이지만 민간에서 사용하는 전략적 물자를 해외에서 구입하여 비축하였다가 해외의 원자재 가격이 올라가거나 품귀현상을 보이면 방출하는 기능도 매우 중요하다. 이에 조달청은 이름을 국가물적자원관리처로 바꾸고 강화할 필요가 있다.

다음으로 정부전체의 예산, 인사, 조직을 담당하는 국가행정지원처를 신설한다. 기재부의 예산실이 여기로 이관되고, 현재 행정자치부의 정부혁신조직실을 이관하여 각 부처 정원억제 권한을 행사한다. 아울러 공무원의 인사혁신에 관한 업무도 여기서 담당하고 국무회의 준비 실무와 국회와의 관계까지 아우른다.

신설 대통령 직속 위원회를 제안한다

현재 권한의 많은 부분을 국무총리에게 내려주는 대신, 대통령은 국가적 차원에서 미래에 가장 중요한 문제를 다루는데 역할을 집중해야 한다. 그동안 비교적 오래 존속되었던 많은 대통령직속 위원회는 과감히 폐지하고, 필요한 경우 집행기능을 담당하는 청을 만드는 것이 필요하다(예, 자치균형발전청). 그 대신 새로운 문제를 다룰 위원회를 만드는 것이 필요하다.

첫째, 인공지능과 인간성보존위원회는 과학기술의 발달이 인간에게 미치는 영향을 적극적이고 예방적으로 판단하는 역할을 한다. 미래의 불확실성을 확실성으로 바꾸는 것으로 인간성 보호가 이 위원회의 미션이다. 자문기관이 아니라 주요 이슈에 대해 권위 있는 결정을 하는 기관이다. 사무국과 더불어 개인정보보호단, 사이버수사대 등을 두도록 한다.

둘째, 국가교육위원회는 교육의 장기적 발전에 관한 것으로 이미 법제화되어 내년(2022년) 출범예정이다. 정치적 성향에는 중립적인 위원을 위촉하는 것이 이 위원회의 성패를 좌우하는 조건이 될 것이다.

셋째, 국가인권위원회 내 양성평등위원회를 신설한다. 여성부 기능 이전으로 약화될지 모르는 여성의 인권을 보호하기 위한 정책을 수립하고 갈등을 해결하기 위하여 양성평등위원회를 둔다.

넷째, 미디어위원회는 방송통신매체를 통한 문제를 중립적이고 객관적으로 해결하기 위한 기관으로 둔다.

10

한국의 중앙 정부 조직 개편! 이렇게 하면 어떨까?

에필로그

대한민국은 현재 흥망성쇠의 갈림길에 있다. 해방 이후 혼란기를 거치면서 지금까지 계속하여 상승 곡선에 있었다. 5천 년 역사에서 이렇게 전 세계적으로 인정을 받을만 한 나라가 된 것은 유래가 없다. 이러한 발전하는 모습마다 항상 정부가 있었다. 정부가 항상 모든 것을 잘한 것은 아니지만, 그래도 일정 부분 기여했다고 인정해야 한다.

지금까지 상승곡선을 이어 나가면서 한층 국격을 높이는 방법은 인구의 양과 질을 잘 관리하는 것이다. 뻔한 말인 것 같아도 정부가 소기의 효과를 거둘 수 있도록 집행하는 것은 정말 어려운 일이다. 지금까지 역대 정부가 추진한 출산장려정책이 그리 효과를 거두지 못한 것뿐만 아니라 오히려 출산율은 더 떨어지고 있다는 것은 다 아는 사실이다. 교육이 문제라고 역대 대통령이 공약으로 내세우고 개혁도 여러 번 하였지만, 아이들의 인성교육보다 치열한 입시경쟁에 스트레스를 극대화하여 악영향을 미치는 교육으로 전락한지 오래다.

앞으로 30년, 50년, 100년의 우리나라 운명을 결정할 것은 경제도, 과학기술도, 우주개발도, 인공지능도 아니다. 바로 사람이라는 점이 이 책의 문제의식이다. 인구의 양이 주는 절대량도 중요하지만, 젊은 세대들의 마음이 방황한다는 인구의 질도 문제이다. 국민이 있어도 혹은 국민이 있다고 하더라도 제 역할을 하지 않는 나라가 생존하기는 어려울 것이다. 초중고 교육도 바뀌어야 하지만, 대학도 환골탈퇴해야 한다. 그리고 국가차원에서 각각 인재를 양성하고, 활용하는 선순환체제를 만들어야 한다. 공공부문에 유입되고, 나가는 인력의 흐름도 봐야 한다.

숨 쉬는 모든 사람들이 인간성을 회복하고 행복하게 살도록 나라를 만들어야 한다. 기계와 동물과는 다른, 진정으로 사람다운 삶이 보장되는 사회가 되어야 한다. 그 실천 방안으로서 '공간'과 '시간'이라는 틀로 여러 가지 해결책을 제시해 보았다. 공간은 우리가 잘 활용하면 무한한 가치를 창출할 수 있다. 시간은 보통 우리가 주어진 것으로 생각하고 수동적으로 받아들이고 살고 있지만, 적극적으로 활용하면 훨씬 많은 혜택을

더 좋은 나라, 이렇게 하면 어떨까?
한국 사회가 묻고, 임도빈이 답하다.

주는 개념이다. 인간(人間), 시간(時間), 공간(空間), 즉 세 '간(間)'을 잘 활용하면, 보이지 않던 것이 보이게 된다.

이 책의 내용은 몇 년 전 나온 『행정학: 시간의 관점에서』(박영사)에서 쓴 내용들을 현실 정책에 적용해 본 것들이다. 『행정학』 책이 이론을 정리한 이론서라면, 이 책은 이를 적용하여 정책대안을 만들어 본 응용서이다. 방대한 한국 사회와 정부의 모든 부문을 담으려는 욕심이 있어서 내용이 방대하여 편집 과정에서 빠진 부분도 많고, 의도하지 않게 부족한 것도 많다. 아직도 생각이 영글지 못해 현실 적합성이 떨어지는 것이 많지 않을까, 너무 이상적인 내용을 제안한 것이 아닌가 하는 걱정도 있다. 그러나 내 마음 속에서만 고민한 것을 밖으로 드러내지 않는 것보다 부족하지만 세상에 공개하는 것도 사회에 공헌하는 길이라고 생각했다. 앞으로 30년이 아닌 300년을 넘게 발전할 수 있는 대한민국이 되기를 바란다.

참고문헌

고선규. (2020). 『우리는 모두 자살 사별자입니다: 내 마음 돌보기』. 창비.
국회입법조사처. (2021). 특별지방행정기관의 설치 현황과 개선과제.
김동완. (2009). 국가계획과 지역주의: 호남지역주의 형성과정, 1961~71년. 서울대학교 박사 학위논문.
김준기. (2020). 『국가채무』. 박영사.
김만흠. (1991). 한국의 정치균열에 관한 연구: 지역균열의 정치과정에 대한 구조적 접근. 서울대학교 박사학위논문.
김홍중. (2009). 『마음의 사회학』. 문학동네.
데스모드 에버리. (2013). 『이종욱 평전』.(이한중 옮김). P337. 나무와 숲.
리콴유. (2000). 『내가 걸어온 일류국가의 길』. 문학과 사상사.
마우로 F. 기옌. (2020). 『2030 축의 전환』.(우진하 옮김). 리더스북.
안성호·임도빈 외. (2021). 『왜 서번트 리더십인가』. 박영사.
민기. (2017). "특별지방자치단체 기능이양 - 제주도 사례", 임도빈 외 『국가와 좋은 행정』. 서울대학교출판문화원.
엄석진 외. (2020). 『AI와 미래행정』. 박영사.
양현모. (2012). 『독일의 공무원 채용제도』.
오준범. (2017). 공시의 경제적 영향 분석과 시사점. 현대경제연구소 이슈리포트 현안과 과제 17-6.
유현준. (2021). 『공간의 미래』. 을유문화사.
윤영근·정동채. (2012). 지방자치단체 거주 외국인 주민의 권리에 관한 연구. 『한국지방자치학회보』 33(2).
이재열. (2021). 『플랫폼 사회가 온다』. 한울.
이진영·박 우. (2013). 한국의 차세대 재외동포 정책. 『민족연구』.
이창무. (2020). 문재인 정부 부동산정책의 비판적 평가. 『한국행정연구』 29(4).
임도빈. (2004). 『한국지방조직론』. 박영사.
_____. (2016). 『비교행정학』. 박영사.
_____. (2018). 『행정학: 시간의 관점에서』. 박영사.
_____. (2020). 영혼 '있'는 공무원을 위하여: 공익적 관점에서의 정치적 중립. 『한국행정학보』 54(2).
임도빈 외. (2015). 실패한 정책들. 박영사.
장영희. (2010). 『내 생애 단 한 번』. 샘터.
전상인. (2009). 『아파트에 미치다』. 이숲.
정윤진. (2021). 경쟁심과 한국 정부의 부처 이기주의 행태에 관한 연구. 서울대학교 박사학위논문.
제임스 서로위키. (2005). 『대중의 지혜』. 랜덤하우스코리아.
조세현·정서화·함종석. (2019). 정책랩(Policy Lab)의 개념, 동향 그리고 시사점. 한국행정연구원.

조영태. (2021). 『인구, 미래, 공존』. 북스톤.
최은영. (2020). 문재인 정부의 주거정책 : 퇴행을 멈추기 위한 노력과 세입자 보호를 위한 일보 전진. 『한국행정연구』 29(4).
최인철. (2021). 『프레임』. 21세기북스.
한국지방세연구원. (2020). 지자체 재정력과 재난지원금의 관계 분석.
한국행정연구원. (2021). The Policy Lab.
허준. (2020). 『대학의 과거와 미래』. 연세대출판부.
현대경제연구원. (2021). 지역경제의 현황과 시사점.
Bennett, N. and Lemoine, J. (2014). What VUCA really means for you, *Harvard Business Review* 92(1/2).
Im, Tobin. (2010). 'Does Decentralization Reform Always Increase Economic Growth?: A Cross Country Comparison of the Performance', *International Journal of Public Administration* 33.
Kettle F. (2015). The Job & Government, *Public Administration Review*, March/April.
Moore, M. (1995). *Creating Public Value: Strategic Management in Government.* Cambridge. Harvard University Press.
Nichols, T. (2017). *The Death of Expertise*, Oxford University Press.
감사원. (2021). 저출산·고령화 대책 성과분석.
  https://www.bai.go.kr/bai/cop/bbs/detailBoardArticle.do?mdex=bai20&bbsId=BBSMSTR_100000000009&nttId=127632
경향신문. (2014.05.07.). 전략공천.
  https://m.khan.co.kr/opinion/yeojeok/article/201405072043235#c2b
국민일보. (2021.02.07.). 개도 세금내고 복지 누린다…독일의 반려견 제도 [개st상식].
  http://news.kmib.co.kr/article/view.asp?arcid=0015508524&code=61171811&cp=nv
동아일보. (2013.09.01.). [토요판 커버스토리] '甲중의 甲' 기재부.
  https://www.donga.com/news/Politics/article/all/20130831/57336727/1
동아일보. (2020.07.02.). '작지만 큰손' 한국 Z세대.
  https://www.donga.com/news/Society/article/all/20200702/101781742/1
더스쿠프. (2021.08.12.). 공공기관 그들만의 리그 "관피아 기관장의 통장엔 수백억 꽂혔다".
  https://www.thescoop.co.kr/news/articleView.html?idxno=51580
대전일보. (2019.08.01.). 진정한 주민주권과 지방자치의 길.
  http://www.daejonilbo.com/news/newsitem.asp?pk_no=1381202
대한민국 정책브리핑. (2020.09.02.). 2021년 예산안을 '한눈에'.
  https://www.korea.kr/news/policyNewsView.do?newsId=148876945

참고문헌

디일렉. (2021.09.15.). "1131조 자율주행차 시장 잡기엔 국내 기술력도, 정책지원도 미흡". http://www.thelec.kr/news/articleView.html?idxno=14349

매일경제. (2018.05.24.). 정부, 전자영수증 대체 "연 4800만 건 종이영수증 없앤다". https://www.mk.co.kr/news/politics/view/2018/05/328537/

매일경제. (2021.05.28.). 게임하듯이 주식·코인 투자"…금감원 'MZ세대 보고서. https://www.mk.co.kr/news/economy/view/2021/05/517117/

매일경제. (2021.08.04.). "돈보다 여가" 워라밸 확고한 MZ세대. https://www.mk.co.kr/news/society/view/2021/08/755658/

서울특별시. (2021). 서울시 MZ세대 첫 분석…시민 셋 중 한명, 서울에서 가장 큰 세대 집단. https://news.seoul.go.kr/gov/archives/530668?tr_code=sweb

시사저널. (2020.12.01.). 밥값만 31만원?…장관님들의 은밀한 업추비 사용실태. https://www.sisajournal.com/news/articleView.html?idxno=208438

아시아뉴스통신. (2021.08.12.). 코로나19에도 행정 공백 없다…진도군 재택근무 환경 조성. https://www.anewsa.com/detail.php?number=2470706

연합뉴스. (2015.03.03.). "외교부-기재부, ODA 문제로 국제회의장서 '말다툼'". https://www.yna.co.kr/view/AKR20150303109500001

연합뉴스. (2021.03.17.). 우울증 환자 90%, 도움 구하지 않아…사회적 부담 심각. https://www.yna.co.kr/view/AKR20210317105700017

연합뉴스. (2020.12.27.). 갈길 먼 지방자치 30년…재정자립·인구위기 등 난제 수두룩. https://www.yna.co.kr/view/AKR20201222162200064

이데일리. (2016.04.18.). 공시(公試)열풍에 교육시장 규모도 커진다. http://www.hri.co.kr/board/reportView.asp?firstDepth=1&secondDepth=6%20&numIdx=27892

전자신문. (2021.07.19.). 유승민, 디지털혁신부 신설…"미래 준비하는 경제대통령 되겠다". https://m.etnews.com/20210719000205

조선비즈. (2021.05.31.). 미래 비즈니스 바꾸는 新인류 'MZ 세대'. https://biz.chosun.com/industry/2021/05/31/57JHHZF4FBFCLGEKGKJI3IQ2VU/

중앙일보. (2021.07.28.). 27번째 부동산 대책은 '상투론' …전문가 "대책 없다는 방증". https://www.joongang.co.kr/article/24116081#home

테크월드. (2020.10.19.). 한국, OECD 디지털정부평가 종합 1위. https://www.epnc.co.kr/news/articleView.html?idxno=106462

한겨레. (2019.12.16.). '올드맨 청와대'…참모진 평균 53.4살. https://www.hani.co.kr/arti/politics/bluehouse/920927.html

한경뉴스. (2004.12.06.). 고위공무원단체를 우려한다(임도빈 시론). https://www.hankyung.com/news/article/2004120630691

한국경제. (2014.03.24.). 행정고시 보는 의대생…알고보니 '장학금 헌터'.
https://www.hankyung.com/society/article/2014032428961

한국일보. (2020.01.20.). 거리의 이웃 외면하는 정부… 노숙인 3년 만에 다시 늘었다.
https://www.hankookilbo.com/News/Read/202001191634730385

행정안전부. (2018.01.24.). 지방자치단체 신용카드 종이영수증 없앤다!. https://www.mois.go.kr/frt/bbs/type010/commonSelectBoardArticle.do%3Bjsessionid=5rbGV07fHg2GAaaoOXWjujTc.node40?bbsId=BBSMSTR_000000000008&nttId=66637&bbsTyCode=BBST03&bbsAttrbCode=BBSA03&authFlag=Y&pageIndex=1&searchCnd=&searchWrd=&searchCode1=&searchCode2=&searchCode3=&searchBgnDe=&searchEndDe=&searchSttusCode=#none

Forbes. (2019). *Forget Work-Life Balance. Try Achieving Work-Life Blend Instead*.
https://www.forbes.com/sites/shelcyvjoseph/2019/10/17/forget-work-life-balance-try-achieving-work-life-blend-instead/?sh=6cf4c79c3d94

Forbes. (2021). *Tycoons On 2021 Forbes List Of Korea's 50 Richest See Collective Wealth Rise 40%*.
https://www.forbes.com/sites/forbespr/2021/06/01/tycoons-on-2021-forbes-list-of-koreas-50-richest-see-collective-wealth-rise-40/

OECD. (2021). *Average wages*.
https://data.oecd.org/earnwage/average-wages.htm

OECD. (2021.08.19.). *Suicide rates*.
DOI : 10.1787/a82f3459-en

공공기관 경영정보 공개시스템 홈페이지. (2021).
국무조정실 홈페이지. (2021).
국회예산정책처 홈페이지. (2021).
기획재정부 홈페이지. (2021).
소노펫클럽앤리조트 홈페이지. (2021).
인사혁신처 홈페이지. (2021).
전국경제인연합회 홈페이지. (2021).
통계청 홈페이지. (2020-2021).
행정안전부 홈페이지. (2021).
국가통계포털 홈페이지. (2021).
국민추천제 홈페이지. (2021).
규제개혁위원회 홈페이지. (2021).
법무부 홈페이지. (2021).
외교부 홈페이지. (2020-2021).
일본 인사원 홈페이지. (2021).
청와대 홈페이지. (2021).
한국재정정보원 홈페이지. (2021).
e-나라지표 홈페이지. (2021).

FRAGILE STATES INDEX https://fragilestatesindex.org
IPSA www.theipsa.org.uk
OPM. (2021). Presidential Management Fellows Program.
https://www.pmf.gov/agencies/value-proposition-and-overview/

● **더 좋은 나라, 이렇게 하면 어떨까?**
　한국 사회가 묻고, 임도빈이 답하다.

인간 人間
시간 時間
공간 空間

저자 **임도빈**

서울대학교 사범대학 사회교육과를 나온 후, 서울대학교 행정대학원 석사, 그리고 파리 정치대학에서 사회박 박사를 취득하였다. 한국행정학회 회장, 서울대학교 행정대학원 원장을 역임하였다. 정부 경쟁력 이론을 정립하고, 사람중심의 더 좋은 한국 사회를 만들기 위한 방안을 연구하고 있다. 특히 인적자원관리라는 측면에서 공공부분의 역할과 대학교육의 중요성에 관심을 갖고 있다. 한국정책학회, 한국행정학회 그리고 서울대학교에서 각각 학술상을 수여받았다. 40여 권의 저서와 주요 국내외 주요학술지에 200여 편 가량의 논문을 발표하였다. 주요 저서로는 **국가와 좋은 행정, 왜 서번트 리더십인가, 행정학, 인사행정론, 한국행정조직론, 비교행정학**, *The Two Sides of Korean Administrative Culture*(2019), *The Experience of Democracy and Bureaucracy in South Korea*(2017) 등이 있다.

(tobin@snu.ac.kr)